現代禮儀

含世界各國文化及習俗介紹

財經錢線

序

接讀道魁的《現代禮儀》，因禮儀的話題而想到了青少年時期的兩件事，即兩件與禮儀相關的事。

第一件事發生在我讀小學五年級的時候。那一年暑假，家裡宴請一位尊貴的客人。席間，爺爺讓我為客人敬酒。在叔伯兄弟幾人中，爺爺對我一直比較偏愛。從爺爺的舉動中，我隱約感到了爺爺對客人的看重，但沒想到，事情最終還是被我辦「糟」了。我聽從爺爺的安排，興衝衝大步跑進上屋，見一張八仙方桌，坐滿了客人。我直奔右上首的客人，斟滿一盅黃酒（米酒），放下酒壺，轉身便走。隨即聽到爺爺的感嘆聲「唉，這孩子真不懂事」和客人的勸慰聲「沒事，沒事，他小孩家，不懂」。我不知道自己做錯了什麼。事後，我才知道，我應當依次為席間所有的客人斟一遍酒，方可退下。這件事發生後，說實話，我開始煩此類有關禮儀的事，我感到了它對我的約束，並自此凡「禮數太稠」的事兒往往都採取逃避的態度。

第二件事發生在我高中畢業之後。那時我已回到家鄉務農，一次到鎮上辦事碰巧遇見了一位高中同學，他因接父親的班而到了道班（公路養護段）工作，成為「吃皇糧」的正式工人。我倆在鎮東頭碰面時，他突然伸出左手，同我握手。我有點手足無措，慌亂中，只見他左手腕上的手錶閃閃發光。「凡事須得琢磨才會明白」，事後我終於想通：這位同學是為了讓我看到他戴的手錶。手錶肯定不是什麼好手錶，但那是在物質生活極為貧乏的 20 世紀 70 年代初期，自然它所代表的意義就不同於現在。這件事引起我極為複雜的感情體驗：我先是感到有些憤然，因為我覺得他是在向我炫耀，心想，同學之間，何必如此？！過了一段時間，待平靜下來後，又原諒了他，而且，多少還有點同情這位太愛面子的同學。

兩件與禮儀相關的事，使我後來加深了對禮儀的感悟和理解。即：要遵守交往禮儀的最基本的「游戲規則」，不能突破底線；禮儀應當成為個人圓滿發展的催化劑，而不能過分地限制其成長，甚至成為遮蔽真誠的「面具」和「手套」。

我們不能武斷地說，在一個相對封閉的社會裡，不存在禮儀交往，但我們卻可以說，一個充滿活力的、開放的社會，人們對禮儀交往的重視、需求程度更高。改革開放以來，論述禮儀、公共關係的書籍大量湧現，即是最好的明證。

重視禮儀，是一個社會、國家和民族文明進步的標誌，這一點我想是有共識的。但怎樣使每個人都懂「禮」知「儀」，見地則未必相同。我傾向於這樣一種看法：對於禮儀，應當「學」「用」並重，「內」「外」一致，「形」「神」兼具。所謂「學」「用」並重，不難理解，是說我們不能僅僅停留於禮儀的條文，而應當理論聯繫實際，使禮儀知識不至於僅停留於案頭、口頭；「內」「外」一致、「形」「神」兼具則不易表達得十分完整，更不易做得完美。這兩點在大意上是相同的，但稍有區別。它們相同的意思是：在講究禮儀、運用禮儀規則的過程中，實踐者應當做到表裡如一、形神兼具，即禮儀不應只是一種外在的、表象的、裝飾性的東西，它應當滲透到一個人的言行中，成為其生命的一部分。而「形」「神」兼具較「內」「外」一致則有更高的境界。也就是說，禮儀應當是一種自然的、自在的、常態的東西。它在人際交往中，以一種行雲流水般的形態表現出來，而不是刻意地、人為地甚至是生硬地表演出來。「形」似「神」不似，「金玉其外，敗絮其中」則更不能容忍。一個人如果品行、人格不端，衣著、舉止再得體也於事無補，甚至會產生更壞的後果。前面我提到的不能使禮儀最終成為遮蔽真誠的「面具」和「手套」，講的就是這個意思。

在禮儀的訓練上，我們應當倡導「功夫在詩外」的做法——這裡只是借用，即我們應當在學好禮儀規範的同時，用更多的時間、精力，從知識、教養、人格方面，充實、修正自己。從「外」而至「內」，從「形」似到「神」似，直到追求「神韻」。前段時間，我在接受一家媒體的採訪時，講過這層意思。採訪結束後，他們以「人文素質教育：形與神，自律與他律」為題將談話內容刊載於幾家報紙上。我在接受採訪時說過這樣的話：當我們面對一個在禮儀方面「內」與「外」、「形」與「神」都修煉到家的人時，你會有一種如沐春風的感覺。從他的身上溢出的神韻，會令你傾倒，讓你在不自覺中被他引領而得到精神的提升。我願每一個人都能成為這樣的智者、聖者。

道魁從鄭州大學畢業後，一直沒有放棄提高、提升自己，在繁忙的工作之餘，他編著了不少有價值的書。這本《現代禮儀》顯示

了道魁新的知識儲備。讀者還可以注意到，他在書後又附加了許多同禮儀相關的知識，使之幾乎成了一部有關禮儀的「小百科全書」。一冊在手，享用不盡。相信《現代禮儀》的出版，一定會為社會的文明進步起到積極的作用。

對於禮儀，我的確所知甚少。門外談禮，難免錯失。好在這本不錯，大家好好學習、實踐就是了。願我們一道知「禮」重「儀」，走向現代文明。

陳繼會

前言

　　中國素有「文明古國、禮儀之邦」的美稱，從古至今，歷來尚禮。禮是「人倫之繩墨，失之者辱，得之者榮」。古代流傳下來的有《周禮》《儀禮》《禮記》等專門記載禮儀的著作，歷史典籍中也不乏禮儀方面的記載，這足以說明我們的祖先對禮儀的高度重視。孔子曰：「不學禮，無以立。」「禮之用，和為貴。」荀子曰：「人無禮則不生，事無禮則不成，國家無禮則不寧。」這說明禮儀是一個人立足社會、成就事業、獲得美好人生的基礎。學習禮儀是為了能夠與他人和諧相處；宣傳、推廣禮儀是為了社會的祥和、穩定。

　　禮儀是人類文化的一個重要組成部分，它反應了人類社會的進步和文明。它是溝通人類情感的傳導器，調節人際關係的黏合劑，規範和約束人們行為的紅綠燈。一個組織、一個國家的形象往往是通過其成員和民眾對禮的重視及履行程度來體現的。個人不注重禮儀修養必然禍及組織，乃至整個社會。對此，一些經濟學家尖銳地指出，社會上一些道德文明淪喪的現象必將阻礙社會經濟的發展。歐洲旅遊總會建議旅遊者應該遵循的九條基本準則的第一條就是：「你不要忘記，你在自己的國度裡不過是成千上萬同胞中的一名普通公民，而在國外你就是『西班牙人』或『法國人』。你的言談舉止決定著他國人士對你的國家的評價。」從某種程度上說，旅行像一個流動的社會坐標，個人的任何一次不文明的舉止，都可能會給同一個族群的下一批旅行者帶來不必要的定式印象。從這個意義上講，為了讓個體的形象、組織的形象、國家的形象更美好，每個人都應該學習禮儀、重視禮儀。最重要的就是入鄉隨俗，感受不同的文化、生活習俗。

　　本書既可作為公關、旅遊、行銷等專業的教材，又可作為愛好者自學的參考書。就我個人的願望來講，我力求在書中做到理論性、系統性、實用性和趣味性相結合。但由於本人才疏學淺，殖學無根，加之手頭資料匱乏，書中的缺點、錯誤在所難免，懇請方家批評、斧正。

　　本書在編寫和修訂過程中，吸收、借鑑、輯錄了國內外出版、發表過的有關優秀研究成果和著述，在此特向作者、出版商致以誠摯的

謝意。

　　有「禮」走遍天下。新版面世之際,我心有期待,心有祝福:希望愛之者春風滿面,習之者如沐春風,行之者春風得意,成之者永葆青春。願我們每個人都能在依法治國和以德治國的新時代,都有新氣象、新作為以共同營造文明、禮貌、和諧的社會環境,為構建人類命運共同體而努力。

李道魁

目　錄

- **第一章　禮儀概述** ……………………………………………（1）
  - 第一節　禮儀的概念及特點 ………………………………（1）
  - 第二節　禮儀的起源和發展 ………………………………（5）
  - 第三節　禮儀的基本原則 …………………………………（10）
  - 第四節　禮儀的作用 ………………………………………（14）

- **第二章　儀表、儀容和儀態** ……………………………………（17）
  - 第一節　儀表美 ……………………………………………（17）
  - 第二節　服飾禮儀 …………………………………………（19）
  - 第三節　儀容修飾 …………………………………………（25）
  - 第四節　儀態舉止 …………………………………………（27）

- **第三章　相識禮儀** ………………………………………………（31）
  - 第一節　介紹禮儀 …………………………………………（31）
  - 第二節　稱呼禮儀 …………………………………………（33）
  - 第三節　握手禮儀 …………………………………………（38）
  - 第四節　致意禮儀 …………………………………………（40）
  - 第五節　使用名片的禮儀 …………………………………（41）

- **第四章　拜訪和接待禮儀** ………………………………………（45）
  - 第一節　拜訪禮儀 …………………………………………（45）
  - 第二節　接待禮儀 …………………………………………（49）
  - 第三節　饋贈禮儀 …………………………………………（56）

- **第五章　聚會和慶典活動禮儀** …………………………………（61）
  - 第一節　宴請禮儀 …………………………………………（61）
  - 第二節　舞會和晚會禮儀 …………………………………（66）

第三節　婚壽慶喪禮儀 …………………………………… (70)
　　第四節　開業典禮 ………………………………………… (73)
　　第五節　簽字和授勛儀式 ………………………………… (75)

第六章　語言禮儀 ……………………………………………… (81)
　　第一節　語言禮儀概述 …………………………………… (81)
　　第二節　有聲語言禮儀 …………………………………… (86)
　　第三節　無聲語言禮儀 …………………………………… (92)
　　第四節　類語言禮儀 ……………………………………… (98)

第七章　禮儀文書 ……………………………………………… (100)
　　第一節　禮儀信函 ………………………………………… (100)
　　第二節　柬帖和訃告 ……………………………………… (108)
　　第三節　題詞和對聯 ……………………………………… (110)
　　第四節　致辭 ……………………………………………… (112)

第八章　兄弟民族和港澳臺禮儀 ……………………………… (119)
　　第一節　兄弟民族禮儀 …………………………………… (119)
　　第二節　港澳臺地區禮儀 ………………………………… (128)

第九章　涉外禮儀 ……………………………………………… (134)
　　第一節　見面禮儀 ………………………………………… (134)
　　第二節　接待禮儀 ………………………………………… (137)
　　第三節　歐美主要國家禮儀 ……………………………… (141)
　　第四節　亞太地區主要國家禮儀 ………………………… (152)

第十章　宗教禮儀 ……………………………………………… (166)
　　第一節　宗教概述 ………………………………………… (166)
　　第二節　佛教禮儀 ………………………………………… (167)
　　第三節　基督教禮儀 ……………………………………… (171)
　　第四節　伊斯蘭教禮儀 …………………………………… (176)
　　第五節　道教禮儀 ………………………………………… (179)

目　錄

附錄 …………………………………………………（182）
　1. 國家別稱……………………………………………（182）
　2. 部分國家國歌………………………………………（184）
　3. 國家象徵物…………………………………………（186）
　4. 國外一些城市別稱、標誌物及含義………………（189）
　5. 中國一些城市的市花………………………………（192）
　6. 中國一些城市的雅號………………………………（193）
　7. 花木語言……………………………………………（194）
　8. 禮儀的寶石象徵……………………………………（195）
　9. 禮儀的誕生石象徵…………………………………（196）
　10. 禮儀的顏色象徵…………………………………（196）
　11. 色彩的喜愛與禁忌………………………………（197）
　12. 圖案的喜愛與禁忌………………………………（199）
　13. 結婚週年紀念日…………………………………（199）
　14. 郵票傳情…………………………………………（200）
　15. 交友名稱種種……………………………………（201）
　16. 不同年歲的別稱…………………………………（202）
　17. 古人稱謂種種……………………………………（205）
　18. 國際日……………………………………………（207）
　19. 世界各地時差（小時）…………………………（209）
　20. 旅遊文明行為指南………………………………（211）
　21. 旅遊文明行為公約………………………………（211）
　22. 十八種不文明行為………………………………（212）

禮儀概述

第一章

禮儀概述

第一節 禮儀的概念及特點

一、禮儀的概念

禮，在漢語中本意為敬神，後引申為敬人。第六版《辭海》關於「禮」的註釋是：①本謂敬神，引申為表示敬意的通稱；②社會生活中由於風俗習慣而形成的為大家共同遵奉的儀式；③泛指古代社會貴族等級制的社會規範和道德規範；④禮物；⑤指禮書；⑥古書名；⑦姓。儀，《說文解字》道：「儀，度也。」本義為法度、準則、典範的意思，後引申為禮節、儀式和儀表。

禮儀屬於道德範疇，是禮節和儀式的總稱。它是指人們在與他人交往的過程中，外在表現的行為規則和形式的總和。這種行為規則和形式是在長期的社會生活中、在風俗習慣基礎上形成的人們共同遵守的品行、程序、方式和體現的風度等。

禮儀雖然是人們交往過程中的外在表現，但實際上它是與一定的思想意識密切相聯繫的。也就是說，禮儀雖是形式，但一定的形式總是由一定的內容決定的。因此，禮儀是以一定的思想為基礎的。

每一個民族由於其文化傳統和社會心理不同，因而都有表現自己民族特色的習俗禮儀。實質上它是人類文明演變的結果，是人類文化的沉澱物，也是人類不斷擺脫愚昧、野蠻、落後，代之以進步、開化、繁榮的標誌。

二、相關概念的辨析

禮貌、禮節、禮儀、禮賓這四個概念在人際交往中經常使用,但在多數情況下人們卻將其混為一談,其實這四者的含義並不完全相同。

(一) 禮貌

第六版《辭海》將禮貌解釋為「對人恭敬和順的儀容」,即指一個人在待人處世時,為了表示對他人的尊重、友好,在儀表、儀容、儀態以及語言和動作上謙虛恭敬的表現。它是對一個人文明行為的基本要求,體現了時代的風尚和人的道德品質,體現了人們的文化層次和文明程度。在不同的時代、不同的國家、不同的民族以及不同的行為環境中,雖然禮貌表達的形式和要求有所不同,但其基本要求是一致的,即應當做到誠懇、謙恭、和善與適度,而與其相對的則是傲慢、粗野、蠻橫與輕率。一個微笑、一聲「您好」等,都是禮貌的具體表現。

(二) 禮節

禮節是人們在日常生活特別是在交際場合中,相互表示尊重、祝頌、問候、致意、致謝、哀悼、慰問以及給予必要的協助與照料的慣用形式。禮節是禮貌的具體表現,是禮儀的重要組成部分。如中國古代的作揖、跪拜,現今世界大多數國家通行的點頭致意、握手,一些國家的雙手合十及擁抱、親吻等都屬於禮節的形式。

禮節是待人處世的規矩,但並不是由某個團體或某個人制定的,而是人類在長期的社會生活中自然產生、約定俗成的行為準則。它雖然不像法律那樣至高無上,但是,要得到別人的理解、社會的承認,就必須遵守人與人之間交往的規則和方式,即遵守禮節。然而,禮節又不是一成不變的,它往往因時間、空間或對象的不同而有所改變。

(三) 禮儀

禮儀顯然涵蓋了禮貌和禮節,三者是相輔相成、有機聯繫的,體現了內容和形式的統一。禮節是禮貌的具體表現,有禮貌而不懂得禮節,就容易失禮。我們有時會看到某些人對他人雖有恭敬、謙遜之心,但在與人交往時卻顯得手足無措,或因為禮節不周而使人覺得尷尬;還有一種人,雖懂禮節,但在施禮時卻缺乏誠意。這些都是沒有理解禮節、禮貌真正含義的結果。正所謂,敬人要從心裡敬。只有內心的誠意與動作的協調一致,才能達到三者的完美統一。

(四) 禮賓

禮賓是指按一定的禮節和儀式接待賓客(多用於外交場合)。所

以，各國外交部一般都設有禮賓司，一些王室或元首府還設有典禮司或典禮官，專司禮賓之職。

隨著社會的發展和人民生活水準的提高，禮儀的形式也越來越多，人們迫切需要瞭解禮儀的各種知識，因此禮儀學這門新興的學科便應運而生了。禮儀學是研究和總結禮儀的發生、發展及其規律的科學，在禮儀活動中起著指導作用。

三、禮儀的特點

禮儀屬於道德範疇，具有道德的一般特點，但作為道德的一個特殊方面，又具有其自身的特點。

（一）共同性

禮儀是全人類共同需要的。它早已跨越國家和民族的界限，不分國別、性別、年齡、階層，只要人類存在著交往活動，人們就需要通過禮儀來表達彼此的情感和尊重。儘管不同的國家、不同的民族對於禮儀內容的理解不同、重視的程度不同、反應的情況也不同，但對禮儀的需要卻是共同的。

（二）時代性

禮儀既然是一種約束人們行為的規範，就不可避免地帶有濃厚的時代色彩。由於一個時代的社會風貌、政治背景、文化習俗等都會對禮儀的形成或流行產生影響，因此，禮儀也不是一成不變的。隨著社會的進步、時代的發展，禮儀也隨之發生變化，並在實踐中不斷完善，賦予其新的內容。

中國的現代禮儀，是以往各個歷史時期的禮儀合乎邏輯的發展。師古而不泥古，師古而不復古。它繼承了歷史上優秀的禮儀傳統，摒棄和革除了顯示人尊卑身分的跪拜等禮儀，並根據社會主義制度的基本政治思想，建立了平等的、同志式的新型禮儀體系。人們以禮相待，男女平等，尊老愛幼，助人為樂，用良好的現代禮儀服務於社會主義精神文明建設。

（三）差異性

禮儀的實質是人類歷史發展過程中逐步形成並沉澱下來的一種文化。由於民族信仰、習俗、地理環境和交通條件等因素的影響，不同國家、不同地區和不同民族有著不同的發展歷史，各個國家、地區和民族又都有自己的一些區別於其他國家、地區和民族的表達禮儀特定含義的方式。因此，禮儀因地域、民族的不同而表現出形式上的差異性。

中國著名學者黃遵憲在論民俗時說道:「天下萬國之人、之心、之理,即已無不同,而稽其節文乃南轅北轍,乖隔歧異,不可合併,至於如此,蓋各因其所習以為之故也。禮也者,非從天降,非從地出,因人情而為之者也。人情者何,習慣是也。川岳分區,風氣間阻,此因其所習,彼亦因其所習,日增月益,各行其道,習慣之久,至於一成不可易,而禮與俗,皆出於其中。」

禮儀的差異性除了地域性、民族性的差異外,還表現在禮儀的等級差別上,對不同身分地位的對象施以不同的禮儀。

(四) 公德約束性

公德即社會公共道德。它是長期以來在一定社會範圍內逐漸形成的一種被大多數社會成員認可並施行的思想和行為規範,是在一定文化歷史背景下形成的具有固定特點的調整人際關係的社會因素,是人們評價善、惡、醜的習慣性標準,具有約定俗成的本質屬性。人們常說:「道德是最高的法律,法律是最低的道德。」禮儀與公共道德不相違背的特徵被稱為禮儀的公德約束性。它雖然不具有法一般的強制力,但通過家族、鄰里、親朋的輿論監督,往往迫使人們遵守它。它在人們的生活中具有一種無形的力量。中國著名學者黃遵憲曾說:「風俗之端,始於至微,搏之而無物,察之而無形,聽之而無聲,然而一二人倡之,千百人和之,人與人相接,又踵而行之;及其至成,雖其極陋甚弊者,舉國之人,習以為然。上智所不能察,大力所不能挽,嚴刑峻法所不能變。夫事有是有非,有美有惡,旁觀者或一覽而知之。而彼國稱之為禮,沿之為俗,乃舉國之人,輾轉沈錮於其中,而莫能少越,則習之囿人也大矣。」

宋代理學家朱熹說:「禮,理也。」理即規矩、準則,而規矩就是用來約束人的思想和行為的。儘管不同時代、不同國家、不同民族的禮儀內容不盡相同,但守紀律、講衛生、待人有禮、尊老愛幼等乃是整個人類社會共同的規矩,是做一個文明人的起碼準則。

(五) 延續性

社會不斷發展、歷史不斷前進。禮儀作為人類社會生活的有機組成部分,不可能是一成不變的,禮儀習慣和禮儀制度的變化也不是劇烈的、飛躍式的,而是在大量延續、繼承的前提下的一種漸進更迭。因為禮儀是緩慢形成的,要經過一個較長的演變過程,從而在人們的心靈深處形成強烈的認同感。一種禮儀一旦形成以後,便會有一個相對的延伸期,被一代一代地繼承下去。只有在社會發生重大變革、人

們的觀念革新後，舊的禮儀才會逐漸以非常緩慢的速度消失，不能期望「畢其功於一役」。

（六）通俗性

禮儀是由風俗習慣形成的，大多沒有明文規定，但又被社會生活中的每一個成員所遵循。它簡單明了，不需要高深的理論，人人都可以通過耳聞目睹來把握。當然，隨著國際交往、人際交往的發展，各種禮儀也正在不斷地被理論工作者加以總結、提高並趨於系統化和規範化。

第二節　禮儀的起源和發展

一、禮儀的起源

禮儀隨著人類的產生而產生。馬克思主義倫理學認為，禮儀道德是人類社會特有的現象。自人類社會出現以來，人們就要進行各種各樣的交往，從而形成人與人之間複雜的社會關係。正如馬克思和恩格斯所指出的，動物不對什麼東西發生「關係」，而且根本沒有「關係」，對於動物來說，它對他物的關係不是作為關係存在的。這就是說，動物只能依靠自身的器官從自然界取得現成的東西去維持生存，只能消極地適應環境，不能自覺地、有目的地改造世界，所以動物之間無所謂社會關係。而人則不同，自從類人猿最後脫離狹義動物界變成人以來，其生活、生產活動就是在群體中進行的。正如恩格斯所說，隨著手的發展，隨著人類的勞動，人開始了對自然的統治……不斷地發現新的、以往所不知道的屬性。另一方面，勞動的發達……使這種共同協作的好處對於每一個人都一目了然。在勞動的基礎上，語言適應了交際的需要，產生了禮貌語。現在所知原始人類早晨相見的問候語是「無它否?」許慎在《說文解字》中釋「它」為蛇。上古時代，毒蛇盤地，隨時危及人類安全，祖先懼怕毒蛇，朝不慮夕，故相見便問：「你沒有被蛇咬了吧?」又如：上古時代人們早晨見面的問候語是「無恙」，「恙」也是一種毒蟲。由此可知，在上古時代人類便有了禮貌語言。

但在原始社會，由於生產力水準低下，科學落後，人類處於一種愚昧狀態，認識世界的能力極其有限，因而對許多自然現象無法做出科學解釋，在許多自然災害面前感到束手無策。於是，人們就把生活中的得失或成敗歸於自然，看成是自然的恩賜或懲罰。這就使得人們把「天」看作世間的最高主宰力量，對之頂禮膜拜，進行祭祀，以求

得精神上的安慰，從而產生了最早的也是最簡單的以祭天、敬神（當時稱為圖騰）為主要內容的「禮」。可見，禮是原始社會宗教信仰的產物。

據考證，甲骨文中就有「禮」字（繁體字寫作「禮」）。卜辭中作豊，即「玨」「凵」「豆」之合。「玨」據說是一条一条的玉石，「凵」就是盛玉石的盆子，把一条一条的玉石放在盆子裡，即成「玨凵」的样子，也就是盛了玉石的盆子的样子；「豆」就是放盆子的支架；盛了玉石的盆子放在架上，即成「豊」。拿这样的东西去供神（左边是神）就是礼，表示对神或先祖的敬意。《說文解字》中說：「礼，履也，所以事神致福也。」徐灝笺註：「礼之言履，谓履而行之也。礼之名起于事神。」实际上「祝」「祭」「奠」等字的甲骨文、象形文字的写法也都是礼仪场景的描绘。在敬神的基础之上，礼的含义逐渐拓宽，转移到对人的尊敬，于是產生了一系列对人施教的礼节、礼貌。

在远古时代，同一氏族成员在共同的采集、狩猎、饮食生活中所形成的习惯性语言、动作也是原始社会礼的萌芽；不同氏族、部落的成员，彼此间为了求得信任、谅解与协作而使用的一些被普遍认同的语言、表情、姿势，也同样被看作是礼的最初形态。在母系和父系氏族社会时期，随着礼与等级的逐步出现，便在日常生活中形成了能协调社会关系、反应等级权威的「礼仪」。由此，纵观原始社会的礼，可以看出它具有以下几个方面的功能：①确定婚姻制度，以明确血缘关系，使自然群居的团体发展为血缘亲族集团，最后发展为夫妻制；②建立政治体制和区别部落内尊卑等级，制定刑典法律，形成原始政治体制；③确定一些祭奠仪式；④肯定一些礼节形式和表示恭敬的动作。可见，原始社会已经形成了原始的政治礼仪、敬神礼仪和婚姻礼仪，是礼仪的起源时期。

二、礼仪的发展

随着私有制、阶级和国家的出现，人类社会进入奴隶社会，这是人类社会的一大进步。人类的文明程度也随之得到提高，原始社会时期的亲婚群婚、茹毛饮血等野蛮现象基本消失，各种礼仪制度相继确立。礼作为一种行为尺度和规则被打上了阶级的烙印，礼仪也从主要的原始宗教仪式发展成为一整套的伦理道德观念。奴隶主贵族用礼来树立君主的尊严和絕对权威，维护自己在政治、经济、文化及社会各个方面的统治。正所谓「礼，国之大柄也」。《礼记·礼记集說序》开

禮儀概述

篇則說：「前圣继天立极之道，莫大于礼，後圣重世立教之书，亦莫先于礼。礼仪三百，威仪三千，孰非精神心术之所寓，故能与天地同其节。」这样，就把礼推崇到了高于一切的地步，使之具有「经国家，定社稷，序民人，利後嗣」的重要作用，可以让「民不迁，农不移，工贾不变，士不滥，官不滔，大夫不收公利」，以巩固统治阶级的政权。奴隶社会的礼，其主体就是政治体制，就是刑典法律。

夏商两代都有各自的礼。到了周代，為了限制诸侯僭越，以下犯上，制定了更详尽的礼法。西周时代是中国古代历史上的礼治时代，在周公主持下制定的《周礼》内容较為广泛，除了有关政刑的各种制度外，还提出了一整套的礼制，从大宗伯（掌邦礼的长官）之职文中归為「五礼」（吉、凶、军、宾、嘉），「九仪」（受职、受服、受位、受器、赐则、赐官、赐国、作牧、作伯），「六瑞」（镇圭、桓圭、信圭、躬圭、偲璧、蒲璧），「六挚」（皮帛、羔、雁、雉、鹜、雞），「六器」（苍璧、黄琮、青圭、赤璋、白琥、玄璜）。其中「五礼」和「九仪」是针对各种场面的礼仪制度，而「六瑞」「六挚」「六器」则是行礼时所用的器物，目的在于区别尊卑①贵贱。在中国古籍中有「三礼」的称谓，即《周礼》《仪礼》和《礼记》。这是中国最早、最重要的礼仪论著，对後世影响极大。

春秋战国时期，以孔子、孟子、荀子為代表的学者更是系统地阐述了礼的起源、本質与功能。孔子是中国历史上第一位礼仪学专家。孔子曾說：「不学礼，无以立。」他还积极投身于礼仪教育，以「诗、书、礼、乐教弟子，盖三千焉身通六艺者，七十有二人」。孟子也重视「礼」。正如他所說：「恻隐之心，人皆有之；羞恶之心，人皆有之；恭敬之心，人皆有之；是非之心，人皆有之。恻隐之心，仁也；羞恶之心，义也；恭敬之心，礼也；是非之心，智也。仁义礼智，非由外铄我也，我固有之也，弗思耳矣。故曰：『求则得之，舍则失之。』」意思是說，「仁义礼智」这些礼仪道德不是人们受了外感而形成的，是人们本来就具有的。这显然是一种主观唯心主义的礼仪道德起源论。《论语·為政》中說：「道之以正，齐之以刑，民免而无耻；道之以德，齐之以礼，有耻且格。」《荀子》道：「人无礼则不生，事无礼则不成，国家无礼则不宁。」在荀子看来，礼是一种实践可行的东西，是人类清醒理智的历史產物，是社会用来维护政治秩序和规范

---

① 古人分别尊卑有多种方式，有的用服色来分别，有的用称谓来分别，有的用座次来分别。

人伦的客观需要。荀子曾讲：「礼者，人道之极也。然而不法礼，不足礼，谓之无方之民；法礼，足礼，谓之有方之士。」明确指出对礼的认识和践行程度是衡量贤与不肖和高低贵贱的尺度。

在从奴隶制社会向封建社会转变的过程中，有一个「礼崩乐坏」的阶段。由于诸侯们不愿再受约束，纷纷废弃礼法，实行「法治」，从而使儒家思想四处碰壁，很不走运。

到了封建社会，礼的演进进入了礼仪时期，而且礼仪制度亦具有了新的特点，即被打上了严格的等级制度的烙印。其主要作用是维护封建社会的等级秩序。在中国，封建社会的最高统治者皇帝自命为「真命天子」，他的话就是金科玉律。朝见天子，须三跪九叩，念念有词。这些礼仪都适应了封建地主阶级等级森严的政治制度的需要。

西汉初期制定封建礼仪最知名的要数叔孙通和董仲舒。叔孙通向刘邦建议制定朝仪之礼，并召集了数十名儒生具体实施。他所制定的礼仪，突出了适应封建社会制度的特点，突出了尊君抑臣以及区分尊卑等级序列的要旨。董仲舒是儒家的饱学之士，向汉武帝刘彻提出「兴学、求贤」「罢黜百家、独尊儒术」的建议。為了巩固儒家所推崇的礼仪，他进而提出了「天人感应」之说。其主要思想是，皇帝受命于天，「天不变，道亦不变」，并把这种「道」具体为「三纲五常」。他认为，天有阴阳，人也有阴阳。阳为尊贵，处于主导地位；阴为卑贱，处于服从地位。君、父、夫是阳，臣、子、妻是阴，所以君为臣纲，父为子纲，夫为妻纲，这就是「三纲」。「五常」是指仁、义、礼、智、信。非常明显，「天人感应」的理论把封建统治尤其是皇帝的权力神化了。谁要是反对皇帝，谁就是反对「天」，就是大逆不道。从此以后，神权、君权、父权、夫权构成一体，又经历了封建王朝的不断补充和翻新，使儒家封建礼教形成定制，对巩固封建统治起到了特殊作用。

宋代的礼仪在封建体制下又有了新的发展，並形成了封建礼教的又一高峰，出现了程颢、程颐和朱熹的理学，即「天理论」。这一理论认为，自然界天地万物无不体现天理，人性本質就是天理的体现。此後，理学的发展，不仅使礼教成为封建社会的正统思想，而且还向中国社会的基本单位——家庭迅速渗透，进而有了「三从」「四德」（「三从」是指：在家从父，出嫁从夫，夫死从子；「四德」是指：妇德——一切言行都要符合忠、孝、节、义，妇言——說话要小心谨慎，妇容——容貌打扮要整齐美观，妇功——要把侍奉公婆和丈夫当

8

礼仪概述

作最重要的事情来做）的礼仪道德标准，使宋代的家礼兴盛起来。

明朝大力推崇礼教，使礼仪之风盛行，並制定了祭祖、祭天、祈年等仪式仪程，规范了「君臣之礼」「尊卑之礼」「交友之礼」等社会活动，而且使家礼向深层发展，非常详细地规定了家庭内及亲属间各种相互关系的礼节、礼仪。各种名目的礼，诸如「忠、贞、节、烈、孝」日益繁多起来，从而使礼仪日臻完善起来。

随著列強的入侵，中国沦为半殖民地半封建社会，封建礼仪加上西方资本主义的道德观，使之形成了礼仪道德的大杂烩。

三、现代礼仪

到了现代社会，维护尊卑等级的陈旧没落的形式被废除，代之以人与人之间尊重平等的礼仪，礼仪从形式到内容都发生了很大的变化。

现代礼仪中，有许多礼仪继承了传统礼仪中的精华。如《礼记》中曾载道：「言语之美，穆穆皇皇。」即语言之美在于谦恭、和气、文雅，並规定人与人交往时应「不失足于人，不失色于人，不失口于人」，也就是不要在行动上出格，不要在态度上失态，不要在语言上失礼。《论语·雍也》篇中說：「質胜文則野，文胜質則史。文質彬彬，然後君子。」就是说若仅品格質朴，而不注重礼节仪表，就会显得粗野；若只注重礼节仪表，而缺乏質朴的品格，就会显得虚浮。只有外在的仪表同質朴的品格结合，才算得上是一个有教养的人。《荀子·劝学》篇中也讲：「礼恭而後可与言道之方，辞顺而後可与言道之理，色从而後可与言道之致。」就是說只有举止、言论、态度均谦恭有礼时，才能从别人那裡得到教诲。这些言论为现代礼仪的形成奠定了基础。还有「责己严、待人宽」，「溫良恭俭让」，尊老爱幼等行为规范也都为今人所用。

现代礼仪中的一些礼节是由传统礼仪演变发展而来的，如国际上通用的握手礼。在人类还处在刀耕火种的年代时，人们狩猎、徵战，手中经常拿著石块或棒棍等武器。当遇见陌生人的时候，如果大家都无恶意，就要放下手中的东西，並伸开手掌，让对方抚摸一下手掌心，以表示友好。这一习俗一直沿袭到古战场，当时打仗的骑士都著甲戴盔、全身披掛，除两只眼睛外其餘都包裹得严严实实的，随时准备衝向敌阵。若为了表示友好，在互相接近时，就应脱去右手的甲胄，伸出右手錶示没有武器，並互相握一下，即为和平的象徵。到了近、现代，若交战双方的领导人有诚意坐到谈判桌前，见面时就握手錶示双

方愿意和平共处。一旦签订停战协议，双方代表便握手錶示和好，並含有庆贺化干戈為玉帛的意思。所以，今天人们相见或告别时，都行握手礼表示亲切的情意。

又如，今人在交际中使用名片的礼仪，其历史可以追溯到两千多年以前。名片，是个人用作交际或送友人留作纪念的一种介绍性媒介物。中国可以说是名片的故乡，秦汉时的「谒」，汉末的「刺」，六朝的「名」，唐代的「膀子」，宋代的「门状」，明朝的「名帖」，清代的「名刺」，与今天名片的作用和格式，都有很大的相似性。特别是到了清朝末年，有人就称「名刺」為「名片」。古人的「名片」除用来自我介绍外，还常题写上自己的得意诗句，以此作為社交活动中的敲门砖、见面礼，还可助酒兴，增友谊。

交际礼仪在今天的发展又呈现出新的趋势：一是形式趋简。中国古代交际礼仪中的「拜」①，就是适应古代社会慢节奏生活方式的一种致意礼节。但随着时代的变迁，為了适应当代人快节奏的生活方式，致意的礼仪便相继以握手、点头、微笑代替。二是礼仪内容日渐丰富。当代人的交往日渐频繁，范围逐渐扩大，礼仪也有很多新变化。如言语部分就增加了大量的外语词彙，而非言语交际礼仪更显示了当今科技、生產力发展水準，以及生活方式与文化思想的和谐。如现在用刊登广告、电视（台）点歌等方式祝寿、贺新婚以及电话拜年、短信微信祝福等已成為最新颖的礼仪形式。

总之，从礼仪產生和发展的轨跡可以看出：礼仪作為人们的行為模式和规范，属于社会的上层建筑，由社会的经济基础所决定，並随著经济基础的变化而变化，随著社会实践的发展而不断地丰富和发展。在任何一个阶级社会裡，佔有统治地位的礼仪思想和制度总是那个社会统治阶级思想和意志的体现，是為统治阶级服务的工具。而现代礼仪无疑有了質的飞跃性的进步，它最终由社会的物質生活条件所决定，並且它又将以自己特有的方式对社会的发展起著越来越重要的作用。

第三节　礼仪的基本原则

文明社会给人们造就一种安定、和谐的气氛，使人们生活得心情

---

① 中国古代有九种跪拜礼：稽首、顿首、空首、振动、吉拜、凶拜、奇拜、褒拜、肃拜。前四种是平常交往时的拜礼，後五种是特殊情况下的拜礼。

舒畅，这是因为人们都注意遵守交往的基本礼仪准则。在不同的时间和场合，针对不同的对象，人们所采用的礼仪都有所不同。但其中隐含的基本精神是一致的，即遵守公德、尊重他人、真诚、适度、守信、宽容和审美的原则。

一、遵守公德原则

《公民道德建设实施纲要》提出了「爱国守法、明礼诚信、团结友善、勤俭自强、敬业奉献」的基本道德规范。社会主义荣辱观所倡导的「八荣八耻」，实际上是崇高的道德境界。「富强、民主、文明、和谐，自由、平等、公正、法治，爱国、敬业、诚信、友善」的社会主义核心价值观，浓缩了国家、社会和公民三个层面的价值目标、价值取向和价值准则，為实现中华民族的奋鬥目标和中国梦提供了理想信念上的精神支撑。礼仪如不与崇高的道德准则和价值准则相聯繫，便不能实现其自身的主要目的——促使人们相互尊重。讲究礼仪是人们交往中互相尊重、联络感情、增进友谊的行为，也是一种公德，即一个人公共道德修养的外在表现。礼仪的简易化、人情化越为人们所接受，其对社会人际交往行为的渗透就越深入，且对道德修养的依赖性也就越强。行为心表、言为心声是人们所共知的。礼仪如果不以社会公德為基础，不以个人的文化素貭、品格修养为內涵，而只在形式上下功夫，则必定事与愿违。

二、尊重他人原则

在交往中讲究礼仪，是为了表达对别人的尊重。人们都有满足物貭生活的需要，但更有获得尊重的期望，而且人们一般对尊重自己的人有一种天然的亲和力和认同感。古代哲人历来主张「仁者必敬人」（《荀子·臣道》），同时「敬让也者，君子之所以相接也」（《礼记·聘义》）。

所谓尊重原则，第一是在自尊、自爱的同时，尊重他人的人格、劳动和价值，以平等的身分同他人交往；第二是尊重他人的爱好和感情，而不应强求他人按自己的爱好和志趣来生活、行事。古语云：「敬人者，人恒敬之。」俗语道：「你敬我一尺，我敬你一丈。」它们表达的都是同一个含义：尊重应该是相互的。你尊重别人，别人自然会尊重你；你不尊重别人，你也就不会被别人所尊重。

三、真诚原则

真诚是人与人相处的基本态度。真诚是一个人外在行为与内在道德的有机统一。在交往中必须做到诚心待人、心口如一，而不能虚情假意、心口不一。待人真诚的人会很快得到别人的信任，而与人交往时表里不一、口是心非、缺乏真诚的人，即使在礼仪方面做得无可指摘，最终还是不会取得别人的信任。在社交场合，并非每个人都能有优美的姿态、潇洒的风度、得体的谈吐，即使懂得该怎样做也不见得人人都能够做得十分完美。但是，只要以真诚为原则，并处处体现出来，使与你交往的每个人都能感到你所做的一切是发自内心的、真诚的，你就能赢得友情，广交朋友。真诚友善、相互尊重的朋友关系更是构建和谐人际关系的重要内容。正如苏格拉底所言：「不要靠馈赠来获得一个朋友，你须贡献你诚挚的爱，学习怎样用正当的方法来赢得一个人的心。」

四、适度原则

适度是指在施行礼仪过程中，必须熟悉礼仪准则和规范，注意保持人际交往的距离，把握与特定环境相适应的人们彼此间的感情尺度、行为尺度，以建立和保持健康、良好、持久的人际关系。

遵循适度原则亦有多方面的要求，首先应该感情适度。在与人交往时，既要彬彬有礼，又不能低三下四；既要热情大方，又不能轻浮谄谀。其次应该谈吐适度。在与人交谈时，既要诚挚友好，又不能虚伪客套；既要坦率真诚，又不能言过其实。最后应该举止适度。在与人相处时，既要优雅得体，又不能夸张造作；既要尊重习俗，又不能粗俗无礼。正如培根所言：「礼貌举止正好比人的穿衣，既不可太宽，也不可太紧。」

五、守信原则

守信就是指在人际交往中要讲真话，并遵守诺言，实践诺言。古语说：「人而无信，不知其可也。」儒家直接把信用作为重要的美德（「仁」「义」「礼」「智」「信」）之一。孔子所说「民无信不立」「与朋友交，言而有信」，强调的是要守信用。信用是忠诚的外在表现，反应了一个人行为的规律性和稳定性。这如同物体的运动规律一样，当物体向一个方向运动时，根据其惯性就可以知道它继续运动的方向；

而根据火车时刻表，人们可以按计划在预定的时间内到达预定的地点。在交往中，一个讲信用的人能夠做到前後一致、表裡一致、言行一致，人们可以根据他的言论去判断他的行动、预测他的行为，以促进交往正常发展。因此，许多礼仪都体现了守信用这一基本精神。如遵守约定的时间，遵守对别人的承诺，言必信、行必果，不失信于人。

六、宽容原则

宽容是指心胸宽广，忍耐性强。「海纳百川，有容乃大。」一个有著宽阔胸怀的人往往能做到对别人宽容，易于博得他人的爱戴和敬重。正如孔子所言：「宽则得眾。」

宽容是与民主、平等、独立相关的，是民主社会的伴随物。随著商品经济的发展，人们之间交往的范围日益扩大，而社会节奏的加快、价值观的变迁、技术的发明、经济的活跃、思想的衝突都需要人们有更大的相容度，以接纳各种不同观点、不同现象及不同性格的人。

宽容原则包括：①严以律己。就是要树立一种道德信念，规范行為准则，不断提高自我约束、自我克制的能力，自觉按礼仪规范去做，遵信守约，以礼待人。②宽以待人。就是要做到将心比心，多体谅他人。在交往中，每个人的思想、品格及认识问题的水準总是有差别的，我们不能用一个标准去要求所有的人，而要宽以待人，这样才能化解发生在日常生活中的人际衝突。③大事清楚，小事糊涂。对于日常交往中的一些非原则的琐事、小的摩擦不要斤斤计较。④有理时也要让人。

七、从俗原则

「百里不同風，千里不同俗。」不同的文化背景，產生不同的禮儀文化，不同的地域文化決定著禮儀的內容和形式。「入國問禁，入鄉問俗。」這就要求人們在交往中不能只以自己為標準，必要時堅持入鄉隨俗，與絕大多數人的習慣做法保持一致。這同時也體現了尊重民族文化和地域文化的差異。正如美國禮儀學家羅杰・艾克斯泰爾所說：「好的舉止在他國也會是失禮的行為，入鄉隨俗是國際上人與人交往的最重要的規則。」

八、審美原則

我們之所以把審美標準作為現代禮儀的一個原則，是因為：審美

的結果，反應了社會進步；「愛美之心，人皆有之」；審美的目的是要達到真、善、美的統一。社會的發展，科學的進步，已經使真、善、美打破了界限，你中有我，我中有你，彼此結合，渾然一體。按照美的要求來建設今天的世界，已為越來越多的人所接受；而按美的要求來設計人際關係，也已成為人們所樂於接受的一種生活準則。

第四節 禮儀的作用

講究禮儀是社會文明的一種體現。講究禮儀、尊重他人，是一個人精神狀態、文化教養和道德水準的反應。古人云：「國尚禮則國昌，家尚禮則家大，身尚禮則身正，心有禮則心泰。」可見，禮儀在社會生活中的地位和作用何等重要。

一、促進社會主義精神文明建設

禮儀屬於文化範疇，是構成社會精神文明的基本要素，是人們觀察、瞭解精神文明建設的著眼點，也是純淨社會、清正風化的有效措施。

《論語・為政》中說：「道之以正，齊之以刑，民免而無恥；道之以德，齊之以禮，有恥且格。」這段話的大意是，使用國家政權推行一種道，並用國家刑律懲處不遵守者，老百姓想的是如何逃避懲處而不管行為對錯和榮辱；以德來推行道，以禮來馴化人，老百姓就懂得對錯和榮辱並會自覺遵守。這便十分清楚地說明了禮的社會作用和效果。《管子》中有一句話說得更明白、更直接：「禮義廉恥，國之四維。」將禮列為立國四精神要素之首，其突出的社會作用更是不言而喻。

講究禮儀的行為是文明行為，而文明行為是人類歷史發展的產物和要求。個人是社會最基本的細胞。全社會的文明程度，取決於每個細胞的文明狀況：大多數細胞文明，文明就會蔚然成風。我們倡導的文明禮貌，是以人與人之間的平等關係為原則、以對人的尊重和關懷為基礎的，要求人們努力做到內在心靈美與外在語言美、儀表美的和諧統一。禮節、禮貌反應了社會的文明程度及公民的精神面貌，同時又作用於道德建設，形成一種具有約束力的道德力量，要求社會成員按社會的期望將自己的言行納入符合時代之禮的軌道，使人們自覺地

按照社會效益，選擇符合時代風尚的言行，唾棄違背社會和民族文明的陋習。講文明、重禮儀是加強社會主義思想道德建設的重要舉措，是踐行社會主義榮辱觀和社會主義核心價值觀的重要方面，是國家軟實力的重要內容。禮儀作為中國傳統文化的核心，完全可以為社會主義精神文明建設和再塑中華民族的形象服務。「厚德載物」「德行天下」。只要我們共同努力，一定能夠匯涓流而成江海，積小善而成大德。一個擁有五千年優良傳統的禮儀之邦，一定會以更加自信、更加文明的形象屹立於世界民族之林。

二、調節人際關係

禮儀是社會活動中的潤滑劑，是聯絡人們感情的紐帶、溝通人際關係的橋樑，對營造一個平等、團結、友愛、互助的新型人際關係的環境起著不可忽視的作用。

禮儀所表達的意義主要是尊重。尊重可以使對方在心理需要上感到滿足、愉悅，進而產生好感和信任。對此，英國哲學家約翰·洛克曾有過一段論述：禮儀是在他的一切別種美德之上加上的一層藻飾，使它們對他具有效用，去為他獲得一切和他接近的人的尊重和好感。沒有良好的禮儀，其餘的一切成就都會被人看成驕傲、自負、無用和愚蠢。美德是精神上的一種寶藏，但是使它們生出光彩的則是良好的禮儀；凡是能夠受到大家歡迎的人，他們的動作不但要有力量，而且要優美……無論做什麼事情，必須有優雅的方法和態度，才能顯得漂亮，贏得別人的喜悅之情。

通過完備的禮儀，可以聯絡人與人之間的感情、協調上下左右的關係，使一切不快菸消雲散、冰消雪融。正如伊麗莎白女王所說：「禮節乃是一封通行四海的推薦書。」約翰遜所說：「禮貌像只氣墊，裡面可能什麼都沒有，卻能奇妙地減少碰撞。」

三、教育自己，影響他人

禮儀是一種高尚、美好的行為方式，通過評價、勸阻、示範等教育形式糾正人們不良的行為習慣，倡導人們按禮儀規範的要求去協調人際關係，維護社會正常生活。遵守禮儀原則的人客觀上也起著榜樣的作用，無聲地影響著周圍的人。人們可以在耳濡目染之中，接受教育、淨化心靈、陶冶情操、匡正缺點、端正品行。

四、更好地表現個人價值

　　人生價值的展示過程即表現自我的過程。一個人在其生命的主要時期，不論從事什麼職業，也不論其信仰、觀念、思想有何不同，都在自覺或不自覺地表現著自己。「言談舉止見文化」「小節之處顯精神」。禮儀教育不僅是一種禮貌教育，還是一種素質、人格的教育。禮儀規範能最大限度地幫助人們成功地完成這一任務，找到實現自我價值的最優表現形式。合於禮的行為，擁有道德原則的支撐，又能夠涵養道德情操，提升人的素養，是個人完善自我的重要階梯。

[思考題]

1. 什麼是禮貌？什麼是禮節？什麼是禮儀？
2. 禮儀有哪些特點？
3. 禮儀有哪些原則？
4. 禮儀有哪些作用？
5. 你對中國是「禮儀之邦」這一美稱如何認識？

儀表、儀容和儀態

第二章 儀表、儀容和儀態

第一節　儀表美

一、儀表美的概念

儀表，指人的外表。一般來說，它包括人的容貌、服飾和姿態等，是一個人的精神面貌、內在素質的外在體現。在古代，儀表包含兩個方面的含義：一為表率，如《管子·形勢解》所說「法度者，萬民之儀表也」；二為容貌，如《宋史·楊承信傳》道「承信身長八尺，美儀表，善持論，且多藝能」。在現代社會中，人們通常用儀表端莊、容貌俊秀、風度翩翩、舉止瀟灑等來讚揚一個人的儀表美。

儀表美是一個綜合概念，它包含三個層次的意思：

（1）儀表自然美。它是指人的容貌、形體、體態的協調優美。如體格健美勻稱，五官端正秀麗，身體各部位比例協調，線條優美和諧。這些先天性的生理要素，是儀表美的基本條件。

（2）儀表修飾美。它是指經過修飾打扮及後天影響形成的美。天生麗質令人羨慕，但這種幸運不是每個人都能擁有的。因此，人們大都可以通過化妝、服飾、外形設計等來揚其長、避其短，塑造出美好的個人形象。

（3）儀表內在美。它是指一個人高尚美好的內心世界、高雅的氣質和蓬勃旺盛的生命力的外在體現，是儀表美的本質。真正的儀表美是內在美與外在美的和諧統一，「秀外慧中」「誠於中而形於外」，是內在美的一種自然展現。

儀表的總體要求可概括為48個字：
容貌端正，舉止大方；
端莊穩重，不卑不亢；
態度和藹，待人誠懇；
服飾規範，整潔挺括；
打扮得體，淡妝素抹；
訓練有素，言行得當。

二、注重儀表美的意義

（一）可以給人留下美好的第一印象

在最初的交往中，人們總是通過儀表彼此相識，進而相互瞭解、建立情感的。人們可以通過儀表來推斷一個人的身分、學識、能力、性格、態度等，並據此來決定接受對方的程度，因為第一印象形成的心理定式常常是很難改變的。美國著名管理學博士藍斯登曾這樣描述過：一個人給人的初步影響力幾乎永遠是視覺上的。在我們真正瞭解一個人之前，我們早在第一眼看到他時，便形成了對他的看法。如果他的樣子順眼，我們就會在他身上尋找其他的好的特質；如果他的樣子不討人喜歡，我們會傾向於探索他不良的特質，以便支持我們的第一次判斷。一個人給人的第一印象是難以泯滅的。

（二）自尊自愛的體現

愛美之心，人皆有之。衣著整潔美觀，儀態端莊大方，既體現了一個人良好的精神風貌，同時又是一個人自尊自愛的表現。如果一個人衣冠不整、不修邊幅，會被人認為是作風拖沓、生活懶散、社會責任感不強，因而難以得到人們的信任。儀表美還體現了一種安全感，一種認真的作風，一種自信、熱情、向上的精神風貌。

（三）尊重他人的需要

注重儀表是講究禮節、禮貌的表現，是對他人的一種尊重。儀表美不僅能滿足他人審美的需要，而且能使他人感到自己的身分地位得到了應有的承認，因而求尊重的心理也自然會得到滿足。同時，注重儀表還可促使人們在思想上、情感上進行溝通，有利於相互增進瞭解和友誼。

儀表、儀容和儀態

第二節　服飾禮儀

　　服飾是一種文化，可以反應一個民族的文化素養、精神面貌和物質文明發展的程度；服飾又是一種「語言」，能反應出一個人的社會地位、文化修養、審美情趣，也能表現出一個人對自己、對他人以至於對生活的態度。得體的服飾有一種無形的魅力，可以使一個人平添光彩。

　　一、著裝的原則

　　(一) TPO 原則
　　T、P、O 分別是英語中 time、place、object 三個單詞的首字母。「T」指時間，泛指早晚、季節、時代等；「P」代表地方、場所、位置、職位；「O」代表目的、目標、對象。TPO 原則是目前國際上公認的衣著標準。只有當我們的著裝遵循了這個原則的時候，它才是合乎禮儀的，才能給對方以可敬、可信、可親的感覺。

　　(二) 三色原則
　　三色原則是選擇正裝色彩的基本原則。它要求全身正裝的色彩在總體上應當以少為宜，最好將其控制在三種色彩之內，而且以一種顏色為主色調。正裝的色彩若超出三種色彩，一般都會給人以繁雜、低俗之感。灰、黑、白三種顏色在服裝配色中佔有重要地位，幾乎可以和任何顏色相配並且都很合適。

　　(三) 整體性原則
　　正確的著裝，能起到修飾形體、容貌等作用，形成一種和諧的整體美。服飾的整體美的構成因素是多方面的，包括人的形體和內在氣質，服飾的款式、色彩、質地、工藝及著裝環境等。服飾美就是從這多種因素的和諧統一中顯現出來的。正如培根所說：「美不在部分而在整體。」也就是說，如果孤立地看一個事物的各個部分可能都不美，但從整體看卻可能顯得很美。

　　(四) 個性化原則
　　著裝的個性化原則，主要指依個人的性格、年齡、身材、氣質、愛好、職業等要素，力求在外表上反應一個人的個性特徵。而現代人的穿著風格主要講求美觀、實用、突出個性，因此，服飾也就呈現出

越來越強的表現個性的趨勢。

　　選擇服裝要因人而異，其著重點在於展示所長，遮掩所短。各式服裝有各自的風格和內涵，只有個性化的著裝，才能在人與物和諧統一的同時顯現其獨特的個性魅力，塑造、展示出最佳形象和風貌。

　　（五）整潔原則

　　在任何情況下，服飾都應該是整潔的。不能沾有污漬，衣領和袖口處尤其要注意，扣子等配件應齊全，衣服不能有開綻的地方，更不能有破洞。

　　二、著裝的技巧和要求

　　（一）著裝應滿足扮演不同社會角色的需要

　　人們的社會生活是多方面、多層次的，在不同的社交場合，扮演著不同的社會角色。因此，人們的儀表、言行必須符合他的社會角色的需要，才能被人理解、被人接受。

　　（二）著裝要和膚色、形體、年齡相協調

　　不同的人，身材有高矮，體形有胖瘦，膚色有深淺，因此穿著理當因人而異，揚長避短。魯迅先生雖不是專門的美學家，但他很懂得服裝美學。他說過：人瘦不能穿黑衣服，人胖不要穿白衣裳；腳長的女人一定要穿黑鞋子，腳短的就一定要穿白鞋子；方格子的衣裳胖人不能穿，但比橫格子的還好些，橫格子的衣裳，胖子穿上身材更顯寬了。胖子要穿豎條子的衣服，豎條子使人顯瘦。膚色較深的人穿淺色服裝，會獲得相對好的色彩效果；膚色較白的人穿深色的服裝，更能顯出皮膚的細潔柔嫩。又如在造型上，通過款式的設計，可以彌補人體比例不勻稱的缺點。肩胛窄小的人，宜選擇有襯肩的衣服，但如果膀大肩寬，則以無肩為好。腰粗的人應選擇肩部較寬的衣服，以產生肩寬腰細的效果。腿較短的人，可以選擇上衣較短、褲稍長的服裝；腿較粗的人，宜穿上下同寬的深色直筒褲、過膝的直筒裙，不宜穿太緊的褲、太短的裙。頸長的人，適合穿領較高的服裝，頸短的人可選擇無領或低領的款式。胸部較小者，宜穿水準條紋的上衣，開細長縫的領口，並在衣服門襟處點綴些波浪邊或荷葉邊，以掩蓋胸部扁平的缺陷等。總而言之，不能抽象地議論服裝的美與醜，只有與本人的形體條件相協調，使之具有配色美、造型美和時代氣息，才能分出美醜來。

　　服裝能體現年齡的特徵，也是著裝是否得體的重要標誌。一套深色中山裝，穿在中老年人身上，會顯得成熟、穩重，而穿在年輕小伙

子身上，也許就有點老氣橫秋。少女穿超短裙，會顯得朝氣蓬勃，熱烈奔放，但如果少婦打扮成少女模樣，不僅失去了成熟的美，而且還會給人一種輕佻之感。

（三）著裝應注意色彩的搭配

色彩的感覺在一般美感中是最為大眾化的，因而著裝色彩選擇得當及色彩搭配和諧往往能產生強烈的美感，給人留下深刻的印象。在日常生活中，根據禮儀的需要和自己的特點，選擇適當的服裝色彩並進行合理搭配，是美化著裝的重要手段。

1. 色彩的視覺效果

色彩濃淡給人的感覺不同，淺淡的亮色給人以輕快的感覺，而深暗色則使人感到凝重、沉穩。應該根據禮儀場合的需要和自己的性格特徵，來選擇適合自己的服裝色彩。

色彩能給人造成擴張或收縮的感覺。明亮的顏色會造成擴張感，深暗的色彩會造成收縮感。因此，體形較胖者，一般宜選用冷色系列的服裝。

色彩還能造成華麗感或質樸感。明亮的色彩給人以華麗感，深暗的色彩則給人以質樸感。應根據禮儀場合的需要，選擇自己喜歡且適合自己的服裝。

2. 服裝色彩的搭配

服裝色彩的搭配，既要考慮到身材、膚色等因素，也必須注意服裝本身色彩的和諧。俗話說「沒有不美的色彩，只有不美的搭配」，可見搭配的重要性。色彩搭配的方法有兩種，即親色調和法和對比色調和法。

（1）親色調和法是將色調相近似，但深淺濃淡不同的顏色組合在一起的配色方法。具體方法有同種色調和、類似色調和、主色調和三種。

（2）對比色調和法是將對比色進行搭配，使之對立，既突出各自的特徵，同時又相映生輝的配色方法。具體方法有兩色對比調和、三色對比調和兩種。

（四）選擇得體的服裝款式

（1）正式服裝。這是指在正規的、隆重的場合穿著的服裝。男士的正式服裝主要有西服套裝、中山裝、制服及民族服裝。女士的正式服裝主要有西服套裙、旗袍、連衣裙及民族服裝。其風格應高貴、華麗、莊重，以顯示對所參加活動的重視和對主人的尊重。

（2）工作服裝。這是指在工作時間和工作場合必須穿著的服裝。其風格應實用、大方、簡潔、美觀，並與工作性質相符，以顯示職業身分並方便工作。

（3）便裝。這是指外出旅遊或休閒時穿著的服裝。其風格應為寬鬆、舒適、灑脫，以顯示恬淡、輕鬆的格調和心情。

（五）西裝的穿著規範

隨著經濟的發展和世界各國人民的友好交往，西裝已成為當今國際上最標準的通用禮服，它能在各種禮儀場合穿著。其具體的禮儀規範為：

（1）西裝的套件。西裝有單件上裝和套裝之分。非正式場合，可穿單件上裝配以各種西褲或牛仔褲等；半正式場合，應著套裝，可視場合氣氛在服裝的色彩、圖案上大膽選擇；正式場合，則必須穿顏色素雅的套裝，以深色、單色為宜。

（2）襯衫。與西裝配套的襯衫須挺括、整潔、無皺褶，尤其是領口；襯衣袖子應以抬手時比西裝衣袖長出 2 厘米左右為宜，襯衣的領子應略高於西服領子，襯衫下擺要塞進西褲。如不系領帶，可不扣領扣。

（3）領帶。領帶必須打在硬領襯衫上，要與襯衫、西服和諧，其長度以到皮帶扣處為宜。若內穿毛衣或背心等，領帶必須置於毛衣或背心內，且衣服下端不能露出領帶頭。領帶夾是用來固定領帶的，其位置不能太靠上，以從上往下數襯衫的第四粒紐扣處為宜。

襯衫的領子式樣與領帶的結法有著密切的關係，公認的原則是：窄領通常打單結，有領扣的襯衫用準溫莎式，寬領襯衫用溫莎式。以下介紹領帶的三種結法：普通（單結）型、溫莎型、準溫莎型。如圖 2-1 所示。

（4）西裝的紐扣。西裝有單排扣和雙排扣之分。雙排扣西裝，一般要求將扣全部扣好；單排扣西裝，若是三粒扣子的只系中間一粒，兩粒扣子的只系上面的一粒，或者全部不扣。

（5）西裝的帕飾。西裝的胸袋又稱手帕兜，用來插裝飾性手帕，也可空著。手帕須根據不同的場合折疊成各種形狀，插於西裝胸袋。

（6）西裝要乾淨、平整，褲子要熨出褲線。

（7）穿西裝一定要穿皮鞋，且要上油擦亮，皮鞋的顏色要與西裝相配套。穿皮鞋還要配上合適的襪子，使它在西裝與皮鞋之間起到一種過渡作用。

儀表、儀容和儀態

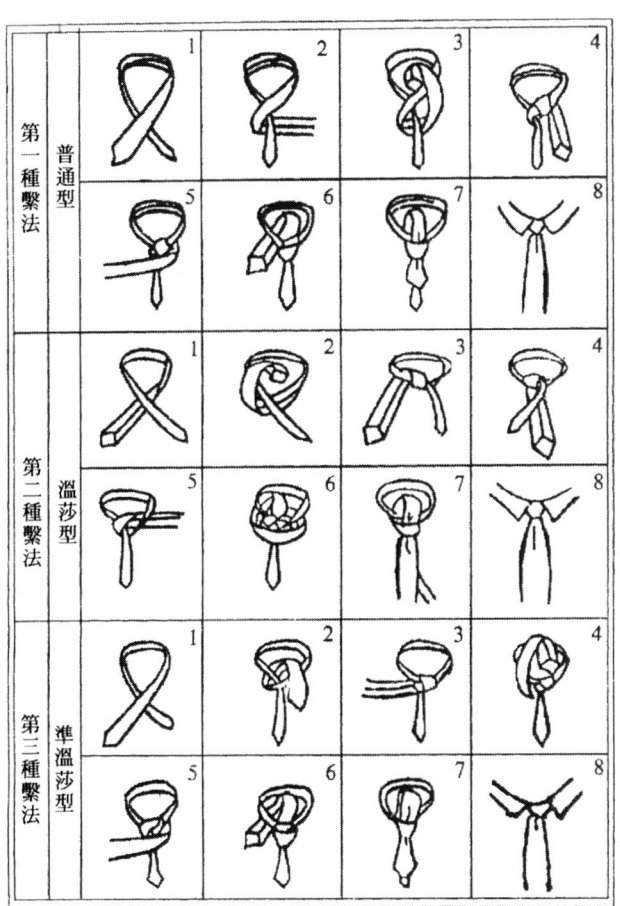

圖2-1 領帶繫法示意圖

三、飾品的選擇與佩戴

(一) 首飾

佩戴首飾也應該遵守TPO原則，具體要求是：

（1）佩戴首飾要注意場合。只有在交際應酬時，佩戴首飾才最合適；上班時間以不戴或少戴首飾為好；從事勞動、體育活動和出席會議時也不宜戴首飾。

（2）佩戴首飾要與服裝及本人的外表相諧調。一般穿較考究的服裝時，才佩戴昂貴的首飾；穿運動裝、工作服時不宜戴首飾。胖臉型的女人不宜戴大耳環，戴眼鏡的女士不宜戴耳環，圓臉型的女士戴項鏈應加個掛件。

（3）佩戴首飾要考慮性別因素。女士可以戴各種首飾，男士則只宜戴結婚戒指。

（4）佩戴首飾要注意寓意和習慣。項鏈是平安、富有的象徵，應根據身材和個性特點，選擇適當的款式和色彩。戒指是首飾中最明確的愛情信物，佩戴戒指可顯示一個人的婚姻狀況：戴在食指上表示求婚，戴在中指上表示正在戀愛中，戴在小指上則表示是獨身主義者。戒指一般只戴一枚，而且戴在左手上。手鐲或手鏈如果在左手腕或左右兩腕上同時佩戴，表示佩戴者已經結婚；如果僅在右手腕上佩戴，則表明佩戴者是自由而不受約束的。另外，手鐲或手鏈的戴法還因各民族的習俗不同而有所區別。中國人習慣將手鐲或手鏈戴在右手上，而一些西方人則習慣戴在左手上。一般女士佩戴手鐲或手鏈就不用戴手錶。

（二）飾物

（1）圍巾和帽子。圍巾、帽子若與服裝的風格一致，可增加整體的形象美。在冬季，人們的服裝色彩較暗，可以用顏色鮮豔的圍巾、帽子點綴。如果服裝顏色很豔麗，可用顏色素雅的帽子、圍巾以求得一種色彩的平衡。帽子還可以用來修飾臉型，長臉形的人宜戴寬邊或帽檐下垂的，臉寬的人則應戴小檐高頂帽。

（2）手提包。一般要求手提包與服裝的顏色相諧調。夏季拎包應輕巧，冬天提包的顏色可以鮮明些；草編的手提包配上運動衫或棉布便裝就十分自然得體。

（3）眼鏡。如今，眼鏡已不只是醫療保健用品，它不僅能保護眼睛，還是一種飾品。一副精美的金邊眼鏡會給人增添幾分斯文氣，而大框架的眼鏡則顯示出一種豪放氣派。

（4）胸花。胸花有金屬的、塑料的、鑲嵌寶石的，還有用與衣服料子相同的呢絨做的，很有情趣。女子佩戴胸花沒有一定的原則，只要看上去不刺眼就行。

（5）手帕。作為一種飾物，在西裝左上邊口袋裡，露出折成三角形、雙尖形、花瓣形等形狀的手帕，能給人平添幾分風度。

第三節　儀容修飾

儀容一般指人的面部和頭部。對儀容的修飾即對人的面部與頭髮的修飾，通過修飾以展現淡雅清秀或健康自然的富有個性的容顏。

一、面部修飾

（一）瞭解皮膚類型，選擇適當的化妝品

人的面部肌膚可以分為中性、油性、干性、混合性和過敏性五種類型。中性皮膚表面光滑潤澤，是較理想的皮膚；油性皮膚表面油亮，毛孔粗大，易生粉刺；干性皮膚皮脂分泌少，毛孔細小，皮膚缺少彈性，易生皺紋；混合性皮膚的額、鼻、下巴等部位為油性皮膚，其他部分為干性皮膚；過敏性皮膚對某種物質較為敏感，一經接觸就會出現紅腫、丘疹、瘙痛等症狀。皮膚的類型將隨年齡的增長而改變，如油性皮膚將逐漸變為干性皮膚。

市場上化妝品種類繁多，而且更新較快。選擇化妝品時，應選擇適合自己皮膚的，不要盲目使用。

（二）化妝的一般技巧及化妝的步驟

（1）清潔面部。對於面部的清潔，可選用清潔類化妝品去除面部油污，然後再用清水洗淨。化妝後顏面的靚麗程度、保持效果與皮膚的潔淨程度成正比，即皮膚越潔淨妝面效果越好。在基面化妝（打粉底）前，應在清潔的面部塗上護膚類化妝品。使用此類化妝品的好處在於潤澤皮膚、保護皮膚、易於上妝，而且上妝後不易脫落。

（2）基面化妝。目的是調整皮膚顏色，使皮膚平滑。化妝者可根據自己的皮膚選擇合適的粉底，並根據面部的不同區域，分別敷深、淺不同的底色，以增強臉部的立體效果。

（3）眉毛的整飾。整飾眉毛時，應根據人的臉型特點，確定眉毛的造型。一般是先用眉筆勾畫出輪廓，再順著眉毛的方向一根根地畫出眉型，最後把雜亂的眉毛拔掉。

（4）塗眼影、畫眼線。眼影有膏狀與粉質之分，顏色有亮色和暗色之別。亮色的使用效果是突出、寬闊；暗色的使用效果是凹陷、窄小。眼影的亮、暗搭配，可以強調眼睛的立體感。塗眼影時，應在貼睫毛的部位塗重些，兩個眼角的部位也應塗重些。寬鼻梁者塗在內眼

角上的眼影應向鼻梁處多延伸一些，鼻梁窄者則少延伸一些。

畫眼線的作用主要是突出眼睛的輪廓，增加眼睛的外觀效果。畫眼線要注意上下眼線的區別，一般是上眼線比下眼線畫得長、粗、深些。

（5）塗腮紅。塗腮紅的部位以顴骨為中心，根據每個人的臉型而定。長臉形要橫著塗，圓臉型要豎著塗，但都要求腮紅向臉部原有膚色自然過渡。顏色的選用，要根據膚色、年齡、著裝和場合而定。

（6）塗口紅。塗口紅時，先要選擇口紅的顏色，再根據嘴唇的大小、形狀、薄厚等用唇線筆勾出理想的唇線，然後再塗上口紅。唇線要略深於口紅色，口紅不得塗於唇線外，唇線要乾淨、清晰，輪廓要明顯。

化妝後要全面檢查，盡量少顯露修飾痕跡。主要看你的化妝與衣著、髮型是否相宜，與你自己的年齡、身分、氣質等是否相稱。

（三）化妝禮儀

（1）化妝的濃淡要視時間、場合而定。在工作時間（白天）、工作場合，或者參加面試等，只能化淡妝。若濃妝豔抹，與工作環境不相協調，會讓人覺得過分招搖、舉止輕浮、工作不認真。若參加晚宴、舞會則可化濃妝。

（2）不當眾化妝。當眾化妝是非常失禮的，是對他人的妨礙，也是對自己的不尊重，還會讓人感到你不務正業。如果需要修飾的話，應到無人處或在洗手間進行。

（3）不要非議他人的化妝。由於民族、文化傳統的不同，個人審美情趣的不同，以及膚色上的差異，每個人化的妝不可能都一樣，所以，切不可對他人的妝容評頭論足。

（4）不要借用他人的化妝品。借用別人的化妝品，不僅不衛生，而且也不禮貌。

二、髮型修飾

髮型修飾就是在頭髮保養、護理的基礎上，修剪出一個適合自己的髮型。男性頭髮前不蓋眉，側不掩耳，後不及領。女性根據年齡、職業、場合的不同，梳理得當。美觀、恰當的髮型會使人精神煥發，充滿朝氣和自信。

（一）根據臉型選擇髮型

恰當的髮型設計能起到修飾臉型的作用。人的臉型可分為橢圓臉

儀表、儀容和儀態

（俗稱「瓜子臉」）、圓臉、長臉、方臉四種。橢圓臉是東方女性的標準，可選任意髮式；圓臉型的人應將頭頂部的頭髮梳高，並設法遮住兩頰，使臉部看起來顯長不顯寬；長臉形的人，應將劉海向下梳，遮住額頭，兩側的頭髮要蓬鬆，以減少臉的長度；方臉型的人，可讓頭髮披在兩頰，掩飾稜角，使臉部看上去圓潤些。

（二）根據身材選擇髮型

根據自己的體形（高、矮、胖、瘦）選擇髮型也是很重要的。高身材以中長髮或長髮為宜，如果身體瘦高，則頭髮輪廓以圓形為宜；如果身材高且胖，則頭髮輪廓應保持橢圓形為宜；矮身材以留短髮為宜，或將頭髮高盤於頭頂。

（三）根據職業和環境選擇髮型

商界男士可選擇青年式、板寸式、背頭式、分頭式、平頭式等髮型；職業女性的髮型應文雅、莊重；公關小姐的髮型應新穎、大方；而參加宴會或舞會時，髮型則可以高雅、華麗。

（四）根據年齡選擇髮型

少年應以自然美為主，不宜燙髮、染髮；青年人髮型多樣，短、中、長髮式或直髮式均可；中年人宜選擇整潔簡單、大方文雅、線條柔和的髮型；老年人則應選擇莊重、簡潔、樸實、大方的髮型。

（五）根據髮質選擇髮型

有些髮型從年齡、身材、臉型等方面考慮都適合自己，但如果髮質不合適，也不會有好的效果。

第四節　儀態舉止

舉止是一種不說話的語言。它真實地反應了一個人的素質、受教育程度及能夠被人信任的程度。培根有句名言：「相貌的美高於色澤的美，而優雅合適的動作美又高於相貌的美，這是美的精華。」舉止包括人的站姿、坐姿、表情以及身體展示的各種動作。大方、得體、優雅的舉止，不僅可以塑造自身美好的形象，而且還可以使各種禮儀表現得更充分、更完美。

一、正確的站立姿勢

人的正常站姿，也就是人在自然直立時的姿勢，即所謂的「站有

站相」。其標準的站立要求是：上半身挺胸收腹、腰直、雙肩平齊、舒展，精神飽滿，雙臂自然下垂（雙手有側放式、前腹式、後背式站姿），兩眼平視，嘴微閉，面帶笑容；下半身雙腿直立，身體重心在兩腳之間。女士的雙膝和雙腳要靠緊，雙腳也可調整成「V」字形；男士的雙腳可稍分開點兒距離，但不宜超過肩寬，雙腳也可調整成「V」字形。

由於日常生活的不同需要，人有多種站立姿勢。如教師和營業員的站立姿勢常常採取有依託和支撐的辦法來減少對腿的壓力——教師常常把雙手撐在講桌上，營業員則把雙手扶在櫃上。但無論何種站立姿勢，都不宜將手插在褲袋裡或交叉在胸前，更不要下意識地做小動作，切忌東倒西歪，聳肩勾背，或倚牆靠桌，雙腿交叉等，這樣會破壞自己的形象。

二、正確的坐姿

坐姿同樣有美與醜、優雅與粗俗之分。正確的坐姿能給人一種安詳莊重的感覺，因此，要「坐有坐相」，做到端正、舒展、大方。

中國古代人的坐姿①是雙膝著地，臀部壓在腳跟上。現在有些少數民族仍採用這種坐姿，還有一些地方的人採用盤腿而坐的姿勢。但由於凳、椅、沙發等的廣泛使用，這些坐姿已不多見。

正確的坐姿有如下要求：入座時，要輕要穩，從座位的左邊入（左邊出），只坐椅子的三分之二，不要坐滿或只坐一點邊兒。女子入座時，若是裙裝，應用手將裙子稍微攏一下。坐定後，身體重心垂直向下，上身保持正直，兩眼平視，目光柔和，可將右手搭在左手上，輕放於腿面，雙膝自然並攏，雙腿正放或側放，雙腳並攏或交疊。男士可雙手掌心向下，自然地放在膝上，亦可放在椅子或沙發扶手上，雙腳可略為分開。在同左右客人談話時，應有所側重，即上體與腿同時轉向一側。

坐時不要將雙手夾在腿之間或放在臀下，不要將雙臂端在胸前或抱在腦後，也不要將雙腿分開過寬或將腳伸得過遠，腿腳不要不停地

---

① 古人席地而坐，很講究坐的姿勢。兩膝著地，臀部落在腳跟上，姿勢安適，叫作「坐」。如果臀部離開腳跟，伸腰及股，以示恭敬，叫作「跪」。將臀部抬起，上身挺直，準備站起，同時又表示尊重，叫「跽」，也叫「長跪」。上身據物，重足而坐，叫「踞」。與踞相近，但不據物重足，而是豎膝而坐，叫作「蹲」。最隨意輕慢的方式是臀部著地，兩腿平伸張開，上身與腿成直角，狀如簸箕，叫作「箕踞」，也稱「箕坐」，是最失禮的坐式。

儀表、儀容和儀態

抖動，也不可蹺二郎腿。

三、正確的走路姿勢

走路，是人體用自身的能量產生位移的方法之一。在體育運動中走的姿勢有許多，如齊步走、正步走、競走等。我們這裡講的是一般生活中的走路姿勢。由於性別、性格的原因以及美學的要求，男女的步態應該是有區別的。男性走路以大步為佳，女性走路以碎步為美。

男性走路的姿態應當是：昂首、閉口，兩眼平視前方，挺胸、收腹、直腰，上身不動，兩肩不搖，兩臂在身體兩側自然擺動，兩腿有節奏地交替向前邁進，步態穩健有力，顯示出男性剛強、雄健、英武、豪邁的陽剛之美。

女性走路的姿勢應當是：頭部端正，不宜抬得過高，兩眼直視前方，上身自然挺直收腹，兩手前後擺動且幅度要小，以含蓄為美，兩腿並攏，碎步前行，應走直線，步態要自如、勻稱、輕盈，顯示女性莊重、文雅的陰柔之美。

無論男女，走路都應註視前方，不要左顧右盼，不要回頭張望，不要總是盯住行人打量，更不要一邊走路一邊指指點點地對別人評頭論足，這不僅有傷大雅，而且也不禮貌。走路時腳步要乾淨利索，有鮮明的節奏感。不可把手插在衣服口袋裡，尤其不要插在褲袋裡，也不要扶腰或倒背著手，這些都很不美觀。

幾個人一起走路，應該使自己的步伐與他人的步伐協調一致，既不要走得過快，一個人遙遙領先，也不要走得過慢，孤單單地落在後面，顯得與眾人格格不入。明顯地超前或落後，無非是為了表現自己的不滿情緒，是一種無聲的抗議，這在社交場合是應當避免的。與上司同行，原則上應該在上司的左邊或後面走。男女同行，則沒有上下級關係，男性必須遷就女性。上下樓梯、開門或在黑暗處男性均應走在女士前面，以便給予照顧。一般情況下行走，理應謙讓。如在狹窄過道上需超越前面的人或必須從正在站立談話的人中間穿過時，要先說聲「對不起，請讓我過一下」。如與上司、女士相遇，則應站住讓路，這是禮貌。

腳步的強弱、輕重、快慢、幅度及姿勢，必須同出入場合相適應。在室內走路要輕而穩；在花園裡散步要輕而緩；在病房裡或閱覽室裡走路要輕而柔；在婚禮上的步子要邁得歡快、輕鬆；在接受檢閱時，步子則要雄壯有力、整齊劃一，顯得精神飽滿……總而言之，步態要

因地、因人、因事而異。

由於表情和身體展示的各種動作在本書第六章中有專門敘述，這裡不再贅述。

［思考題］

1. 如何理解儀表美的含義？
2. 選擇服裝的TPO原則是什麼？
3. 簡述化妝的技巧和步驟。
4. 正確的站姿、坐姿和走路姿勢的具體要求有哪些？

第三章 相識禮儀

第一節　介紹禮儀

一、介紹的作用

介紹是人們在社交活動中的重要環節，是人與人相識的最基本形式。介紹的作用在於：其一，它能縮短人與人之間的距離，不相識的人通過介紹後，隔閡感會逐漸被親近感所取代；其二，它能幫助人們擴大社交圈子，結識新朋友，加快對彼此的瞭解；其三，通過介紹還可以消除誤會。

二、介紹的類型

介紹有各種各樣的方式，如果按社交場合的正式與否來劃分，可以分為正式介紹和非正式介紹；如果按被介紹者的人數來劃分，可以分為集體介紹和個別介紹；如果按介紹者所處的位置來劃分，可以分為自我介紹和他人介紹；如果按被介紹者的身分、地位、層次來劃分，可以分為重點介紹和一般介紹；如果按被介紹對象的性質來劃分，可以分為商業性介紹、社交性介紹和家庭成員介紹等。

三、介紹的原則

在正式場合為他人做介紹時，有一個基本原則，即應該受到特別尊重的一方有瞭解的優先權。國際上一般慣例是把身分低的介紹給身分高的，把年輕的介紹給年長的，把男士介紹給女士，把未婚的介紹給已婚

的。介紹時，先提某人的名字是對他的一種敬意，這是一條準則。

四、介紹的方法和禮儀

（一）自我介紹

在自我介紹時，應該記住「3P」原則：Positive（自信）、Personal（個性）、Pertinent（中肯）。要求介紹的語言既要簡潔明瞭，又能使對方從你的介紹中找出繼續談下去的話題；既要使對方通過你的介紹對你有所瞭解，又不使對方覺得你是在自吹自擂。其基本程序應該是：先向對方點頭致意，得到回應後再向對方介紹自己，同時遞上事先準備好的名片。

（1）諧音式。這是利用字詞的音相同或相近的方法來進行自我介紹的一種方式。比如：「人人都知道這樣一句話『理解萬歲』，本人就叫李杰（理解），希望我們能成為朋友，達到心靈上的溝通和相互理解。」

（2）矛盾式。這種方式主要用來表現介紹者介紹的某些內容與現實相矛盾的情況。比如：「我很榮幸，因為我叫張忠良，是一位忠厚善良之人；但我又非常不幸，因為我與電影《一江春水向東流》中那個忘恩負義的張忠良同名。不過，請大家相信我，我是一個重情重義的人。」

（3）自嘲式。這是一種以介紹者自身為對象進行的嘲笑似的介紹，以達到更為突出自己的目的。比如：「大家抬頭往天上看，高高的藍天上飄浮著一朵白雲，雖然我個子不高，但卻有一個高高在上的名字——高雲。」

（4）引用式。這是借用名句、名詩、名言或俗語、諺語等來進行自我介紹的方法，以此引發他人的聯想，加深其記憶。比如：「偉大出於平凡。我就叫王平凡，我願意在平凡的崗位上做出不平凡的業績。」

（二）他人介紹

在介紹之前，必須瞭解被介紹雙方各自的地位、身分等，並遵循應受到尊重的一方有瞭解對方的優先權的原則。在口頭表達時，先稱呼身分高者、年長者、主人、女士和先到場者，再一一介紹對方。比如，把一位年輕的女士介紹給一位大企業的負責人，則應不論性別，先提稱這位企業家：「張總，這位是我的同學李倩，剛從北京外國語大學畢業，會說一口流利的英語，她想到我們公司工作。」然後再介紹：「李倩，這位是我們公司的張然總經理。」若是忽然想不起客人的名字，可讓客人自我介紹。如：「來，你向大家自我介紹一下吧。」這

樣，就避免了可能出現的尷尬局面。

　　在介紹時，手勢動作應文雅，儀態應端莊，表情應自然。無論介紹哪一位，都應手心朝上，四指並攏，拇指張開，指向被介紹的一方，且眼神要隨手勢轉向被介紹的一方，並向另一方點頭微笑。介紹時，除長者、女士外，一般應起立，但在宴會桌、會談桌上也可不起立，這時，被介紹者只需略欠身微笑點頭，有所表示即可。

　　經介紹後，應牢記被介紹雙方的姓名和單位等，否則就是最大的失禮。

第二節　稱呼禮儀

　　稱呼，是在人與人交往中使用的稱謂和呼語，用以指代某人或引起某人注意，是表達人的不同思想感情的重要手段。稱呼禮儀通常可分為家庭稱謂和社交稱呼兩種。

　　一、家庭中的稱謂

　　家庭是人類社會的基本單位。家庭稱謂就是表示家屬與親戚之間關係的特定的名稱。

　　（一）家庭稱謂的特徵

　　（1）標明了父系和母系。從稱謂上能看出被稱謂者是父系家族的還是母系家族的成員。

　　（2）註明了性別。通過稱謂能夠判斷出被稱謂者是男還是女。

　　（3）標明了父系或母系家族的長幼。通過稱謂可以判斷出稱謂人與父親或母親的關係。

　　在中國的家庭中，親戚和親屬構成的系統在稱謂上劃分得十分清楚。如父親的兄弟為伯、叔，父親的姐妹為姑；母親的兄弟為舅，母親的姐妹為姨。同時，在稱謂上對直系和旁系也有嚴格的區別。如直系長輩：父、祖父、曾祖父、高祖父；直系晚輩：子、孫、曾孫、玄孫。又如旁系長輩：祖父的兄弟為從祖父，曾祖父的兄弟為族祖父；旁系晚輩：侄之子為歸孫，甥之子為離孫。

　　（二）常用的稱謂關係

　　為了便於表述，我們將常用的稱謂按相互關係、稱呼和自稱排列成表，如表3－1所示。

表 3–1　　　　　　　　常用稱謂及關係

關　　係	稱　　呼	自　　稱
父親的祖父	曾祖父（老爺爺）	曾孫（曾孫女）
父親的祖母	曾祖母（老奶奶）	曾孫（曾孫女）
父親的父親	祖父（爺爺）	孫（孫女）
父親的母親	祖母（奶奶）	孫（孫女）
父親的哥哥	伯父（大爺）	侄（侄女）
父親的嫂嫂	伯母（大娘）	侄（侄女）
父親的弟弟	叔父（叔）	侄（侄女）
父親的弟媳	叔母（嬸）	侄（侄女）
丈夫的祖父	祖翁（爺爺）	孫媳婦
丈夫的祖母	祖姑（奶奶）	孫媳婦
丈夫的父親	父親（爸、公公）	媳婦
丈夫的母親	母親（媽、婆婆）	媳婦
丈夫的伯父	伯父（大爺）	侄媳婦
丈夫的伯母	伯母（大娘）	侄媳婦
丈夫的叔父	叔父（叔）	侄媳婦
丈夫的叔母	叔母（嬸）	侄媳婦
祖父的哥哥	伯祖父（伯公、爺爺）	侄孫（侄孫女）
祖父的嫂嫂	伯祖母（伯婆、奶奶）	侄孫（侄孫女）
祖父的弟弟	叔祖父（叔公、爺爺）	侄孫（侄孫女）
祖父的弟媳	叔祖母（叔婆、奶奶）	侄孫（侄孫女）
祖父的姐夫	祖姑父（姑公、姑爺爺）	內侄孫（內侄孫女）
祖父的妹夫	祖姑父（姑公、姑爺爺）	內侄孫（內侄孫女）
祖父的姐妹	祖姑母（姑婆、姑奶奶）	內侄孫（內侄孫女）
祖母的兄弟	舅公（舅爺爺）	外甥孫（外甥孫女）
祖母的嫂嫂	舅婆（舅奶奶）	外甥孫（外甥孫女）
祖母的弟媳	舅婆（舅奶奶）	外甥孫（外甥孫女）
父親的姐夫	姑父（姑丈）	內侄（侄女）
父親的妹夫	姑父（姑丈）	內侄（侄女）
父親的姐妹	姑母（姑姑）	內侄（侄女）
母親的父親	外祖父（外公、姥爺）	外孫(外孫女、外孫媳)
母親的母親	外祖母（外婆、姥姥）	外孫(外孫女、外孫媳)
母親的兄弟	舅父（舅）	外甥（外甥女）
母親的嫂嫂	舅母（妗）	外甥（外甥女）

表 3－1（續）

關　　係	稱　　呼	自　　稱
母親的弟媳	舅母（妗）	外甥（外甥女）
母親的姐夫	姨父（姨丈）	甥（甥女）
母親的妹夫	姨父（姨丈）	甥（甥女）
母親的姐妹	姨母（姨姨）	甥（甥女）
妻子的父親	岳父（爸）	婿
妻子的母親	岳母（媽）	婿
妻子的伯父	伯父	侄婿
妻子的伯母	伯母	侄婿
哥哥	哥哥（兄）	弟（弟妹）
嫂嫂	嫂嫂（嫂）	弟（弟妹）
弟弟	弟弟（弟）	兄、嫂
弟媳	弟妹	兄、嫂
姐姐	姐姐	弟、弟妹
姐夫	姐夫	內弟、內弟妹
妹妹	妹妹	兄、嫂
妹夫	妹丈	內兄、嫂
妻子的哥哥	內兄（兄）	妹夫（弟）
妻子的弟弟	內弟（弟）	姐夫（兄）
妻子的姐姐	姐姐	妹夫
妻子的妹妹	妹妹	姐夫
妻子的姐夫	襟兄	襟弟（弟）
妻子的妹夫	襟弟	襟兄（兄）
伯叔的兒子	堂兄、堂弟	堂弟、弟妹 堂兄、堂嫂
伯叔的女兒	堂姐、堂妹	堂弟、弟妹 堂兄、堂嫂
姑 舅的兒子 姨	表兄、表弟	表弟、表妹 表兄、表姐
姑 舅的兒媳婦 姨	表嫂、表弟妹	表弟妹、表兄、表嫂

目前在家庭稱謂中，還有一方面的問題，那就是隨著離婚、再婚現象的出現，如何讓孩子稱呼繼父、繼母。一般情況下，應視家庭成員的具體情況來定。如果孩子在很小的時候就與繼父、繼母同住，而他的親生父親或親生母親已經去世，那麼，孩子很自然地會叫他們的繼父、繼母為「爸爸」「媽媽」。如果孩子已經長大，父母中一方已再婚，一般就不要強迫孩子叫繼父、繼母為「爸爸」「媽媽」，應依由孩子的意願來決定，可以叫繼父、繼母為「叔叔」「阿姨」。其他社會關係可參照家庭同輩稱呼稱謂，以利於家庭的和睦。

二、社會交往中的稱呼

交往中，選擇正確、適當的稱呼，反應著一個人的教養，同時也反應對對方尊重的程度，甚至還體現著雙方關係所達到的程度。只有正確掌握和應用稱謂，才能達到溝通情感、融洽關係的目的。

(一) 稱呼語的特徵

(1) 簡潔性。人們在使用稱呼語時，其音節較少，形式較為簡單，叫起來方便，易引起對方的注意並便於記憶。

(2) 褒貶性。在稱呼時，明顯地表現出褒貶之意。

(3) 開啓性。人們使用稱呼語是為了引起對方注意，進而表述更多的內容。

(二) 稱呼語的作用

(1) 稱呼語的運用標誌著人際關係的實質。

(2) 表現一個人對他人的評價和情感。

(3) 顯示出人與人之間親疏恩怨的概貌。

(4) 決定人們情緒的消長和事情的成敗。

(三) 使用稱呼語的原則

其基本原則是根據對方的年齡、職業、地位、身分、輩分以及與自己關係的親疏、感情的深淺選擇恰當的稱呼。

稱呼語比較典型的有尊稱和泛稱兩種。尊稱是指對人尊敬的稱呼；泛稱是指對人的一般稱呼。

1. 尊稱

現代漢語常用的有：「您」「貴姓」「×老」。其中「×老」專指德高望重的老人，有三種用法：

(1) 您＋老，如「您老近來如何」？

(2) 姓＋老，如「馮老」「李老」。

相識禮儀

（3）雙音節名字中的頭一個字＋老，如「望老」（對著名語言學家陳望道先生的尊稱）。

2. 泛稱

以正式場合與非正式場合來劃分，常用的稱呼見表 3-2。

表 3-2　　　　　　　　社交場合常用稱呼

社交場合	稱呼的表達	舉 例
正式	（1）姓或姓名＋職銜稱/職務/職業稱/爵位	王教授、李×上將、劉廳長、愛德華公爵
	（2）姓名	張曉麗
	（3）泛尊稱或職業稱	同志、先生、小姐、大使先生
非正式	（4）老/小＋姓	老李、小張
	（5）姓＋輩分稱呼或輩分稱呼	李伯伯、王叔叔或伯伯、叔叔
	（6）名或名＋同志	鐵安或鐵安同志

（四）使用稱呼語應注意的問題

（1）在多人交談的場合，要顧及主從關係。稱呼人的順序，一般為先上後下，先長後幼，先疏後親，先女後男。

（2）對某些情況比較特殊的人，如生理有缺陷的人，應絕對避免使用帶有刺激性的或輕蔑的字眼。

（3）考慮稱呼的使用範圍，應避免不恰當的稱呼語。不恰當的稱呼語一般有三種情況：①變「專稱」為「泛稱」。最典型的是「師傅」這一稱呼語。「師傅」，本指工、商、戲劇等行業中向徒弟傳授技藝的人，是對手藝人或藝人的尊稱。但如果與陌生人打交道，言必稱「師傅」，就會造成情感上的障礙。②變「貶稱」為「褒稱」。這種情形主要表現在兩方面，即表現在稱呼語的同義語選擇和語詞結構上。③跨文化交際中的生搬硬套。「老」字稱呼語，在中國是一種尊稱，但是西方一些國家卻忌諱說「老」。在涉外場合，不宜使用「愛人」這個稱謂，因為「愛人」在英語裡是「情人」的意思，若使用這個稱謂，難免引起誤會。

（4）根據自己的角色和現實位置，採取不同的稱呼。有時環境不同、自己扮演的角色不同，對某一個人的稱呼就不同。

（5）注意稱呼的時代特色，應摒棄那些帶有封建色彩的稱呼。

（6）稱呼時要加重語氣，認真、緩慢、清楚地說出稱呼語，稱呼完了要停頓片刻，然後再談你要說的事情，這樣才會收到理想的效果。

至於家庭、社交中的敬稱和謙稱在其他章節將有敘述，這裡不再贅述。

第三節　握手禮儀

握手是人們見面時相互致意的一種最普遍的方式。它不僅是一種見面的禮節，而且是祝賀或感謝的一種表示，同時還是和平的象徵。

一、握手方式及含義

（1）平等式。握手時伸出右手，四指並攏與拇指分開，兩人的手掌與地面垂直相握，並輕輕搖動，一般以2～3秒為宜；雙目注視對方，面帶笑容，上身要略微前傾，頭要微低。這是意義較單純的、禮節性的表示友好合作的標準握手方式。

（2）控制式。握手時掌心向下，顯得傲慢，以示自己高人一等，或暗示想取得主動地位。

（3）乞討式。握手時掌心向上，此握手方式表示謙卑與過分的恭敬，往往是處於受支配地位的表現。

（4）手套式。雙手緊緊握住對方的右手，並且上下搖動，時間稍長，往往表示熱情的歡迎、感謝、感激，或有求於人、肯定契約的意義。下級對上級，或晚輩對長輩用這種方式，更表示謙恭備至。但初次見面一般不可用此方式。

（5）死魚式。握手時漫不經心，過於軟弱無力，時間很短，不僅給人一種十分冷淡的感覺，同時也給人留下一種毫無生命力、任人擺布的印象。

（6）虎鉗式。握手時用力過猛、時間過長、幅度過大，給人以粗魯的感覺。

（7）抓指尖式。握手時，輕輕觸一下對方的指尖，往往給人一種冷冰冰的感覺。有些女士自視清高，常採用這種方式，其中也隱含著

保持一定距離的意思。

總之，不同的握手方式，其含義是不同的，給人的禮遇也是不盡相同的。我們應本著友好、親善的原則採用正確的握手方式，即標準的握手方式，給對方一種平等待人、親切隨和的感覺。

在握手時，常伴有一定的問話，常見的有問候型、祝賀型、關心型、歡迎型、致歉型和祝福型。

二、握手禮規

（1）注意握手的次序。各種場合的握手應該按照上級在先、長輩在先、主人在先、女士在先的順序進行。握手時讓上級、長輩、女士先伸出手，是對他們的尊重，即把是否握手的主動權給他們，以避免將自己的意願強加給對方；作為下級、晚輩、客人、男士，應該先問候，見對方伸出手後，再伸手與之相握，尤其在上級、長輩面前，不可貿然伸手。如果女士不願意與先問候自己的人握手，可欠身或點頭致意，不要視而不見，或者扭身而去。

（2）與他人握手時，手應該是潔淨的，否則會給對方不舒服、不愉快的感覺。

（3）握手時一定要用右手，用左手與人相握是不合適的。在特殊情況下用左手與人相握應當說明理由。

（4）男士戴帽子和手套同他人握手是不禮貌的，握手前一定要摘下帽子和手套。若女士身著禮服、禮帽戴手套時，與他人握手可以不摘下手套。軍人與他人握手時也不必摘下軍帽，應先行軍禮然後再握手。

（5）要注意握手的時間與力度。握手的時間通常掌握在 2～3 秒為宜，握手的力度要適當，不宜用力過猛或毫無力度。男士與女士握手，時間要短些，用力要輕些。長久地、用力過猛地握著女士的手不放，是十分失禮的行為。

（6）握手時，目光要註視對方並面帶微笑。

（7）不宜交叉握手。

（8）握手時，應站起來表示禮貌。在正常情況下，坐著與人握手是不禮貌的。

第四節　致意禮儀

致意是一種常用的禮節，它表示相互問候之意。

一、致意的形式

（1）起立致意。通常用在集合時領導、來賓到場，或者坐著的晚輩、下級見到長輩、上級進屋、離去時，或坐著的男子看到站立的女子時。一般站立時間不長，只要對方表示你可以就座，即可坐下。

（2）舉手致意。一般不必出聲，只是舉起右手，掌心朝向對方，輕輕擺一下即可，擺幅不要太大，手不要反覆搖動。舉手致意，用於公共場合與遠距離的熟人打招呼。

（3）點頭致意。適用於不便與對方直接交談的場合。如在會議、會談的進行當中，與相識者在同一地點多次見面或僅有一面之交的朋友在社交場合相逢，均可以點頭為禮。有時同事之間經常見面，上下班時，也用點頭表示打招呼。點頭致意的方法：頭微微向下一動，幅度不必太大。

（4）欠身致意。這是一種表示致敬的舉止，常常用在別人將你介紹給對方，或是主人向你獻茶時。這時候你可用欠身表示自謙，也就相當於向對方致敬。欠身要求身體稍向前傾，不一定低頭，眼睛仍可以直視對方。如果是坐姿，欠身時只需稍微起立，不必站直。

（5）脫帽致意。這是男子戴帽時施的禮。朋友、熟人見面可摘帽點頭致意，離別時再戴上帽子。其方法是：微微欠立，用一只手摘下帽子，將其置於大約與肩平行的位置，同時與對方交換目光並問好。

若是朋友、熟人迎面而過，則不必脫帽，只需輕掀一下帽子致意即可。

（6）抱拳致意。這是一種互相致敬的舉止，通常用在身分、年齡相仿的男士之間。除了表示相見時打招呼或告辭時表示再見外，有時需拜托對方為自己做些事情，也常致抱拳之禮。其方法是：一手抱拳，一手握在它的上面，拳放在胸前，小幅度地上下晃動幾次。

（7）鞠躬致意。鞠躬，即彎身行禮，是表示對他人敬重的一種禮節。其方法是：先立正站好，同時雙手在身體前搭好，右手搭在左手上，面帶微笑，然後彎身行禮。鞠躬時應同時問候「您好」「歡迎光臨」等。

二、致意的禮節

在各種場合，男士應先向女士致意；年輕者先向年長者致意；學生先向老師致意；下級先向上級致意。

女士不論在何種場合，不論年齡大小，不論是否戴帽，只需點頭致意或微笑致意。女士只有在遇到上級、長輩、老師、特別欽佩的人及見到眾多朋友的時候，才需先向他們致意。

致意方法，往往同時使用兩種：點頭與微笑並用；欠身與脫帽並用。

遇到對方向自己致意時，應以同樣的方式向對方致意，毫無反應是失禮的。

在餐廳等場合，若男女雙方不十分熟悉，一般男士不必起身走到女士跟前致意，在自己座位上欠身致意即可。女士如果願意，可以走到男士的桌前去致意，此時男士應起立，協助女士就座。

致意的動作不可馬虎，也不能滿不在乎，必須是認認真真的，以充分顯示對對方的尊重。

第五節 使用名片的禮儀

一、名片的作用

（1）方便自我介紹。名片的內容和形式雖然各異，但大多印有姓名、單位、職務、職稱、通信地址、電話等。使用名片可避免初次見面口頭介紹時容易造成的遺忘、誤聽、誤解等麻煩。中國人一向以謙遜為美德，一般不習慣主動向別人介紹自己的頭銜職位，使用名片則可避免不便啓齒的尷尬，同時還能加深初交的印象，有益於日後的繼續交往聯繫。

（2）可以替代便函。在交往中，有許多時候必須對友人做出禮節性的友好表示。方法之一就是在自己名片的左下角寫上祝福語或問候語寄給或捎給對方，雖然不是親自前往，但同樣可以表達自己的情意。由於名片大小的局限，因而祝福語或問候語只能是一個短語。目前，比較流行的是在名片的左下角用鉛筆寫上幾個表示一定含義的法文小寫字母，也可以用通用的文字寫上簡短的字句。下面是幾種常用的法文及其縮寫：

敬賀　p. f.（pour félicitation）
謹唁　p. c.（pour condoléances）
謹謝　p. r.（pour remerciement）
介紹　p. p.（pour présentation）
辭行　p. p. c.（pour prendre congé）
恭賀新年　p. f. n. a.（大小寫均可）（pour féliciter le nouvel an）
謹贈　（不用縮寫，英法兩種文字均寫在姓名的上方）
英文：With the compliments of …
法文：Avec ses compliments

（3）可以替代介紹信。如果介紹自己的友人與另外一位友人相識，可在自己名片的左下角寫上 p. p.，然後把被介紹者的名片附在後面一併送去，這時名片就起到了介紹信的作用。

（4）可以替代請柬。在非正式的邀請中，可以用名片代替請柬，並寫明時間、地點和內容。

（5）可以替代禮單。向友人寄送或托送禮物、鮮花時，可在禮品或花束中附上自己的名片並寫上祝賀語。在收到友人的禮品時，可立即回寄一張名片，左下角寫上 p. r.，以示謝意。

（6）可用於通報和留言。在拜訪名人、長輩、職位高者或不熟悉的人時，為了避免被拒見的難堪，可先請人遞上一張自己的名片，並在名片的姓名下寫上「未見」字樣，轉行頂格起寫上對方姓名稱謂，作為通報和自我介紹，讓對方考慮一下，以便做出是否見面的決定。若拜訪對象不在家，可留下一張名片，上面寫上留言，這也是一種很好的方式。

（7）可用於通知變更。自己一旦調任、遷居或更換電話號碼，要及時給親朋好友一張註明上述變動情況的名片，禮貌地通知對方，便於對方與自己聯繫。

二、使用名片的禮規

名片的使用，可分為遞交、接受和交換三個環節。

（一）遞交名片

遞交名片時應注意以下幾點：

（1）在外出前將名片放在容易取出的地方，以便需要時迅速取出。一般男士可將名片放在西裝上衣的口袋裡或公文包裡，女士可將名片置於手提包內。

（2）遞交名片要講究場合。一般而言，商業性質的橫向聯繫和交際、社交中的禮節性拜訪以及表達情感的場所可以遞交名片。

（3）掌握遞交名片的時機。如果是初次見面，相互介紹之後可遞上名片；若是比較熟識的朋友，可在告辭時遞交。

（4）為表達對對方的尊敬，一般應雙手遞上名片，特別是下級遞給上級、晚輩遞給長輩時，更應如此。

（5）遞名片時，應將名片的下方指向對方，以方便對方觀看。

（6）遞名片時應面帶微笑，同時還要說些友好客氣的話語。比如：「這是我的名片，歡迎多聯繫！」「這是我的名片，請多關照！」總之，遞交名片時，動作要灑脫大方，態度要從容自然，表情要親切謙恭。

（二）接受名片

遞名片者將名片遞上，表達了遞交者對對方的友好之情；而接受名片者應雙手接過名片，從上到下，從正到反，認真觀看，以表示對贈送名片者的尊重，同時便於加深印象。看完名片後要鄭重地將其放在名片夾裡，並表示謝意。如果是暫放在桌子上，切忌在名片上放其他物品，也不可漫不經心地放置一旁，告別時千萬不要忘記帶走。接受名片者應通過動作與表情來顯示對對方人格的尊重。

（三）交換名片

交換名片體現了雙方感情的溝通，表達了願意友好交往下去的意願。交換名片的禮節，主要體現在交換名片的順序上。一般是地位低者、晚輩或客人先向地位高者、長輩或主人遞上名片，然後再由後者予以回贈。若上級或長輩先遞上名片，下級或晚輩也不必謙讓，禮貌地用雙手接過，道聲「謝謝」，再予以回贈。

三、名片的製作

因名片被稱為人們的第二臉面，所以對名片的樣式、製作及印刷都應十分講究。無論是橫式，還是豎式，一張標準的名片都應包括三個方面的內容：一是本人所屬單位、徽記及具體部門，印在名片的上方或右方；二是本人的姓名、學位、職務或職稱，印在名片的中間；三是與本人聯繫的方法，包括單位所在的地址、電話號碼和郵政編碼等，印在名片的下方或左方。

隨著人們物質生活水準和精神文明程度的提高，人們越來越重視名片的媒介作用，很多人在名片的形式和內容的設計上煞費苦心，以

求達到與眾不同的目的。因此，名片的設計已基本形成以下幾個鮮明的特點：

（1）顯示性格為人。通過在名片上寫上個人情趣愛好等來顯示性格為人，並讓人過目不忘。例如，文懷沙教授的名片上印著「述而不著」。青年作家晏彪的名片背面印有「人生三境：好友者，不以生死易心；嗜書者，不以忙閒作輟；為文者，不以順逆改志」。上海人民藝術劇院院長沙葉新先生的名片是這樣設計的：

- 我，沙葉新
- 上海人民藝術劇院院長
  ——暫時的
- 劇作家
  ——長久的
- ××理事、××教授、××顧問、××主席
  ——都是掛名的

其下角是沙葉新高舉大筆、一腔熱情的漫畫自畫像。這張名片既起到了自我宣傳的作用，又顯示了其幽默風趣的性格，更蘊含了他對人生、名利、世事的深刻見解。

（2）體現職業特點。這種名片大多是通過漫畫、書法、照片等來體現職業特點。如聶衛平的名片上面除其肖像漫畫和親筆簽名外，還特別印上了圍棋譜，圖文並茂，別具一格。

（3）代替廣告宣傳。一般從事企業行銷或商品推銷者，喜歡在名片的背面印上經營項目、業務範圍、產品名稱等，以達到宣傳企業、宣傳產品的目的。

[思考題]

1. 介紹的原則是什麼？
2. 使用稱呼語的原則是什麼？
3. 簡述握手方式及含義。
4. 握手禮規有哪些？
5. 致意的形式有哪些？
6. 簡述名片的作用及設計特點。

第四章 拜訪和接待禮儀

第一節　拜訪禮儀

一、拜訪概述

（一）拜訪的含義

拜訪作為交往的重要方式，已越來越受到人們的重視。拜訪是指個人或單位代表以客人的身分去探望有關人員，以達到某種目的的社會交往方式。實質上拜訪是拜會、會見、拜見、訪問、探訪等的統稱。從這一定義中可以看出：

首先，拜訪是社會交往的一種方式；其次，拜訪是為一定目的而進行的，也就是說任何形式的拜訪都有一定的目的；最後，拜訪是個人或單位都要運用的。

（二）拜訪的類型

按照不同的標準劃分，拜訪有不同的類型。

1. 以拜訪目的的不同為標準劃分

（1）商業拜訪。它是為加強商務聯繫、購銷商品而進行的拜訪。

（2）政治拜訪。它是國家首腦或黨政要員等因政治需要而進行的拜訪。

（3）情感拜訪。是為交流感情、增進友誼而進行的拜訪。

（4）禮節性拜訪。它是為表達對對方的尊重、關心而進行的拜訪。

2. 以拜訪性質的不同為標準劃分

（1）公務拜訪。它是機關團體、工商企業為達到團體的目的而進行的拜訪。

（2）友情拜訪。它是個人、家庭之間為促進感情交流、加強聯繫而進行的拜訪。

3. 以拜訪方式的不同為標準劃分

（1）應邀拜訪。它是拜訪者接到有關團體或個人發出的正式邀請後進行的拜訪。

（2）主動拜訪。它是團體或個人為自己的目的而主動聯繫的拜訪。

（三）拜訪的作用

隨著科學技術的進步，現代社會交往的方式逐漸增多，如電報、電話、傳真、可視電話、網絡電話等，都可以在人們的情感溝通中起到一定的作用。但它們與直接會面的拜訪相比，畢竟有不同的感覺、不同的效果。拜訪更直接、更親近，交流的內容更廣泛、更深入、更易達到交往的目的。具體地說，拜訪在人際交往過程中有如下作用：

（1）促進聯繫，提高工作效率。因為拜訪是面對面的交往，通過這種形式，可以使雙方把一些觀點、看法及細節性問題談出來，以達成共識，從而提高工作效率，促成合作。

（2）交流感情，瞭解信息。古人雲：「有朋自遠方來，不亦樂乎？」說的就是朋友相見，分外高興。通過親朋之間的拜訪，暢敘友情、增進瞭解，自然可以促進感情的交流和加深。同時，通過拜訪，還可以瞭解到書本外的知識和工作中沒有接觸過的事物，開闊視野，擴大信息量，這就是所謂的「與君一席話，勝讀十年書」。

二、拜訪的準備

（一）預約

預約是指拜訪前向對方提出拜訪的懇請，以徵得對方的同意。通過預約可以使拜訪順理成章，免做不速之客。預約的具體要求是：

1. 預約前的準備

作為拜訪者，在提出預約前應把拜訪的具體時間、地點、目的等問題考慮周到，以免當對方問及時支支吾吾或信口開河。同時，也應考慮到如若對方不同意，應該怎麼辦。

（1）時間的選擇。這是對方是否接受拜訪的首要條件。若是公務

拜訪和接待禮儀

拜訪應選擇對方上班的時間；若是私人拜訪，應以不妨礙對方休息為原則，盡量避免在吃飯時間、午休時間，或者是在晚上10點之後登門。一般說來，上午9點至10點，下午3點至4點或晚上7點至8點是最適宜的時間。

（2）地點的選擇。地點的選擇有三個：一是辦公室，二是家裡，三是公共娛樂場所。這要視拜訪的具體目的而定。若是公務拜訪應選擇辦公室或者娛樂場所，若是私人拜訪則應選擇家裡或者娛樂場所。

（3）拜訪的目的。拜訪的目的要具體。如果對方拒絕拜訪，要委婉地問對方何時有時間，何種情況下可以拜訪；如遇對方確實忙，分不開身，則說：「沒關係，以後再聯繫。」

2. 預約的方式

無論哪種類型的拜訪，預約的方式都大致為電話預約、當面預約或書信預約。

無論何種形式的預約，都要用客氣的、商量的或懇求的口吻，而不能用命令的口氣要求對方，以免引起不快。

（二）赴約的準備

當拜訪者的預約得到肯定的答覆之後，就要做認真的赴約準備。赴約準備充分與否，直接影響到拜訪目的的實現。一般情況下，赴約的準備包括以下四個方面的內容：

（1）服飾儀表要得體。如果是正式的公務拜訪，穿著一定要整齊大方、乾淨整潔，要和自己的職業、年齡相稱。如果是朋友之間的拜訪，則不必太講究，但要整潔大方，同時還應注意儀表的修飾。

（2）內容材料要詳細。拜訪是有一定目的的交際活動，因此拜訪者在拜訪前一定要根據拜訪的內容，把材料準備充分，以免措手不及，東拉西扯，浪費時間，達不到拜訪目的。

（3）交通路線要具體。作為拜訪者，一定要對拜訪的地點有所瞭解，特別是對自己首次去的地方，要提前瞭解一下交通路線，以免耽誤時間。因為只知大概方向，不知具體的路線，會影響按時赴約。

（4）名片禮品要備齊。在拜訪前，拜訪者一定要把自己的名片準備好，並放在容易取出的地方，同時，還要準備一些禮品。這對於促進情感的交流，增進相互瞭解，有一定的作用。

（三）意外情況的處理

爽約很難讓人產生信賴感，因此，有約一定要守時。如果確實由於特殊原因而不能按時赴約，一定要想辦法通知對方，誠懇地說明爽

約的原因，並表示歉意。如實在來不及或沒有辦法通知對方，一定要在過後及時向對方說明原因，並表示歉意。在致歉的同時還可提出重新安排拜訪的時間、地點，並在拜訪時對上次的爽約做些解釋，以取得對方的諒解。

三、拜訪禮規

拜訪禮規是指在拜訪過程中應遵守的禮節規範。

（一）按時到達

按時赴約，是拜訪的基本禮節。一般情況下拜訪要按預先約定的時間提前 3~5 分鐘到達。這樣，一方面可以避免到得早而主人沒有做好迎客的準備，出現令主人難堪的場面；另一方面也不會因到得晚而讓主人焦急等待。拜訪時按時到達，給對方一個守信、守時的印象，可以使雙方的交流合作有一個良好的開端。

（二）禮貌登門

當拜訪者到達被拜訪者的門口時，首先要整理一下自己的衣服、髮型，並把鞋擦淨，然後按門鈴或叩門求進，這表示拜訪者對主人的尊重。叩門時不可太用力，按門鈴時時間不可太長，更忌用力敲打或用腳踹門。到達時如主人的門開著，也不可貿然進入，仍要按鈴、叩門或叫一聲，等主人發出「請進」的邀請之後方可進入。進門之後要輕輕地把門關上，並將自己隨身帶的大衣、雨具、手套等物品交給主人安放。

（三）進門問候

無論是公務拜訪還是朋友之間的拜訪，進門後，首先要和拜訪對象握手、問好。如果有老人、兒童或其他客人在場亦應主動與他們打招呼，對老人可恭敬地問「老人家好」或「您老好」，對其他客人應簡單地說聲「您好」。如果大家互不相識，點頭致意即可，對兒童則應表示愛撫；如果自己是帶著小孩拜訪的，也要讓小孩稱呼主人家所有的人。問好之後，應在主人的安排下入座，否則就是不禮貌的。

（四）言行適當

在拜訪的交談中，拜訪者須語言適度，表達準確，不誇大其詞，亦不要過於謙卑。特別是在一些商業性或政治性拜訪中一定要做到：能夠做到的事要大膽地說，而且要充滿自信；做不到的事情，不要信口開河，要以實相告；眼前暫時做不到的但通過努力可以做到的事情要留有餘地，恰如其分地說。對於親朋之間的拜訪，在談話中不要

48

隨意談主人不願提及的其他話題，不要和主人談及其他人的隱私，不要當著主人的面批評自己的孩子或夫人（先生）。

在拜訪過程中，主人倒的茶水要雙手接住，不能推讓，並說聲謝謝，主人端上的用品或點心要等年長者先取之後自己再取。當主人或其他人給自己點菸時最好站起來，身體前傾，並致謝意。拜訪者還需注意，在拜訪時不要亂脫、亂扔衣服，與主人關係再好也不要隨便翻動其書信、報刊或工藝品。要講究衛生，不要把別人的房間弄得亂七八糟，亂扔果皮、菸頭。如果帶有小孩，則要教育其莫亂跑、亂翻、亂叫。

（五）禮貌告辭

當拜訪的話題已談完、目的已達到時，就應起身告辭，如準備有禮品，可在這時獻給主人。告辭時應注意以下幾點：

（1）講究告辭時機。告辭也是拜訪的重要禮節，切忌別人正在講話或者別人的話剛講完，就馬上提出告辭，這樣會被認為不禮貌，或對別人講話感到不耐煩，對別人不重視。最好是自己講一段帶有告別之意的話之後，或者是在雙方對話告一段落，新的話題沒有開始之前提出告辭，或者被拜訪者有了新的客人而自己又不認識時提出告辭。

（2）告辭應堅決。當你準備告辭時，就要說走就走，不要告而不辭，只說不動。

（3）要注意辭謝。告辭時對於主人，尤其是女主人的熱情招待，千萬不要忘記感謝，即便是簡單的一句「多謝您的盛情招待」「給您添麻煩了」，也是一種起碼的禮貌。

當與主人告別時，最好別讓主人遠送，應主動與主人握手道別，並向其說「您請回」「請留步」「再見」等禮貌用語。

第二節　接待禮儀

一、接待概述

（一）接待的含義

接待是指個人或單位以主人的身分招待有關人員，以達到某種目的的社會交往方式。在接客、待客、送客的過程中，接待者都要講究一定的禮儀規範，每個環節都要有一定的要求。

接待和拜訪一樣，同樣可以起到增進聯繫、提高工作效率、交流感情、溝通信息的作用，同樣是個人和單位經常運用的社會交往方式。

（二）接待的類型

按照不同的標準劃分，接待有不同的類型。

1. 以接待對象為標準劃分

（1）公務接待。這是為完成上下級之間、平行機關之間的公務活動而進行的接待。

（2）商務接待。這是針對一定的商務目的而進行的接待活動。

（3）上訪接待。這是指政府部門對上訪群眾的接待。

（4）消費接待。這是指在消費活動中進行的接待。

（5）朋友接待。這是指朋友之間為增進友誼、加強聯繫而進行的接待。

（6）外賓接待。這是指在外事活動中的接待工作。

2. 以接待場所為標準劃分

（1）室內接待。這是指機關團體的工作人員在自己的辦公室、接待室對各種來訪者的接待。

（2）室外接待。這是指對來訪者到達時的迎接、逗留期間的陪訪及送行時的接待。

雖然接待的類型不同，但是其講究的禮儀、遵循的原則大致相同。

（三）接待的原則

無論是單位還是個人，在接待來訪者時，都希望客人能乘興而來，滿意而歸。為達到這一目的，在接待過程中一定要遵循平等、熱情、禮貌、友善的原則。

在社會交往活動中，不論單位大小、級別高低，不論朋友遠近、地位異同，都應一視同仁，以禮相待，熱情友善，這樣才能贏得來訪者的尊敬和愛戴，達到溝通信息、交流感情、廣交朋友的目的。

二、接待的準備

（一）安排布置，周全具體

1. 時間

作為接待者，無論是因公接待還是因私接待，都要記清來訪者的日期和具體時間。要在來訪者到達之前，做好各方面的準備工作。如果來訪者事先沒有通知，不期而至，接待者無論工作多麼繁忙，都要熱情待客。

2. 場所

接待場所即我們通常說的會客室。在客人到達前要根據具體情況，

拜訪和接待禮儀

把會客室精心收拾一番，擺放一些鮮花。一般情況下應先打掃衛生，適當準備一些香菸、水果、飲料、茶具等。如果是商業或其他公務會談，還應準備一些文具用品和可能用上的相關資料，以便使用和查詢。總之，會客室的布置應本著整潔、美觀、方便的原則。

　　3. 接站

　　在來訪者到來之前，要瞭解客人是乘坐什麼交通工具而來。如果是駕車來訪，那麼就在自家門口做好準備即可；如果是乘汽車、火車、飛機、輪船而來，就應做好接站的準備。接站時如單位有車應駕車前往車站、碼頭或機場候客，同時還要準備一塊接客牌，上面寫上「迎接×××代表團」或「迎接×××同志」或「××接待處」等字樣。迎接時要舉起接客牌，以便客人辨認。妥善做好這些工作，能給客人以熱情、周到的感覺，不至於因環境不熟、交通不便給客人帶來困難和麻煩。

　　4. 食宿

　　安排食宿，一是要瞭解客人的生活習慣；二是要盡力而為，不鋪張浪費。

　　5. 規格

　　接待的規格要根據客人的具體情況進行安排，不可過高，也不可過低，同時要根據不同的規格，安排主要接待人員。這些工作都要在客人到來之前做好，否則客人來時就會造成沒人照應的尷尬場面。接待的規格主要有以下三種。

　　（1）對等接待。這是指陪同人員與客人的職務、級別等身分大體一致的接待，在接待工作中是最常見的。一般來講，來的客人是什麼級別，本單位也應派什麼級別的同志陪同；在家庭中則是誰的朋友誰接待。單位領導或家庭中其他人只做禮節性的看望即可。

　　（2）高規格接待。這是指陪客比來客職務高的接待。做出這樣的接待安排主要出於以下幾種情況的考慮：一是上級領導機關派工作人員來檢查工作情況，傳達口頭指示；二是平行機關派工作人員來商談重要事宜；三是下級機關有重要事情請示；四是知名人物來訪談或是先進人物來做報告。總的來說，之所以要高規格接待，是由於重要的事情和重要的人物需要有關負責人直接出面。

　　（3）低規格接待。這是指陪客比來客職務低的接待，這也是一種常見的接待方法。如上級領導來調查研究、視察工作，來客目的是參觀學習等，都可按低規格接待處理。但在這種接待中應當注意要熱情、

禮貌。

6. 服飾儀表

美的儀表是美的心靈的體現，美的儀表是對社會和他人的尊重。如果一個人的服飾不符合一定場合的要求，就會引起誤會。接待者對自己的服飾、儀表要做恰當的準備，不可隨隨便便。特別是夏季更應注意，不要穿背心、褲頭、拖鞋接待客人。古今中外，人們都把主人儀表整潔與否同尊重客人與否直接聯繫起來。

7. 致辭

歡迎詞是迎接客人時使用的問候語言，一般情況下不需要書面準備，但見到客人時要說「歡迎您的到來」「歡迎您指導工作」「歡迎光臨」之類的話。對於一些隆重的接待，則要準備一些簡短的書面歡迎詞。

另外，一般在重要的公務接待中，還要準備一些歡迎標語，以示對來訪者的尊敬。

（二）瞭解客人，心中有數

作為接待者，必須對來訪者的情況有詳盡的瞭解，這樣才能做到心中有數，做好接待工作。瞭解客人，主要是要弄清來訪者的目的、性別、人數、職務級別、是否有配偶同行等情況。

客人來訪都是有目的的，瞭解客人的目的，有利於有的放矢地做好會談準備；瞭解客人的人數、性別和是否有配偶同行等具體情況，是為了便於安排交通工具和住宿，以免由於準備不足而造成接待不周；瞭解職務級別，則便於主人做出相應規格的接待。

三、接待禮規

接待禮規是指在接待過程中應遵守的禮節規範。

（一）迎客禮儀

（1）會面。「出迎三步，身送七步。」這是中國迎送客人的傳統禮儀。接待客人的禮儀要從平凡的舉止中自然地流露出來，這樣才能顯示出主人的真誠。客人在約定的時間按時到達，主人應提前去迎接。如果是在家庭中接待朋友，最好是夫婦一同出門迎接客人的到來。見到客人，主人應熱情地打招呼，主動伸出手相握，以示歡迎，同時要說「您路上辛苦了」「歡迎光臨」「您好」等寒暄語。如客人提有重物應主動接過來，但不要幫拿客人的手提包或公文包。對長者或身體不太好的客人應上前攙扶，以示關心。

（2）乘車。上車時，接待者應為客人打開車門，由右邊上車，然後自己再從車後繞到左邊上車。按照國際慣例，乘坐轎車的座次安排一般是：右高左低，後高前低。車內的座位，後排的位置應當讓尊長坐（後排二人座，右邊為尊；三人座中間為尊，右邊次之，左邊再次），晚輩或地位較低者，坐在司機旁邊的座位。如果是主人親自開車，則應把司機旁邊的位置讓給尊長，其餘的人坐在後排。在車上主人應主動與客人交談，同時還可以把本地的風土人情、旅遊景點介紹給客人。車到地點後，接待者應先下車，為客人打開車門，請客人下車。

（3）入室。下車後，陪客者應走在客人的左邊，或者走在主陪人員與客人的後面。到會客室門口時，主陪人員或陪客者應打開門，讓客人先進，並將室內最佳的位置讓給客人。同時，還要按照禮儀把客人介紹給在場的有關人員。

（二）待客禮儀

（1）敬茶。請客人入座後要給客人沏茶敬茶。沏茶時茶葉量要適中，用開水衝泡；斟茶水時，水量以八分滿為宜，茶具要乾淨，不能有殘缺或茶垢；敬茶時應面帶微笑，雙手捧上，並說「請喝茶」；如果客人不止一位時，第一杯茶應給職務高者或年長者。

（2）交換名片。在交換名片時，要注意遞接名片的禮儀。

（3）談話。談話是待客過程中的一項重要內容，是關係到接待是否成功的重要一環。第一，談話要緊扣主題。拜訪者和接待者雙方的會談是有目的，因此談話要圍繞主題，不要偏離主題。如果是朋友之間的交流，要找雙方都感興趣的事情談，不要只談自己的事情或自己關心的問題，不顧對方是否願聽或冷落對方。第二，要注意談話的態度和語氣。談話時要尊重他人，不要惡語傷人，不要強詞奪理，語氣要溫和適中，不要以勢壓人。第三，會談時要認真聽別人講話，不要東張西望，表現出不耐煩的表情，應適時地以點頭或微笑做出反應，不要隨便插話。要等別人談完後再談自己的看法和觀點，不可只聽不談，否則，也是對別人不尊重的一種表現。第四，談話時要注意坐的姿勢。第五，不要頻繁看表、打呵欠，以免對方誤解你在逐客。

（4）陪訪。在陪同客人參觀、訪問、遊覽時，要注意以下幾方面：第一，要事先安排，提前熟悉情況，以便向客人做詳細的介紹，並安排好交通事宜。第二，要遵守時間，衣冠整潔。第三，陪同時要熱情、主動，掌握分寸。不要冷淡沉默，也不可過分殷勤，要做到不

卑不亢。第四，注意行進位次。多人並排行進，中央高於兩側，對於縱向來講，前方高於後；兩人橫向行進，客人在右，陪同人員在左。在引領客人時，與客人的距離，標準化位置是：左前方 1～1.5 米處，換句話說，一步之遙。與客人同乘電梯，應該先進後出。第五，遊覽時要注意照顧客人的安全。

（三）送客禮儀

送客是接待的最後一個環節，如果處理不好將影響到整個接待效果。送客禮節，重在送出一份友情，中國古代就有「折柳送客」這一禮俗。所謂折柳相送有三層含義：其一，表示挽留之情，因為「柳」與「留」諧音，以示主人挽留之意；其二，表示惜別之意，朋友相別，依依戀情，猶如柳絲飄悠；其三，祝願客人隨遇而安，因為柳枝具有插地即活的特性，也寓意客人隨處皆安。送客禮儀，具體說來有：

（1）婉言相留，歡迎再來。無論是接待什麼樣的客人，當客人準備告辭時，一般應婉言相留，這雖是客套辭令，但也必不可少。因為有些客人本來還想與主人進行進一步的交談，但為了試探主人的態度或者擔心打擾主人，於是就以告辭的方式來觀察主人的反應，此時主人一定要熱情挽留。但是如果客人堅持要走，也要等客人起身後，主人再起身相送，不能客人一說要走，主人馬上站起相送，或者站起來相留，這都有逐客之嫌。送客時應主動與客人握手道別，並送出門外，或送至樓下。不要待客人走時主人還無動於衷，只是點點頭或擺擺手算是招呼，這都是不禮貌的。最後還要用熱情、友好的語言歡迎客人下次再來。

（2）規格對等，安排交通。送別客人時應按接待時的規格對等送別，不能虎頭蛇尾。無論客人的目的是否達到，都要按照原來接待的規格送行，並且還要做好交通方面的安排，幫助購買車票、船票或機票並送其至車站、碼頭或機場。如果客人臨別時主人不管不問，那就意味著交往關係的破裂，或者是表示對客人的不滿。如果客人來訪時帶有一些禮品，那麼在送別時也要準備一些禮品回贈客人。

四、電話接待

（1）及時接電話。電話鈴響了，應盡快去接，不要怠慢，怠慢可能誤事，甚至誤大事，也可能給對方造成不愉快的感覺，更不可接了電話就說「請稍等」，擱下電話半天不理人家。如果確實很忙，可表示歉意，如：「對不起，請過 10 分鐘再打來，好嗎？」

拜訪和接待禮儀

（2）主動報家門。在西方一些國家，人們接電話時，未等對方開口，就自報身分、單位或電話號碼。這的確是一個與人方便、自己方便，且節約時間、提高效率的好辦法，可以免去許多口舌，使打電話的人立即就知道自己是否撥錯號碼，瞭解對方是誰，隨即就可進行實質性通話。

（3）認真聽對方說話。受話人應當認真聽對方說話，而且不時向對方發出正在認真聽話的表示。比如，可根據談話內容和對方的口氣，說「是」「對」「好」「請講」「不客氣」「我聽著呢」「我明白了」等，或者只用語氣詞或感嘆詞「唔」「嗯」「嗨」之類的也可以，讓對方感到你是在認真傾聽。漫不經心，答非所問，或者一邊聽話，一邊同身邊的人談話，這都是對對方的不尊重，是一種失禮行為。目前，可視電話尚未普及，通話雙方不可能看見對方的表情和動作，全靠雙方用語言和語氣交流感情、溝通信息，因此，與人交流時必須要有回應。

（4）如果使用錄音電話，應事先把錄音程序編好，把一些細節考慮周到。不要先放一長段音樂，也不要把程序搞得太複雜，讓對方莫名其妙、不知所措。

（5）如果對方打錯了電話，應當及時告知對方，口氣要和善，不要諷刺挖苦，更不要表示出惱怒之意。如果對方錯以為你是受話人，應當及時說明，並盡快叫當事人接電話，不要讓對方講出實質性內容後才告訴人家搞錯了，這是不禮貌的。

（6）在辦公室接電話聲音不宜太大，讓對方聽得清楚就可以，否則對方會感覺不舒服，而且也會影響辦公室其他人工作。

（7）替他人接聽電話時，要詢問清楚對方姓名、電話、單位名稱及所屬部門等，以便及時準確轉告受話人。在不瞭解對方的動機、目的時，請不要隨便說出指定受話人的行蹤和其他的個人信息，如手機號等。

（8）如果對方沒有報上自己的姓名，而直接詢問上司的去向，此時應客氣而禮貌地詢問：「對不起，您是哪一位？」

（9）在電話中傳達有關事宜，必須遵守簡明扼要的原則，這在電話禮儀中被稱為 KISS 原則（Keep It Simple and Short）。通話結束時，應重複要點，對於號碼、數字、日期、時間等，應再次確認，以免出錯。

（10）掛斷電話前的禮貌不可忽視，要確定對方已經掛斷電話（以主叫方或尊者先掛斷為宜），才能輕輕掛上電話。

第三節　饋贈禮儀

一、饋贈原則

饋贈是指組織與組織之間、組織與個人之間、個人與個人之間為了達到交流感情、溝通信息的目的而互贈禮品的活動。

饋贈是友好的表示，禮品是友好的象徵。我們要盡可能本著「君子之交淡如水」和「禮輕情義重」的原則，根據自己的經濟承受能力選贈禮品，堅決抵制走後門拉關係的送禮。

二、饋贈禮品的選擇

（一）要考慮對方的興趣愛好

每個人都有自己的興趣、愛好，選擇禮品時對此一定要有所考慮，不可盲目。饋贈者可以仔細觀察或打聽瞭解受禮者的興趣、愛好，然後有針對性地精心選擇合適的禮品，盡量讓受禮者感覺到饋贈者在禮品選擇上是花了一番心思的，是真誠的。

（二）要選擇受贈者沒有或缺少的、具有民族文化特色或地方特色的禮物

造型奇巧、晶瑩剔透的歐洲玻璃器皿，精美華貴的中國刺繡和絲綢製品，以及做工考究的景泰藍，還有展示各國風情的繪畫作品等，都常常被人們選來作為珍貴的禮物互相贈送。工廠、企業則常把自己精制的產品或產品模型作為禮品饋贈客戶，這樣不但可以促進友好交往，往往還可以起到廣告宣傳起不到的作用。

（三）要側重於禮品的精神價值和紀念意義

禮物是情感的載體。任何禮物都表示送禮人的一片心意，或酬謝或祝賀或孝敬或關愛等。所以，你選擇的禮品必須與你的心意相符，並使受禮者覺得你的禮物非同尋常，倍感珍惜。實際上，最好的禮品是那些根據對方興趣愛好選擇的、富有紀念意義或耐人尋味的小禮品。

就禮物而言，它的價值不是以金錢的多少來衡量的，而是以其本身的意義來體現的。因此，選擇禮物時要考慮到它的思想性、藝術性、趣味性、紀念性等多方面因素，力求別出心裁、不落俗套。

禮品的價值在於寄寓和表達思想、感情、友誼，而不在於它的使用價值。因此，在選擇、定制禮品時，要著重考慮它的深刻內涵。在

慶祝聯合國成立50週年時，中國贈送了「世紀寶鼎」；當年江澤民同志訪問俄羅斯時，贈送了一盤錄有第二次世界大戰期間蘇聯人民反法西斯鬥爭的有關資料和著名歌曲的錄像帶。這些都是有深刻思想和情感內涵的。

（四）要注意受贈對象的禁忌

禁忌的產生大致有幾個方面的原因：

一是純粹由受贈對象個人原因所造成的禁忌。例如，向一位從來不抽菸、不喝酒的長輩贈送菸酒，向一位剛剛喪妻的男士贈送情侶表、情侶帽、情侶眼鏡，都可能會讓對方不舒服。

二是由於受贈對象的自尊和在某些方面的不足而造成的禁忌。1989年，英國前首相撒切爾夫人送給法國前總統密特朗一本英國作家狄更斯於1859年撰寫的小說《雙城記》。這部小說把法國大革命時期的暴力和恐怖同當時英國生活的平靜做了比較。法新社當即評論說：「這份禮物不能平息法英兩國在本週末巴黎七國首腦會議上的爭執，甚至可能適得其反。」可見民族自尊心使密特朗對此難於領情。

三是由於風俗習慣、宗教信仰、文化背景以及職業道德等不同而形成的公共禁忌。這就更不能忽視了。比如在中國，一般不能把與「終」發音相同的鐘送給上年紀的人；友人之間忌諱送傘，因為「傘」與「散」諧音。義大利人忌諱送手帕，因為手帕是親人離別時擦眼淚之物；而向婦女贈送內衣在歐美國家的風俗中是很失禮的。另外，「13」這個數目在歐美一些國家更是送禮時應當避開的。茉莉花和梅花也不要送給中國香港人，因為「茉莉」與「沒利」諧音，梅花的「梅」與倒霉的「霉」同音。中國內地的人送禮不會送「小棺材」，但中國香港人青睞紅木製作的小型棺材擺件，寓意為「升官發財」。

一般來說，在國內、國際正式的社交活動中，因公贈送禮品時，不允許選擇以下幾類物品作為贈予交往對象的禮品：一是現金、信用卡、有價證券；二是價格過於昂貴的奢侈品；三是菸、酒等不合時尚、不利於健康的物品；四是易使異性產生誤解的物品；五是觸犯受贈對象個人禁忌的物品。

三、饋贈時機

送禮，要把握住時機。人們一般總不會無緣無故地接受別人的禮物。所以找不準送禮的時機，往往會「自作多情」，讓人誤解，甚至引起對方的不快。

当你在生活和工作中遇到困难,得到了亲朋好友的大力帮助时,你要送礼以表示真诚感谢;当你接到别人的馈赠时,你应选择价值超过赠品的礼物回赠;当遇到亲朋好友结婚、乔迁、寿诞、生小孩、结婚纪念等可喜可贺的大事时,你应当送礼以表示祝贺;当亲朋好友或其亲属患病时,也应备礼相送以示慰问、关心;当重要的节日如元旦、春节、元宵节、端午节、中秋节、重阳节等到来时,亲朋好友、同学同事互相探望、聚会,可备薄礼,以示共贺;年幼者看望年长者时,可送一些老人喜欢的食物、酒类和水果,以表孝心。另外,同学数载,毕业后各奔东西;战友几年,转业后天各一方;亲朋好友,要远渡重洋留学异国他乡……这些都免不了要赠送一些有意义的礼物作为纪念。

礼品一词实在是人类的一个了不起的「发现」和「发明」。它使人们时时感觉到生活在一个互相关怀的温暖的群体中。不同的礼品凝聚著不同的「需要」元素,甚至一件礼品中也包含著多种「需要」元素:爱、尊重、安全、自我实现感等。送礼艺术的高明往往体现在当对方某种需要出现匮乏时,你及时加以了弥补。

古语道:「往而不来,非礼也;来而不往,非礼也。」既然是礼品,总有赠送者和接受者,但一个人不可能永远是赠送者,也不可能永远是接受者,两者之间的角色往往是互换的。礼尚往来,人之常情。礼品的特殊使命就是通过赠予与回赠的过程来实现的。送礼者所赋予礼品的含义或信息是否被接受者所领悟,答案往往就体现在回赠的礼品中。因此,回赠礼品不是简单的重复,它同样具有很高的艺术性,甚至更见「功力」。

四、馈赠礼规

要使对方愉快地接受馈赠并不是件容易的事情,因为即便是你精心选择的礼品,如果不讲究赠送礼品的艺术和礼仪,也很难使它达到应有的效果,甚至会适得其反。

(一)注意礼品的包装

精美的包装不仅使礼品的外观更具艺术性和高雅的情调,显现出赠礼人的文化素养和艺术品位,而且还可以避免给人以俗气的感觉。包装可以自己设计,也可以到礼品包装店让人家代为完成,且包装材料的色彩要挑受礼者喜欢的颜色。包装完毕再贴上写有祝词和签名的缎带或彩色卡片,以表达自己的情感和诚意。

拜訪和接待禮儀

（二）注意贈禮的場合

贈禮場合的選擇是十分重要的。通常情況下，當著眾人的面只向某一位贈送禮品是不合適的，給關係密切的人送禮也不宜在公開場合進行。只有象徵著精神方面的禮品才適宜在眾人面前贈送，如錦旗、牌匾、花籃等。

（三）注意贈禮時的態度和動作

贈送禮品時，需要平和友善的態度、落落大方的動作並伴有禮節性的語言。這樣才宜於受禮者接受禮品。那種做賊似的悄悄將禮品置於桌下或房中某個角落的做法，不僅達不到饋贈的目的，甚至會事與願違。

（四）注意贈禮的時間

通常情況下，贈禮選擇在相見或道別時，是最為恰當的。

五、贈花

花是春天的使者，是美和友誼的象徵，是國家、城市的象徵。人們愛花，贊美花。古往今來，有許多關於花的佳話和軼事流傳。

朋友之間以花為禮品相贈，用花表達人們的願望和友情，賦予花一定的意義，這就是「花語」。關於花語、國花、市花等內容，本書其他章節中有說明，這裡只談贈花的方式。

（一）獻花

獻花是在比較隆重、莊嚴的場合下進行的，它適合於較高的禮儀場合。

（1）當外國領導人或者團體首領及在國際上有崇高威望的學者來訪時，或者是中國領導人出訪歸來時，一般要在機場、車站或規定的歡迎儀式上獻花。所獻的花必須是鮮花，且是象徵友誼、團結的花，忌用任何黃色的花。向外賓獻花習慣上是用鮮花扎成的花束，並且要保持整潔、鮮豔。有的國家習慣向貴賓獻上由名貴鮮花結成的花環，貴賓要把它戴在脖子上；還有的國家習慣送給外賓一兩枝名貴的切花。

（2）當運動員在大型的國際比賽中獲得前三名時，通常是由官員、知名人士或禮儀小姐向他們獻上鮮花。觀眾也可向取得優異成績的運動員投擲鮮花，表達敬意和祝賀的心情。

（3）在一些大型的文藝演出之後，為了表示對演員精彩表演的感謝和祝賀，也可向演員獻鮮花或花籃。

（4）在一些重大的慶功會、表彰會上，為了表示對功臣、勞模、

英雄人物的敬意，通常是領導人在禮儀小姐的引導下向模範人物獻花。

（二）花籃

在結婚典禮、壽慶或一些企事業單位的慶典活動中，為了表示祝賀，親朋好友或關係單位常送花籃。花籃常由代表美好、希望、友誼、祝願的鮮花編成。花籃的左右兩邊還常系上用彩紙寫成的條幅，也可稱為禮箋。花籃一般是在慶典儀式開始前送達。

（三）花束

送花束的形式多是在探望朋友、送別親友、和戀人約會、結婚紀念、親友生日、看望病人時採用。花束可選擇寓意不同的切花組合而成，外加包裝紙和紅絲帶。具體送什麼花束，要根據不同的場合和表達的不同意義來決定。

（四）襟花

它通常是男子送給女友的小禮物。在某些喜慶場合，男子也可以在上衣的左胸之前別一朵鮮花。襟花應與所穿衣服色彩協調。

（五）盆花

品種名貴的盆植花卉是人人喜愛的禮物，可以祝賀朋友遷居或送給長輩。

同一種鮮花，在不同的國家、不同的民族，往往會被賦予不同的寓意，所以在送花時必須瞭解贈送對象的風俗習慣和花的不同寓意，從花的品種、色彩、數量等方面注意對方的送花禁忌，避免出現不愉快的後果。

總的來說，送什麼花，送多少，採用什麼方式送，要視具體的場合而定。古人曾以花為媒，今人常以花為禮，其寓意都是美好、吉祥的。

[思考題]

1. 拜訪前如何預約？
2. 拜訪禮儀有哪些？
3. 接待禮儀有哪些？
4. 電話接待時應注意哪些禮儀？
5. 怎樣選擇禮品？

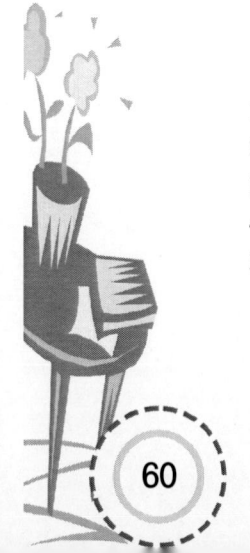

第五章 聚會和慶典活動禮儀

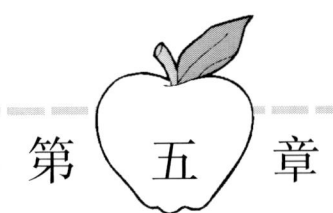

第一節　宴請禮儀

一、宴請的種類與形式

宴請的種類較多，根據宴請的目的可分為迎送宴會、答謝宴會、喜慶宴會、祝壽宴會及商務宴會等；根據餐別的不同可分為中餐宴會和西餐宴會。宴請的形式，根據宴請的目的、出席人員的身分和人數的多少而定。常見的宴請形式有以下幾種：

（一）宴會

宴會，是舉辦者為了表達敬意、謝意，或為了擴大影響等目的而專門舉行的招待活動。在層次上，有國宴、正式宴會、便宴之分；按舉行的時間而論，有早宴、午宴、晚宴之別。因此，其隆重程度、出席規格以及菜肴的品種與質量等均有區別。一般來說，晚上舉行的宴會較之白天舉行的更為隆重。

（1）國宴。這是指國家元首或政府首腦為國家慶典或在外國元首、政府首腦來訪時舉行的宴會。其規格最高，要排座次。宴會廳內要懸掛國旗，安排軍樂隊演奏國歌及席間樂，主、賓雙方要致辭、祝酒。

（2）正式宴會。除不掛國旗、不奏國歌以及出席人員不同外，其安排大體與國宴相同，賓、主均按宴會的要求著裝，按身分就座，菜肴、酒水、餐具均應講究質量和特色，服務要求規範。

（3）便宴。這是一種非正式宴會。常見的有午宴、晚宴，有時也有早宴。這類宴會形式較隨便、氣氛親切，可以不排座次，不做正式

講話，菜餚道數也可酌減。家宴是便宴的一種形式，即在家中設便宴招待客人，往往由主婦親自下廚烹調，家人共同招待。

（二）招待會

招待會是指各種不備正餐的宴請形式，備有食品、酒水、飲料，通常不安排座位，可以自由活動。

（1）冷餐會。菜餚以冷食為主，也可以用熱菜；主客可自由活動，自取食物；酒水可自取，也可由招待員端送。冷餐會在室內或院裡舉行均宜，可設小桌、座椅，自由入座，也可不設座椅，站立進餐。規格和隆重程度可高可低，時間一般安排在中午12點至下午2點，或下午5點至晚上7點。

（2）酒會。酒會，又稱雞尾酒會，以招待酒水為主，略備小吃；不設座椅，僅設小桌，可以隨便走動；舉行的時間也較靈活，中午、下午、晚上均可。請柬上往往註明整個活動的持續時間，客人可在其間任何時候入席、退席。酒會不一定都用雞尾酒，但通常酒類品種較多，並配以各種果汁，一般不用或少用烈性酒。食品多為三明治、小香腸、炸春卷等小吃，以牙籤取食。飲料和食品由招待員用托盤端送，或部分放置在小桌上供人們自取。這種招待會形式較活潑，便於廣泛接觸交談。

（三）茶會

茶會是一種更為簡便的宴請形式，主要是通過請客人品茶進行交談。茶會通常設在客廳、花園或會議廳，不排座次；舉行時間一般在上午10點或下午4點左右。茶會對茶葉、茶具都有所講究，以體現一定的茶文化特點。茶具要用陶瓷器皿而不用玻璃杯，用茶壺而不用熱水瓶，還要略備點心或地方風味小吃。

（四）工作進餐

工作進餐是現代交際中經常採用的一種非正式宴請形式。這種宴請只請工作人員，不請配偶及與工作無關的人員。工作進餐按時間分為早餐、午餐和晚餐。雙邊工作進餐往往排席位，為便於談話，常用長桌。

二、宴請者禮儀

（1）確定宴請的目的、名義、對象、範圍和形式。宴請的目的是多種多樣的，可以為某一件事，也可以為某個人而舉行；宴請可以個人的名義邀請，也可以單位的名義邀請客人。具體情況可根據主、賓

聚會和慶典活動禮儀

雙方的身分而定。

宴請對象和範圍，包括邀請哪些方面的人士出席，客人請到哪一個級別，請多少人。宴請範圍要兼顧多方面因素，如宴請性質、主、客身分對等、慣例及習俗，等等，並在此基礎上加以確定。宴請的形式，可根據宴請的目的、規格、活動內容、人數多少而定。

（2）確定宴請時間和地點。宴請應選擇對主、客雙方都合適的時間。外事宴請一般不選擇對方國家的重大節日、重要活動之際或者禁忌的日子。時間安排最好事先徵詢主賓意見，然後再做決定。

宴請的地點要按活動性質、規模大小、宴請形式、賓主熟悉程度及意願、經費能力來確定。

（3）發出邀請。各種宴請一般均發請柬，這既是禮貌，同時也起到提醒被邀請人的作用。

請柬一般要提前3～7天發出。正式宴會，最好還要在發出前安排好席位，並在請柬的信封下角註明席位號。請柬發出後，應及時落實應邀情況，以便於安排、調整和布置。

（4）擬定菜單。擬定菜單要根據宴請的目的、形式、規格、時間和季節等，本著節儉和使賓客滿意的原則，在一定的標準內安排。選菜不以主人的喜好為準，主要考慮主賓的喜好和禁忌。如果客人有特殊要求，那麼也可以單獨為其上菜。大型宴請，則應照顧到各個方面。選菜時要注意合理搭配，包括葷素搭配，色彩組合，營養構成，時令菜與傳統菜肴的搭配，菜肴道數與分量要適宜，等等。

（5）桌次和席位的安排。宴會的桌次安排最為講究。中餐宴會習慣使用圓桌，桌次的安排可根據宴會廳的形狀來確定。無論多少桌，其排列原則大致相同，即主桌排定後，其餘桌次的高低以離主桌的遠近而定，離主桌越近的桌次越高，離主桌越遠的桌次越低，平行桌以右為高，左為低。如果桌數較多時，應擺設桌次牌。

下面是幾種不同桌次的常規排列方法（見圖5-1至圖5-10）。

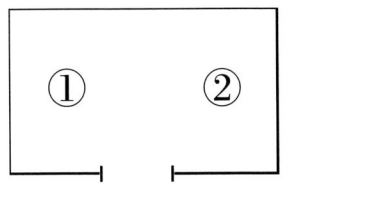

圖5-1　桌次排列方法一　　　圖5-2　桌次排列方法二

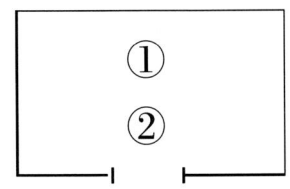

圖 5-3　桌次排列方法三　　　　圖 5-4　桌次排列方法四

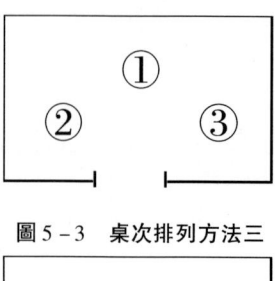

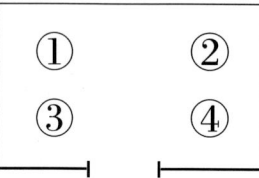

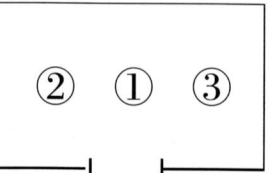

圖 5-5　桌次排列方法五　　　　圖 5-6　桌次排列方法六

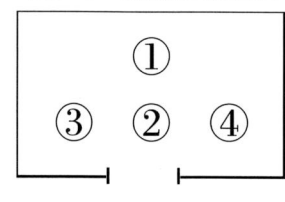

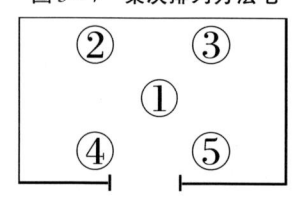

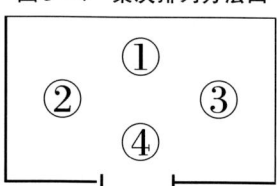

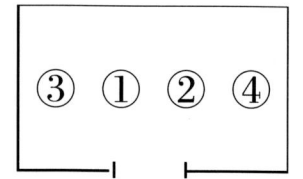

圖 5-7　桌次排列方法七　　　　圖 5-8　桌次排列方法八

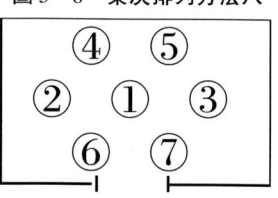

圖 5-9　桌次排列方法九　　　　圖 5-10　桌次排列方法十

　　座次排序基本規則是：「以右為上[①]（國際慣例）；居中為上（中央高於兩側）；前排為上（適用所有場合）；面門為上（良好視野為上）；以遠為上（遠離房門為上）。」席位的高低與桌次的高低原理基本相同，即右高左低，先右後左。按國際慣例，座席安排應男女穿插，以女主人為準，主賓在女主人右方，主賓夫人在男主人右方。中國習慣按職務高低安排席位，以便於交談。如果有女士出席，通常應把她

---

① 中國左右尊卑的劃分在不同時期、不同的場所有不同劃法。

聚會和慶典活動禮儀

們安排在一起，主賓坐在男主人右方，主賓夫人坐在女主人右方。兩桌以上的宴會，其他各桌中第一主人的位置可以與主桌主人位置相同，也可以面向主桌的位置為主位。如遇一些特殊情況可靈活掌握。席位的安排示意圖如圖5-11、圖5-12所示。

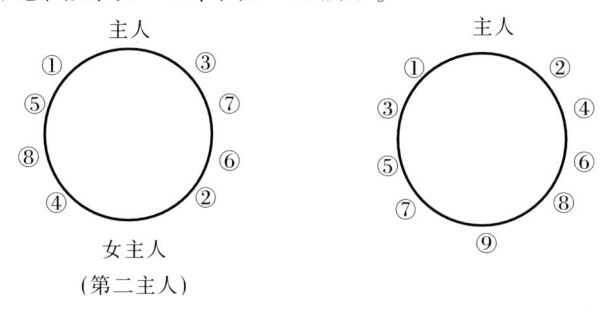

圖5-11　席位安排一　　圖5-12　席位安排二

此外，在安排客人的座位時，還應考慮客人之間是否相識，有無共同語言。如果事先已瞭解到一些人想通過宴會彼此相識，就可以有意識地將他們安排在一起就座。最好在宴會開始前，主人就為大家做一番介紹，以便相互瞭解，促使宴會氣氛更融洽。

宴席之外，其他不同場合，座位也非常有講究。例如，會議座次：首先是前高後低，其次是中央高於兩側，最後是左高右低（中國政府慣例）和右高左低（國際慣例）。主席臺座次，中國慣例，以左為尊，即左為上，右為下。當領導同志人數為奇數時，1號領導居中，2號領導排在1號領導左邊，3號領導排在1號領導右邊，其他依次排列。當領導同志人數為偶數時，應該是1號領導、2號領導同時居中，1號領導排在居中座位的左邊，2號領導排右邊，其他依次排列。合影座次安排與主席臺座次相同。

（6）餐具準備。根據宴請人數和菜的道數，準備足夠的酒具、餐具，並洗淨、消毒、擦亮，按中、西餐的要求擺放整齊。

（7）迎客。不論什麼形式的宴請，主人一般都要到門口迎接客人。若是官方的正式活動，還可以由少數主要官員陪同主人夫婦排列成行迎賓，通常稱為迎賓線。開宴前主人應陪同主賓一道入席。

（8）宴會致辭。一般西方國家習慣將賓、主致辭安排在熱菜之後、甜食之前。中國的做法是一入席先講話、後用餐。冷餐、酒會安排講話可靈活掌握。

正式宴會在吃完水果後，主人與主賓起立，宴會即告結束。主賓

告辭時，主人送主賓到門口，原迎賓人員按順序排列送客。

三、赴宴者禮儀

（1）準時出席宴會。被邀請人接到邀請後，對能否出席應盡早答覆對方，以便主人及時安排。一旦答應對方，就不要隨意改動，萬一有特殊情況實在不能出席，尤其是主賓，應盡早向主人做出解釋，深致歉意，以取得主人的諒解。若沒有特殊情況或原因，赴宴者應按宴請的時間、地點及其他要求準時出席。

（2）儀表整潔。赴宴者要注意服裝的整潔和個人衛生。若是參加正式宴會，應穿請柬上所規定的服裝。

（3）按位落座。赴宴者到達宴會地點後，應先向主人或其他來賓問候、致意，然後按照主人事先安排好的桌次和席位入座。如未設座席卡，則應聽從主人安排，不可隨意亂坐。落座時，應從座椅的左側入座。若同桌中有領導、長輩和女士，應待其就座後自己再坐下，坐下後，要注意自己的坐姿，不要緊靠在椅背上，也不要用手托腮或雙臂放在桌上，更不能趴在餐桌上。

（4）進餐要求。用餐前先將餐巾打開鋪在膝上；上菜後，經主人招呼，即可開始進餐。用中餐時，要注意筷子的使用；用西餐時，應右手持刀，左手握叉。餐別不同，禮儀要求也不一樣，但總的來說，吃東西要文雅，閉嘴咀嚼，不要發出聲音。如湯、菜太熱，可待稍涼後再吃，切勿用嘴吹。進餐時，不要打噴嚏、咳嗽，萬一不能抑制，必須把頭轉個方向，用手帕掩住口鼻。在主人與主賓祝酒時，應暫停進餐，停止交談，注意傾聽；與他人碰杯時，要目視對方以示致意。

（5）禮貌告別。宴會結束，赴宴者起身離座時，男賓應先起身，為年長者或女士移開座椅；主賓先向主人告辭，隨後是一般來賓向主人表示謝意；男賓先向男主人後向女主人告辭，女賓則相反。

（6）宴會後致謝。西方人一般在較正式宴會或家宴之後，還要給女主人寄一封感謝信，或打個電話表示感謝。

第二節　舞會和晚會禮儀

一、舞會禮儀

舞會又稱交際舞會，亦稱交誼舞會，現已成為一種被廣泛採用的

66

社交活動形式。

（一）組織舞會的禮儀

（1）選擇適當的時間。舞會一般在週末、節假日或開幕式、閉幕式的晚上舉行。

（2）安排舞伴。邀請的客人應男女人數相當；對已婚者一般是邀請夫婦二人。較正式的舞會要發請柬。

（3）布置場地。舞會的場地要考慮人數的多少，大小適中。場地布置應雅致、美觀，可用花卉、彩帶和各種彩色燈裝飾；地面要清潔平整並打蠟使之光滑；燈光要稍暗，光線要柔和。

（4）選好舞曲。較正式的舞會最好安排樂隊伴奏，營造隆重、熱烈的氣氛。一般的舞會可播放唱片、磁帶伴奏。在選定舞曲時，要注意舞曲的節奏、速度和眾人熟悉的程度，以及樂曲的演奏次序；舞曲長短要適宜，且要適合主賓的年齡。

（5）其他準備工作。舉辦舞會時，要在舞池邊準備休息用的椅子，必要時還可準備些茶水、飲料及食品，以便客人休息時取用。

（二）參加舞會的禮儀

1. 著裝要求

參加舞會時，無論是組織者還是參加者，服飾都要整潔、大方，盡可能與環境融為一體。男士應著西裝，女士應選擇華麗大方、色彩鮮艷的服裝。另外，男士不能穿短褲、背心、拖鞋和涼鞋，女士不可以赤腿露腳穿涼鞋，這些都是舞場上力戒的穿著。

2. 邀請舞伴禮儀

交際舞的特點是男女共舞。在正常情況下，兩個女性可以同舞，但兩個男性卻不能同舞。只要參加了舞會，男女即使彼此不相識，也都可以互相邀請，通常是由男士主動邀請女士共舞。男士邀請舞伴時應姿態端莊、彬彬有禮地走到女士面前，微笑點頭，同時伸出右手，掌心向上，指向舞池，並說：「我可以請您跳舞嗎？」如果被邀女士的丈夫或父母在場，要先向他們致意問候，得到同意後方可邀請女士跳舞。待舞曲結束後，要把女士送回原座並致謝。

3. 拒絕邀請禮儀

參加舞會不僅要求男士彬彬有禮，女士也應落落大方。如果女士要拒絕某位男士的邀請時，應遵循以下原則：

（1）女士如不願與前來邀請的男士跳舞，應婉言謝絕，而不能蠻橫無理或露出輕視別人的表情。一旦婉言謝絕別人的邀請後，在一曲

未終時，自己就不要再同別的男性共舞，否則，會被認為是對前一位邀請者的蔑視，會對前者造成自尊心的傷害，這是很不禮貌的。

（2）如果女士已接受某位男士的邀請後，對再來者應表示歉意。如果自己願意同他跳舞，可以告訴他下一曲再與之共舞。

（3）當女士拒絕某位男士的邀請後，如果這位男士再次前來邀請，且無不禮貌的舉止和表現，在無特殊情況的條件下，不妨答應與之共舞。

（4）如果兩位男士同時邀請一位女士跳舞，最禮貌的做法是同時禮貌拒絕兩位邀請者。如果已同意其中一位的邀請，對另一位則應表示歉意，禮貌地說：「對不起，下一曲與您跳好嗎？」

4. 跳舞者的風度

（1）跳舞者舞姿要端正、大方和活潑，整個身體應始終保持平、正、直、穩，無論是進、退、還是向左、右方向移動，都要掌握好重心。跳舞時，男女雙方都應面帶微笑，表情自然，不要左顧右盼、心不在焉或表現出不耐煩的樣子；說話要和氣，聲音要輕細，不要旁若無人地大聲談笑。

（2）跳舞時動作要協調舒展，和諧默契，雙方身體應保持一定距離。男方不要強拉硬拽，女方不可掛、撲在對方身上，或臀部撅起、聳肩挺腹，駝背屈身，這樣不但讓對方有不勝負擔之苦，自己也有失雅觀。

（3）男方用右手扶女方腰時，正確的手勢是手掌心向下向外，用右手拇指的背面輕輕將女方挽住，而不應用右手手掌心緊貼女方腰部；男方的左手應讓左臂以弧形向上與肩部呈水準線抬起，掌心向上，拇指平展，只將女伴的右掌輕輕托住，而不是隨意地捏緊或握住。女方的左手應輕輕地放在男方的右肩上，而不應勾住男方的頸脖。跳舞時雙方握得或摟得過緊，都是有失風度的。

5. 舞場上的其他禮節

參加舞會前不要吃蔥、蒜等帶有異味的食品，不喝烈性酒；不要在舞廳裡大聲喧嘩，也不要在舞池裡來回穿梭；不要在舞場內吸菸，應注意保持場內清潔衛生。

二、晚會禮儀

（一）組織晚會的禮儀

（1）選定節目。要從組織活動的目的出發，針對客人的興趣與現

實的可能，精選節目。一般應選擇能體現本國民族風情的節目，並要對節目內容有所瞭解，以免因政治內容或宗教信仰、風俗習慣等問題引起誤解和不愉快。

（2）發出邀請。發出邀請的具體工作與宴請活動大致相同。發邀請時，要考慮場地的容納量，一定要給客人準備足夠的座位，以避免座位不足的尷尬。

（3）座位安排。看節目的座位，一般應根據客人的身分事先排定。看文藝節目，一般以第七、第八排座位為最佳。專場演出，通常把貴賓席留給主人和主要客人，其他客人可以排座位，也可以自由入座。如要求對號入座，應將座位號與請柬一起發出。

（4）入席與退席。專場演出，可安排普通觀眾先入座，主賓席客人在開幕前由主人陪同入場。在演出過程中，不得退場。演出結束，應全場起立向演員熱烈鼓掌表示感謝，一般觀眾待貴賓退場後再離去。

（5）獻花。許多國家習慣在演出結束後向演員獻花。但此種安排應主隨客便，主人一般不提示客人獻花，更不應要求客人上臺與演員握手。

（6）攝影。許多國家禁止在演出中攝影，這一方面是為了保證演出效果，另一方面也是為了維護劇團專利。而中國為招待國賓舉行的專場文藝演出，可以拍攝新聞照片等。

（7）節目單。各種文藝節目，應備有節目單，並提前發給客人。

（二）參加晚會的禮儀

接到請柬後能否出席，應盡早回覆主人，以免劇場空缺，影響氣氛。

參加晚會時，服裝要整潔。西方人對於晚會等正規場合的禮服穿戴非常重視，因為服裝穿著是否得體，可以體現一個人的修養程度，也關係到你對別人是否尊重和別人對你的評價。

如請柬中無座號，到現場後應按本人身分瞭解座位的分配情況後再入座，切勿貿然行事。如有座號，則應對號入座。

在演出中，應保持肅靜，不要高聲喧嘩，不要交頭接耳、竊竊私語，更不能打瞌睡；鼓掌應掌握尺度，不要讓演員下不來臺，更不能吹口哨。演出結束，應報以熱烈的掌聲，以示感謝。

另外，在觀看演出時，應注意保持演出場所的環境衛生，不要嗑瓜子，或將果皮、包裝物隨手亂扔，也不要吸菸。

第三節　婚壽慶喪禮儀

一、婚禮

根據中國婚姻法的規定，男女雙方只要履行一定的法律手續，如登記、公證，就可以建立婚姻關係。在舊時，因為沒有婚姻法，所以都是以舉行婚禮來表示婚姻關係成立的。由於舉行婚禮的習俗相沿已久，故現在的男女結婚，除辦理法律手續外，仍要舉行婚禮。這實際上是一種助興的形式，它並不具有任何法律上的作用。

婚禮的形式，與一定時期的經濟、文化發展水準相適應，又因各個民族、地區、家庭習俗以及新郎、新娘的文化素養不同而有較大的差別。但概括起來，總體上可分為新式婚禮和舊式婚禮。本節主要介紹新式婚禮的禮儀。

（一）新式婚禮的形式

舉辦新式婚禮，目前有三種不同的形式：

（1）集體婚禮。這種婚禮由有關組織主辦，規模可大可小。一般情況下，由主辦單位的負責人任證婚人，可安排文藝節目演出，或組織交誼舞會，以活躍婚禮氣氛。這種婚禮簡單文明，且有移風易俗、破舊立新的意義，受到人們的普遍歡迎。

（2）旅行結婚。旅行結婚就是新婚夫婦辦好手續、商定好旅行路線、進行蜜月旅行的結婚形式。這種形式不僅可讓新婚夫婦觀賞各地秀美壯麗的山水，而且能增添新婚的幸福氣氛。這種婚禮形式已為越來越多的人所接受。

（3）喜事新辦。這種婚禮省去了許多繁雜禮儀，以舉辦結婚酒宴為主，把男女雙方的親友、賓客請到一起，熱熱鬧鬧地歡慶一番，就算舉行婚禮了。

（二）新式婚禮的禮儀程序

在結婚當天宴會開始之前、親朋好友到齊之後，通常都要舉行婚禮儀式。一般包括以下幾項程序：

（1）奏喜慶樂。播放歡快的樂曲，同時鞭炮齊鳴，司儀宣布婚禮開始，新郎、新娘隨樂聲步入宴會廳。

（2）行鞠躬禮。按司儀的安排，新人行禮通常分三個層次進行：首先，新郎、新娘向父母尊長行鞠躬禮；然後，新郎、新娘互相行鞠

躬禮；最後，新郎、新娘向全體來賓行鞠躬禮。

（3）介紹人講話。介紹人可以簡要介紹一下男女雙方戀愛經過，並祝福新郎、新娘婚姻幸福美滿。

（4）尊長或父母講話。可以由來賓或親友中輩分、聲望較高者即席講話，向新郎、新娘表示祝賀。

（5）新婚夫婦講話。如新郎、新娘都不善講話，也可變通為唱歌等形式，以示對所有來賓的謝意。

（6）宴會開始。這時，新郎、新娘應從主桌開始，逐席向來賓敬酒，婚禮的儀式至此告一段落。

酒宴之後，如有條件的話，還可以舉辦小型的舞會或放映電視錄像和唱卡拉OK以助興。

舉行新式婚禮仍有讓親朋好友在認識新郎、新娘的基礎上，肯定其姻緣的意思。因此，新郎、新娘應特別要注意禮貌地接待賓客，做到大方、耐心、周到。

（三）集體婚禮的禮儀程序

在集體婚禮上，證婚人可以兼任婚禮的司儀主持結婚儀式。其通行的程序大致為：

（1）婚禮開始，鳴鞭炮或奏樂。

（2）新郎、新娘入場。新郎、新娘手牽著手，在全體來賓的注目下，在陣陣花雨中，伴著歡快的樂曲聲和熱烈的掌聲步入會場。

（3）證婚人和有關領導上主席臺就座。

（4）新郎、新娘向家長、親友行鞠躬禮。在集體婚禮中，新郎、新娘的家長一般在會場的前排就座，這時，應起立接受新郎、新娘的敬禮，並略微躬身答禮。

（5）新郎、新娘互行鞠躬禮。

（6）新郎、新娘向證婚人、出席婚禮的有關領導和來賓行鞠躬禮。

（7）證婚人或領導講話。一般情況下，證婚人皆由地方或單位領導擔任。他們在講話中應向新婚夫婦表示祝賀，並提出一些希望。講話要簡明扼要、熱情洋溢。

（8）家長代表講話。可以事先在參加集體婚禮的家長中推出代表，其在講話中，既要表達對下一代的祝願和期望，也要對有關領導和來賓出席集體婚禮表示感謝。

（9）新婚夫婦代表講話。其內容主要是感謝領導和親友出席婚

禮，並表示新婚夫婦婚後努力學習和工作的決心。

（10）贈禮。由主辦集體婚禮的單位向新婚夫婦贈送紀念品，通常是書籍、鏡框等有紀念意義的物品。

（11）文娛活動。至此，婚禮即告結束。

二、壽誕禮儀

中國民間，習慣以100歲為上壽，80歲為中壽，60歲為下壽。由60歲開始，歲數逢5、10或9（「久」的諧音，寓意延年益壽）都要舉行較為隆重的祝壽活動。

主辦祝壽活動的人家，應預先設立壽堂。壽堂正中用紙或綢剪貼一個大紅「壽」字；有的則掛一幅由書法家書寫的「百壽」於中堂。現代人的祝壽活動，通常只在壽辰的當天舉行，親朋好友前來聚會致賀，同輩一般為握手，晚輩或兒子只需鞠躬就行。接到邀請參加祝壽活動請柬的親友，要準備一些壽禮。壽禮一般可選包裝精美、做工精細的，含有祝賀健康長壽、吉祥如意意義的食品或物品。

生日聚會是近年來興起的一種新潮儀式，地點隨意而定，宴會豐儉由己，內容靈活多樣。在《祝你生日快樂》的歌曲聲中，壽星吹滅蠟燭，吃生日蛋糕。這不僅是對主人的熱情祝福，也可增進朋友間的友誼。如今，生日活動越來越豐富多彩，慶祝生日可以是一幀彩照、一篇日記，也可以是一桌家宴、一次郊遊。作為人生道路上的里程碑，它既有催人向上、不斷進取的作用，又能在喜慶的氣氛中體現人間真情。

三、喪弔禮儀

據分析，喪葬有兩種功能：一是理性地處理逝者遺體；二是宣洩生者的情感。隨著時代的發展，繁瑣的、帶有迷信色彩的喪葬舊俗多已泯滅，代之以文明、節儉、鄭重的喪葬禮儀。一個人去世了，可由親屬或組織在報紙上發訃告，或用口頭和書信形式向親友報喪。對那些為社會做出過重要貢獻的人的去世，要組成治喪委員會負責治喪工作。

追悼逝者，現在一般都採用舉行遺體告別儀式的形式。遺體告別儀式的一般程序是：

（1）會場布置。會場要莊嚴肅穆，一般在會場中央放遺體和遺像，旁邊安放親屬送的花圈，會場中央上方懸掛白紙黑字的「××遺

體告別儀式」橫幅。

（2）由事先委託的逝者親友，在會場門口代表家屬迎候別的親友和來賓，發放白花或黑紗。

（3）宣布遺體告別儀式開始，奏哀樂、默哀。

（4）由治喪委員會代表或單位主要領導（無單位領導參加則為逝者家屬的代表）宣讀悼詞。

（5）來賓致悼詞或發言。

（6）眾人繞遺體一週向遺體告別。

（7）向逝者親屬表示安慰。

（8）在哀樂聲中將遺體送去火化。

（9）遺體告別儀式結束。

為了表示對逝者的懷念，吊唁時可送一個花圈，也可只在準備好的簽到簿上簽名。送花圈，是人們向逝者表達悼念與敬意的一種形式。因此，花圈上要有挽詞，讓人看出敬獻花圈的人與逝者的關係。

挽詞大致是上聯寫稱謂：對同事、同學等可寫「××同志安息」「沉痛悼念××同志」；對家人、親戚可寫「××（稱謂）千古」，對父母則應直接寫稱謂而不提名字，如「父親大人千古」；對配偶則可僅寫名字，如「××安息吧」。

下聯應表示與逝者的關係：對同事、同學等一般寫「××敬挽」；對親戚可先寫稱謂後寫名字，如「甥××敬挽」；對父母、配偶不能寫「敬挽」，應寫「泣血」（父母）或「泣挽」（配偶）。

但目前不少城市禁止送花圈，這是移風易俗的又一創舉，值得提倡。

參加遺體告別儀式時，要注意自己的著裝應與遺體告別儀式的氣氛相適宜。神態要凝重，說話要低聲；要尊重逝者家屬的安排，遵守會場秩序。

作為親友，接到訃告如不能親自參加吊唁活動，應對逝者的家屬致唁函或唁電。唁電或唁函應發給報喪的單位，或家屬中的長者；若有治喪委員會，則發給治喪委員會而不發給個人；如請人代辦花圈等事宜，亦應在其中加以說明。

第四節　開業典禮

開業典禮是企業（公司）或店鋪在成立或開張時，經過細心策

劃，按照一定的程序專門舉行的一種慶祝儀式，以達到宣傳企業、擴大知名度、塑造自身良好形象的目的。它體現出企業或企業領導的組織能力、社交水準及其文化素質，往往會成為社會公眾取捨和親疏企業的重要標準，是企業發展的第一個里程碑。

一、開業典禮的準備

（1）做好輿論宣傳工作。企業（公司）或店鋪可運用傳媒廣泛發布廣告，或在告示欄中張貼開業告示，以引起公眾的注意。這些廣告或告示的內容一般包括開業典禮舉行的日期、地點、企業的經營範圍及特色、開業的優惠情況等。

（2）精心擬定出席典禮的賓客名單。邀請的賓客一般應包括政府有關部門負責人、社區負責人、知名人士、同行業代表、新聞記者、員工代表以及公眾代表等。對邀請出席典禮的賓客要提前將請柬送達其手中。

（3）確定典禮的規模和時間。

（4）確定致賀、答詞人名單，並為本單位負責人擬寫答詞。

（5）確定剪彩人員，並準備用具。參加剪彩的除本單位負責人外，還應請來賓中地位較高、有一定聲望的人共同剪彩。

（6）安排各項接待事宜。應事先確定簽到、接待、剪彩、攝影、錄像等有關服務人員，這些人員要在典禮前到達指定崗位。

（7）布置環境。開業典禮一般在單位門口舉行。為了烘托出熱烈、隆重、喜慶的氣氛，可在現場懸掛「×××開業典禮」或「×××隆重開業」的橫幅，兩側布置一些來賓的賀匾、花籃，會場周圍還可張燈結彩、懸掛彩燈、氣球等。

二、開業典禮的程序

典禮程序是指典禮活動的進程。一般情況下，典禮程序由以下幾項組成：

（1）典禮開始。主持人宣布開業典禮正式開始，全體起立，鳴放鞭炮，奏樂。

（2）宣讀重要來賓名單。

（3）致賀詞。由上級領導或來賓代表致祝賀詞，主要表達對開業單位的祝賀，並寄予厚望。

（4）致答詞。由本單位負責人致答詞，其主要內容是向來賓及祝

賀單位表示感謝，並簡要介紹本單位的經營特色和經營目標等。

（5）揭幕或剪彩。揭幕就是由本單位負責人和上級領導或嘉賓揭去蓋在牌匾上的紅布。剪彩的彩帶通常是用紅綢製作的，剪彩前應事先準備好剪刀、托盤和彩帶。剪彩時，由禮儀小姐拉好彩帶，端好托盤，剪彩者用剪刀將彩帶上的花朵剪下，放在托盤內。這時，場內應以掌聲表示祝賀。

（6）參觀座談。

（7）歡迎首批顧客光臨。

（8）舉行招待酒會或文藝演出等。

以上程序可視具體情況有所增減，無須生搬硬套。總之，開業典禮的整個過程要緊湊、簡潔。

三、參加開業典禮的禮儀要求

（1）參加人員要注意儀容儀表，並準時參加典禮，為主辦方捧場。

（2）賓客可在典禮前或典禮進行時，送些賀禮，並寫上賀詞等。

（3）賓客見到主人應向其表示祝賀，並說一些祝興旺、發財等吉利話語。

（4）賓客在致賀詞時，要簡短精練，注意文明用語，少用含義不明的手勢。

（5）在典禮進行過程中，參加人員應做一些禮節性的附和，如鼓掌、跟隨參觀、寫留言等。

（6）典禮結束後，賓客離開時應與主辦單位領導、主持人、服務人員等握手告別，並致謝意。

由於開幕式和開業典禮有許多相似之處，這裡就不再贅述。

第五節　簽字和授勛儀式

一、簽字儀式

（一）簽字儀式適用的範圍

國家之間通過談判，就政治、經濟、軍事、科技、文化等某一領域內的相互關係達成協議，締結條約、協定或公約時，一般都要舉行簽字儀式。當一國領導人出訪他國，經雙方商定達成共識，發表聯合

公報或聯合聲明時，也要舉行簽字儀式。各地區、各單位在相互交往中，通過會談、談判和協商，最終達成的有關合作項目的協議、備忘錄、合同書等，通常也要舉行簽字儀式。

（二）簽字儀式的準備

1. 準備待簽文本和其他物品

待簽文本的準備由舉行簽字儀式的主方與有關各方指定的專人共同負責，主要完成待簽文本的定稿、翻譯、校對、印刷、裝訂和蓋火漆印等工作。簽署涉外協議或合同時，應依照國際慣例，同時使用有關各方的母語，或使用國際上通行的英文和法文。待簽文本應用高檔、精美的紙張印刷，按規格裝訂成冊，並用真皮、仿皮、軟木等高檔質料作為封面，以示鄭重。同時還要準備好國旗、簽字用的文具等物品。

2. 確定人員

舉行簽字儀式之前，有關各方應事先確定好參加簽字儀式的人員，並向有關方面通報，以便主方做好安排。主簽人員的確定隨文件性質的不同而有所變化，有的由國家領導人主簽，有的由政府部門負責人主簽，還有的由地區或企事業單位負責人（通常是法人代表）主簽。但不管屬於什麼樣的簽字儀式，雙方主簽人的職位（身分）應大體相當。參加簽字的各方，事先還要安排一名熟悉儀式程序的助簽人員，簽字時給文本翻頁，並指明簽字處，防止漏簽。其他出席簽字儀式的陪同人員，基本上是參加談判的全體人員，雙方人數以相等為宜。為了表示對所簽合同、協議的重視，雙方常對等邀請更高級別的領導人出席簽字儀式。

3. 布置現場

由於簽字的種類不同，各國的風俗習慣不同，因而簽字儀式的安排和簽字現場的布置也不盡相同。

（1）有些國家在簽字廳內設置兩張方桌為簽字桌，雙方簽字人員各坐一桌，雙方的國旗分別懸掛在各自的簽字桌上，如圖5-13所示。

（2）有的國家是安排一張長方桌為簽字桌，簽字人分坐左右，但雙方參加儀式的人員坐在簽字桌前方兩旁，雙方國旗在簽字桌的後面，如圖5-14所示。

（3）中國的做法是在簽字廳內設一張長方桌為簽字桌，桌面覆以深綠色的臺呢，桌後面放兩把椅子，作為雙方簽字人員的座位，面對正門主左客右。座前擺列各自的文本，文本上端分別放置簽字文具；桌子中間擺一旗架，懸掛雙方國旗。雙方參加儀式的其他人員，排列

聚會和慶典活動禮儀

①客方簽字桌
③客方國旗
⑤客方主簽人
⑦客方助簽人
⑨客方陪簽人

②主方簽字桌
④主方國旗
⑥主方主簽人
⑧主方助簽人
⑩主方陪簽人

圖 5－13　簽字現場布置一

①簽字桌
②客方文本
④客方主簽人
⑥客方助簽人
⑧客方國旗
⑩客方陪簽人

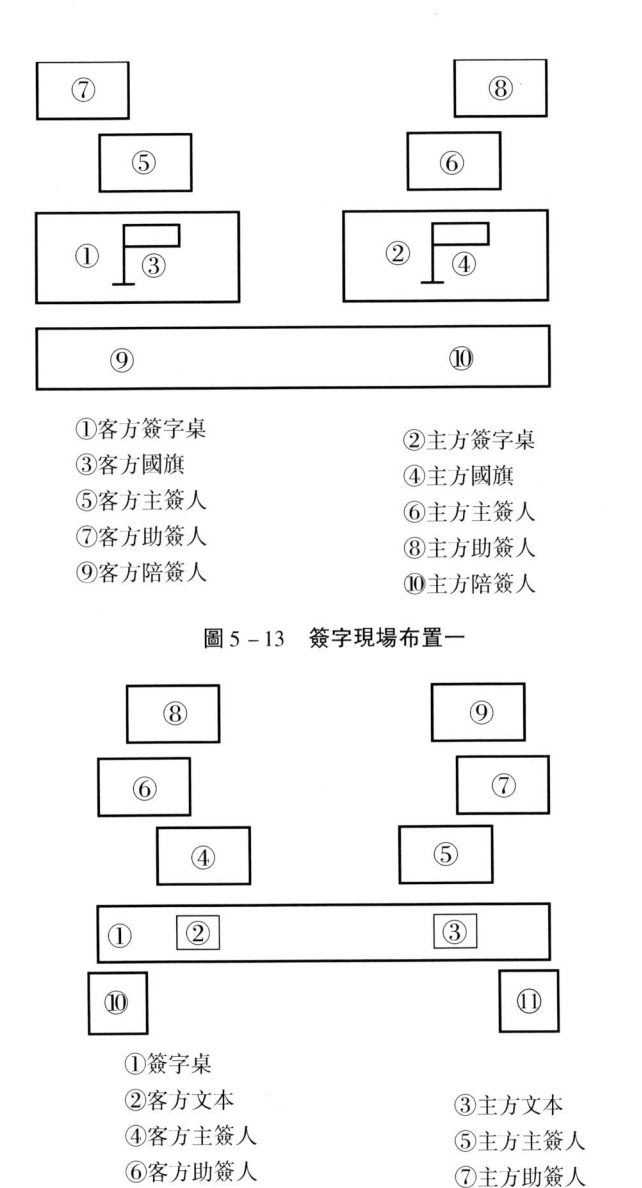

③主方文本
⑤主方主簽人
⑦主方助簽人
⑨主方國旗
⑪主方陪簽人

圖 5－14　簽字現場布置二

於各自主簽人的座位後面，助簽人員站立於各自主簽人的外側，如圖 5－15 所示。

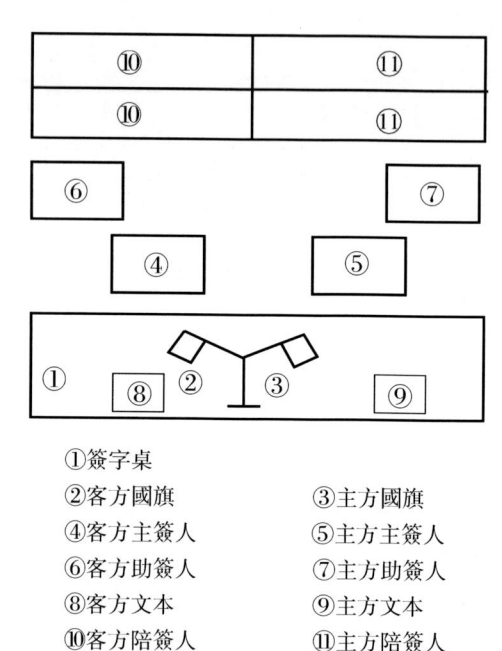

⑩	⑪
⑩	⑪

```
    ⑥              ⑦
       ④       ⑤
  ①  ⑧  ②   ③   ⑨
```

①簽字桌
②客方國旗　　　　③主方國旗
④客方主簽人　　　⑤主方主簽人
⑥客方助簽人　　　⑦主方助簽人
⑧客方文本　　　　⑨主方文本
⑩客方陪簽人　　　⑪主方陪簽人

圖 5－15　簽字現場布置三

不論簽字現場怎樣布置，總的原則應是莊重、整潔。地上可鋪設地毯，簽字桌的上空可懸掛橫幅，寫有「××（項目）簽字儀式」的字樣。簽字桌上的臺呢不許有破洞，室內空氣要新鮮，廳內光線要明亮。

（三）簽字儀式的程序

各國簽字程序大同小異，以中國為例說明如下：

（1）就座。參加簽字儀式的有關人員進入簽字廳後，主簽人按主左客右的位置入座，助簽人（協助翻揭文本並指明簽字處）站在主簽人的外側，其他人員以職位（身分）高低為序，客方自左向右，主方自右向左，分別站立於各主簽人的後面。當一行站不下時，可遵照「前高後低」的原則排成兩行以上。

（2）正式簽字。簽字時，應按國際慣例，遵守「輪換制」，即主簽人首先簽署己方保存的文本，而且簽在左邊首位處，這樣使各方都有機會居於首位一次，以顯示各方平等、機會均等；然後由助簽人員

互相交換文本，再簽署對方保存的文本。

（3）交換文本。簽字完畢，由雙方主簽人起立交換文本，並相互握手，其他陪同人員鼓掌祝賀。隨後，由禮賓人員端上香檳酒，共同舉杯慶賀。

（4）退場。簽字儀式完畢後，應先請雙方最高領導退場，然後請客方退場，主方最後退場。

如果有三四個國家締結條約，其簽字儀式大體如上所述，只是相應增加一些簽字人員的座位、簽字用具和國旗等。如果簽訂多邊公約，則一般只設一個座位，由公約保存國代表首先簽字，然後由各國代表依次輪流在公約上簽字。

條約、協定簽字後，通常還需由有關國家按國內法規定，經批准後履行互換批准書的手續或以外交照會方式相互通知後生效。

二、授勳儀式

（一）授勳對象及授勳人

授勳是指對有特殊貢獻的人士授予勳章或給予其他特殊榮譽。許多國家對於對發展兩國關係或開展某項活動有重大貢獻的外國領導人，或外國駐本國使節，或其他知名人士，為了表彰其卓越功績，可授勳章。對於有特殊貢獻的政治活動家、科學家、教育家、藝術家等專家、學者，還可以授予名譽學位、名譽校長、名譽院長或名譽市民等榮譽稱號。如果授予外國領導人勳章，而又是借外國領導人來本國訪問的機會授予的，一般應由本國國家元首或政府首腦出面授勳；如果是在國外授予勳章的，一般委託外交使節出面授勳，或者借本國國家元首或政府首腦出國訪問之際授予勳章。對授予名譽學位、名譽校長、名譽院長等稱號的，一般應由上級部門負責人，或者由本單位的主要負責人出面授予；情況特殊的，也可以由省級或市級負責人出面授予。

（二）授勳禮規

對外國人士授勳，可以採取多種形式。有的要專門舉行一定的儀式，有的則可借會見、宴會或群眾大會等場合授勳。

授勳的方式，一般是授勳人與被授勳者相對而立，中間相隔三四步。授勳人先宣讀授勳決定，然後向前將勳章佩戴在被授勳者胸前，再將證書遞交給被授勳人。有時授勳者與被授勳者還要先後致辭。

如果是一國專門舉行的授勳儀式，則應在授勳大廳內設主席臺和來賓席，授勳人和被授勳人站立在主席臺上，授勳一方的政府高級官

員、被授勳者的隨行人員以及其他外國使節在來賓席就座。由儀仗隊護衛兩國國旗和勳章，在軍樂聲中進入授勳大廳，將兩國國旗豎立於主席臺兩側，樂隊奏兩國國歌；授勳人致辭，並宣讀授勳決定，隨即將勳章佩掛在被授勳人胸前，再遞給勳章證書；最後由被授勳人致答詞。

國家與地方政府授予勳章的對象為同一人時，地方政府舉行授勳儀式的規格、規模等，均不得高於國家授勳儀式的標準。

[思考題]

1. 宴請者在舉辦宴會時應做哪些方面的準備工作？
2. 赴宴者的禮儀要求有哪些？
3. 簡述參加舞會應遵循的禮儀要求。
4. 簡述新式婚禮的禮儀程序。
5. 簡述開業典禮的程序。
6. 舉行簽字儀式要做哪些準備工作？

第六章 語言禮儀

第一節　語言禮儀概述

　　語言是一種符號。魯迅先生曾說：「語言有三美，意美的感心，一也；音美的感官，二也；形美的感目，三也。」簡潔的「三美」點出了語言和諧的要義。語言按其表達的方式，可分為四大類：一是有聲語言（即言語）；二是書面語言；三是無聲語言；四是類語言。語言禮儀是指語言應具有的禮儀規範。其目的是通過傳遞尊重、友善、平等的信息，給對方以美的感受，進而影響對方接受傳遞者的觀點、信念，使利益關係在相互理解、協調、適應的過程中得以實現，從而完善個人形象和組織形象。

一、語言禮儀的特性

（一）情感性
　　在日常的交往溝通中，情感是語言禮儀傳遞的重要內容之一，同時，語言禮儀也是表現情感的載體之一。語言禮儀的情感性具體表現在：
　　（1）語言情感的符號表現。語言中有許多與人的情感相聯繫的明顯的語言符號。語詞一般分為褒義、貶義、中性三類。在交往活動中，應多用富有感情色彩的褒義詞，少用中性詞，避免使用貶義詞。語言禮儀中的禮貌語，是最明顯的情感性語言符號；而體態語則是情感性的外在表現，它往往和禮貌語結合在一起使用。它們不僅從視覺、聽覺角度表示所固有的理性意義，同時也傳遞豐富細膩的情感，從而維

繫良好的人際關係。

（2）語言情感的語音表現。語言情感的語音表現主要集中在有聲語言上，正所謂以聲傳意，以聲傳情。丹納在《藝術哲學》中曾說：「人的喜怒哀樂，一切騷擾不寧、起伏不定的情緒，連最微妙的波動，最隱蔽的心情，都能由聲音直接表達出來，而表達的有力、細緻、正確，都無與倫比。」這說明，語言在表意的同時，既包含內在的思想感情的色彩，又展示外在的高低、強弱、快慢、虛實的語音形式。一句話，就是說話人通過語音形式的變化，來表達豐富的情感。

語言禮儀表達中的情感必須適度，否則會影響傳播的效果。要把握好情感表達的度，必須掌握好與理性信息內容相適應的情感程度，選擇對方易於接受的情感表達方式，並注意讓情感表達得自然、得體。

（二）規範性

語言禮儀的規範性是指在表達時特有的要求。這具體表現在：

（1）必須適合語境。語言表達時所處的具體環境，稱為語境。它既包括時代、社會、地域、文化等宏觀語境，又有溝通雙方當時所處地位、環境等微觀語境。在語言傳播中，溝通雙方所要表達的內容必須符合自己的身分地位，瞭解彼此的社會背景、文化傳統以及個人經歷和性格等因素，選用相應的語言表達方式，努力使內容和形式相統一，求得最佳的表達效果。根據語境，區分必須說的話、允許說的話和禁止說的話。語言禮儀主要使用必須說的話，輔以允許說的話，杜絕禁止說的話。

（2）必須遵循規範。語言表達時的規範包括語音、詞彙、語法、修辭等方面的運用法則，以及聲調、態勢語方面的規則。

（三）暗示性

所謂暗示，是一種信號化的刺激。暗，含有隱蔽、含蓄、不公開的語義；示，有啟示、告知、影響的意思。暗示，意即隱蔽地給人以啟示。由於語言形式的多樣，且涉及面較為廣泛，因而使用時要善於運用不同的暗示方法。如用委婉語言暗示法和非自然語言暗示法來表現明顯的含蓄的特點，靠接受者自己意會體驗。同時，非自然語言是在不知不覺中進行的，並帶有相當程度的可靠性。

（四）形象性和感染性

這個特性主要體現在無聲語言上。人們通過體態、表情、動作等所表達的心意、情感是十分形象的。由於它的生動具體性，往往更能體現人們的心態，更具感染力。比如人悲痛到極點時欲哭無淚的神情

語言禮儀

讓人過目難忘，親人久別重逢時熱烈的擁抱震撼人心。在許多場合和情境中，人們常常會因詞彙的貧乏而不能充分表達自己的心意而感到遺憾，此時，若借助自己的形體語言來表達則能收到良好的效果。人們常說的「此時無聲勝有聲」的氛圍，大多就是由形體語言傳遞產生的效應。

二、語言禮儀的表達方法

語言禮儀是通過優化語言來增強表達效果的。其具體方式可因人、因事、因地而異。一般說來，語言禮儀的主要表達方式有以下幾種：

（一）幽默法

幽默法是以詼諧、愉悅的方式來傳播信息的。幽默與諷刺、否定性的滑稽等的最大不同就在於它所持的溫和與寬容的態度。正如恩格斯所說：「幽默是具有智慧、教養和道德上優越感的表現。」幽默法是語言禮儀的高級表現形式，它往往能潤飾並協調人際關係，緩解緊張氣氛。比如在公共場合，一個人踩了另一個人的腳後，沒有及時向對方致歉，被踩的人就可以用幽默的語言表示意見說：「對不起，是我的腳放得不是地方。」前者鑒於此，自然會向他道歉。

幽默法是在一定的語境下，通過語言的反常組合來實現的，即語言組合與人們的共識相違，完全超出人們預料的範圍。例如，有位顧客在一家飯店吃完飯後，對飯店服務員說：「你們的米飯真不錯，花樣繁多。」服務員顯得很驚愕：「不就是一種嗎？」這位顧客接著說：「不，有生的，有熟的，還有半生不熟的。」這位顧客採取先揚後抑的方式批評了飯店的工作，幽默感較強，而且極富情趣。

構成語言幽默意境的技法還有正話反說、偷換概念、別解等多種方式。不論以何種方法，都貴在機智、靈活、得體，使人聽、讀、看後，或驚喜交加，或啼笑皆非，或捧腹大笑，同時又回味無窮。這樣，可減少社交中不必要的摩擦。

（二）委婉法

委婉，本是一種修辭手法，也叫婉轉、避諱、婉曲。所謂委婉法，就是運用迂迴曲折的含蓄語言表達本意的方法。實踐證明，使用委婉的方法表達某種意思，常比直抒己見要婉轉、高雅。

有一次，中國的一位外交官應邀參加了一場舞會，舞會上與之跳舞的法國女郎突然問道：「請問先生，您是喜歡你們中國的小姐呢，還是喜歡我們法國的小姐？」這話問得突然、刁鑽。如果回答喜歡中國的小

姐，顯然不合適，不夠禮貌；如果回答喜歡法國的小姐又有違自尊。這位外交官微微一笑答道：「凡是喜歡我的小姐我都喜歡。」外交官在這裡靈活運用了劃分（所謂劃分，就是根據一定的標準，把一個屬概念劃分為幾個種概念）的技巧，把小姐分為「喜歡我的」和「不喜歡我的」，就這麼一變，既禮貌，又解決了難題，使交談得以繼續進行。

委婉法根據表達本意所需要的語言特點來劃分，一般可分為諱飾式、借用式和曲語式等多種。不論用何種方法，都是通過一定的措詞把話說得比較得體、文雅。

(三) 模糊法

模糊，是自然界中物體類別間的一種客觀性。這種客觀性，導致了人們認識的不確定性。在自然語言中所使用的詞有一部分是模糊詞。例如，漢語中的概數詞：上下、多少、左右等；副詞：剛才、馬上、永遠、曾經、最、非常、略微等；時間名詞：黃昏、拂曉、現在、過去等。所以，模糊性是語言的基本特徵之一。

所謂模糊法，是運用不確定的或不精確的語言進行交際的方法。實踐證明，在某種語言環境裡，「模糊觀念要比明晰觀念更富有表現力……在模糊中能夠產生知性和理性的各種活動」。

如宋玉在《登徒子好色賦》中用來描寫美人的幾句：「增之一分則太長，減之一分則太短，著粉則太白，施朱則太赤。」如果換成精確的語言來表達，精確倒是有了，但不會給人留下深刻的印象，而使用了模糊語言，則十分生動形象。

人們對客觀事物的認識不能一下子達到完全準確的境界，在一定的時期內，人們對某些客觀事物的認識或多或少地存在著模糊成分。這時，可以運用模糊語言做出具有彈性的回答，以增強語言的靈活性，給交際雙方都留下一個緩衝的餘地。如「在適當的時間去貴國訪問」「研究研究」「考慮考慮」等。

在交往中，對於一些刺激性或敏感性的話題，因實際情況不便於或不允許用精確詞語來表達時，常常用模糊法作答。例如，一外國記者在採訪時詢問某飛機生產廠的發動機年產量，這屬於機密，但若直接拒答則顯生硬。該廠總工程師非常巧妙地答道：「計劃下達多少，我們就生產多少。」這樣回答，在任何情況下都無懈可擊，可謂是出奇制勝，恰到好處。

根據英國語言學家坎伯蓀（R. M. Kempson）劃分語言模糊性的原理，模糊法可分為寬泛式、迴避式和選擇式等多種。不論用哪種方法，

都要注意語境。即便在事物本身具有不確定性或者人們認識模糊，或者實際情況不便於、不允許用精確詞語表述時，模糊語言也要力爭達到明朗或明確，力戒含混。

（四）暗示法

暗示法是一種通過語言、行為或其他符號把自己的意向傳遞給他人，並引起反應的方法。

例如，某公司一位職員嗜酒成性，常常因此影響公司業務，這使公司經理深感頭痛。怎樣才能有效地勸告這位職員少喝些酒呢？經理思慮再三，想出了一個辦法。一天，這位職員醉醺醺地來上班，發現辦公桌上有一張字條，上面寫有「7954」四個數字，落款是「××經理」，當時他百思不得其解。酒醒後，他醒悟到，經理是在提醒他：「吃酒誤事！」他很感激經理給他留了情面，沒有當眾斥責他。於是，他在字條上畫了一個「蟬」的圖形，並將字條交還給經理。經理見後，笑道：「孺子可教也！」原來職員是用「蟬」表示「知了——知道了」的意思。這種委婉的暗示，起到了良好的勸說作用，使職員以感激的心情接受了批評。

暗示法可以通過人（語言形式、手勢、表情）和情境（視覺符號、聲音符號）施授，根據授示者的不同，方法可分為點化式、引發式和圖像式等。

語言禮儀的表達方法有很多，限於篇幅，本書主要介紹這四種。在交往活動中，這些方法往往是交叉、組合使用的，只要運用得當，就可以產生良好的效果。

三、有聲語言和無聲語言之間的關係

有聲語言和無聲語言的關係大體上可以用橫縱軸構成的四個象限來表示，x、y軸正向均表示美善度，如圖6-1所示。

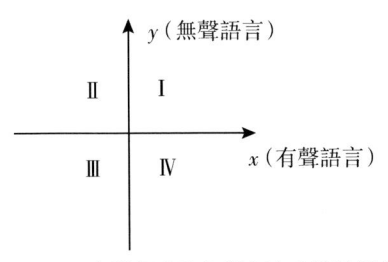

6-1　有聲語言和無聲語言之間的關係

第Ⅰ象限，兩者的關係既是正面的，也是「成正比例」的，也就是我們在人際交往中所追求的一種理想境界。

　　第Ⅱ象限，外觀形式上美善的無聲語言與相反意義的有聲語言並存。比如對對方蹺著拇指卻說著反語：「我佩服你的混帳做法！」

　　第Ⅲ象限，x、y軸的負向所轄區域，兩者均表示反面意義。如：以手掌心向下、中指伸直、食指和無名指略低、拇指和小指最低的褻瀆手勢（模擬龜形）配以咒罵語言。

　　第Ⅳ象限，有聲語言美善，無聲語言卻鄙俗。比如口頭上對孩子說：「我是為你好！」卻用食指惡狠狠地點其腦門。

　　無論是哪一象限，都在形象地向人們昭示：無聲語言與有聲語言關係甚密，不可忽略無聲語言的交際功能。人的有聲語言可能是假話，而無聲語言卻往往「正在說出真正的故事」。

第二節　有聲語言禮儀

　　有聲語言即自然語言，是發出聲音的口頭語言，一般具有依賴情景和隨意發揮的特點。因此，交際雙方應該隨時注意對方的反饋，以便調整自己的語言。

　　由於稱呼語、介紹語和電話語等在其他章節已有敘述，所以本節主要介紹禮貌語和交談中的禮儀。

　　一、禮貌語

　　禮貌語言的用途非常廣泛、內容十分豐富，可根據不同的情境，針對不同的對象靈活使用，既要彬彬有禮，又要不落俗套。全國推行的十字文明用語：「您好」「請」「謝謝」「對不起」「再見」，是必須掌握的常用語言。下面根據禮貌語表達的語意分別作一介紹。

　　（一）問候語

　　問候是風度，問候是關懷，問候是美好的祝願。一聲問候，不一定會帶來什麼具體的財富，但它卻能產生巨大的精神動力，讓人感知到親情與溫暖。和諧家庭從問候開始，和諧中國從問候開始，和諧世界從問候開始。人們日常見面時，問候寒暄的方式主要有兩種：一種是言語招呼，另一種是非言語招呼，如見面時注目微笑、點頭鞠躬、舉手示意等。

問候不能千篇一律，應該根據不同場合、不同時間、不同對象有所變化。

比較通用的問候語有：「你（您）好」「你（您）早」「早上好」「早安」「上午好」「下午好」「晚上好」「晚安」等。與外國人初次見面，如講英語，應用「How do you do?」（你好）為宜。假如雙方比較熟悉，重逢時可用「How are you?」（你好嗎?），而被問的一方可回答：「Fine, thank you. And you?」（很好，謝謝你。你好嗎?）如果是經常見面的同事、朋友，只應酬一句「Good morning!」或「Good afternoon!」或「Good evening!」即可。

（二）請托語

請托語，是指向別人提出請求的話語。

常用的請托語有：「請」「有勞您（你）」「勞駕」「拜托」「借光」「煩勞」「賞光」「鼎力」「俯就」「勞您費心」等。英語國家一般用「對不起」（Excuse me）；日本則用「請多關照」「拜托您了」。

向別人提出請求時，應「請」字當先，而且語氣誠懇，不要低聲下氣，更不要居高臨下，還要注意把握恰當的表達時機。

（三）致謝語

致謝語，是指對他人的好意或幫助表示感謝的語言。

常用的致謝語有：「謝謝」「多謝」「非常感謝」「十分感謝」「麻煩您了」「有勞你了」「難為你了」「勞您費心了」等。

（四）致歉語

致歉語，是指向他人表示歉意的話語。

常用的致歉語有：「對不起」「請原諒」「很抱歉」「打擾了」「真過意不去」「失禮了」「對不起，讓您久等了」等。

真誠的致歉，可以化解矛盾，修合裂痕；消除內疚，解除難堪；贏得友誼，取得諒解；得到敬重，獲得威信。

（五）禮贊語

禮贊語，是稱贊他人的語言。

在交往中，要善於發現、欣賞別人的優點，並且真誠地稱贊，達到「雪中送炭」的效果，從而縮短雙方的心理距離。

常用的禮贊語有：「很好」「太好了」「很不錯」「美極了」「好極了」「太棒了」「您真了不起」「這太出色了」等。

贊美還可以用反語來表達。反語贊美似貶實褒，更能調動對方的情緒。但一般說來，反語的接受對象應有較好的語言理解能力和欣賞

能力，或與贊美人之間有著相對穩定的關係，以避免弄巧成拙。

（六）委婉語

委婉語，指在講話時不直接說明本意，而是用婉轉的詞語加以暗示，使他人意會的語言。

委婉語的作用不可低估。它可減少刺激性，避免使對方難堪，或使自己說話留有餘地，免於被動。得體的委婉語，能表明你的善意和對客人的尊重，更體現你的語言素養及文明高雅的風度。

常見的委婉語有：把「懷孕」說成「有喜了」「有了」「身子重了」；把「月經」說成「月事」「例假」；把「錢」說成「孔方兄」；把「經商做買賣」說成「下海」；把「發了財」「出了名」說成「大款」「大腕」；把「瘸子」說成「行動不便」；把「瞎子」說成「盲人」；把「結巴」說成「口吃」；把「茅房」「廁所」說成「洗手間」；把「豬肝」說成「豬潤」；把「豬血」「雞血」說成「豬紅」「雞紅」；把「殺雞」「殺鴨」說成「用雞」「用鴨」；等等。

委婉選詞用語，常見的有修辭方式、從側面說出方式、提示思考方式等，但一般以同義替代方式居多。漢語詞彙豐富，同一個意思可選用不同的詞表達。比如：「死」，在古代，天子死稱「崩」，諸侯死稱「薨」，大夫死稱「卒」，士死稱「不祿」，庶人死稱「死」。恩格斯在《在馬克思墓前的講話》一文中，連用「睡著了」「永遠地睡著了」表達對馬克思逝世的沉痛之情。在現代，關於死亡有多種說法：下世、去世、逝世、棄世、辭世、仙逝、謝世、故去、亡故、身故、作古、見背（指長輩去世）、斷氣、咽氣、見馬克思、見上帝、上西天、心臟停止了跳動、坐化（和尚死）、圓寂（和尚死）、涅槃（佛教用語，用作「死」的代稱）等。

（七）謙讓語

謙讓語，也稱「謙語」「謙辭」。它是向人表示謙恭或自謙的語言。

常用的謙辭有「家」「舍」等。「家」字一族：用於對別人稱自己的輩分高或年紀大的親戚，如家父、家母、家兄等；「舍」字一族：用於對別人稱自己的輩分低或年紀小的親戚，如舍弟、舍侄等；「小」字一族：用於謙稱自己或與自己有關的人或事物，如小弟、小兒等；「愚」字一族：用於自稱的謙稱，如愚兄、愚見等；「拙」字一族：用於對別人稱自己的東西，如拙筆、拙著、拙作、拙見等；「敝、鄙」字一族：用於謙稱自己或跟自己有關的事物，如敝人、鄙人、敝姓、敝處等。

常用的謙讓語除謙稱外，還有：「請用餐」「請喝茶」「請指教」「請多多關照」「請留步」等。

（八）安慰語

安慰語，指對別人進行安慰的語言。

常用的安慰語有：「請您稍候」「讓您久等了」「讓您受累了」「您辛苦了」「請保重」「不必擔心，我們會料理的」等。

（九）徵詢語

交往中，接待者經常地、適當地使用徵詢性用語，會使被接待者感覺到受尊重的程度。

常用的徵詢語有：「您有什麼事嗎？」「您喜歡……嗎？」「您需要……嗎？」「我能為您效勞嗎？」「我能為您做點兒什麼嗎？」「您還有什麼別的事情嗎？」「您不介意的話，我可以看一看嗎？」「我可以進來嗎？」「……您介意嗎？」等。

（十）祝賀語

祝賀語，指對別人進行祝賀的語言。

一般祝賀語有：「恭喜恭喜」「祝賀您的成功」等，應者以「同喜同喜」或「謝謝」表示回應。

節日祝頌語有：「祝您節日愉快」「祝您聖誕快樂」「新年快樂」等。

生日、婚慶祝賀：若是平輩生日，可祝「生日快樂」「心想事成」，對壽星則可說「壽比南山」「福如東海」，而婚慶應說「白頭偕老」「共浴愛河」等。

祝願語有：「祝你好運」「祝你成功」「祝你幸福」「祝你健康」等。

（十一）告別語

告別語，指向人道別時所說的致謝、道歉等話語。常見的告別語有：「再見」「祝您一路平安，旅途愉快」「一路順風」「歡迎再次光臨」「希望以後多多聯繫」「非常感謝您的光臨，再見」「保重」「路上小心」「後會有期」等。應根據離別的不同去向、環境使用恰如其分的告別語。

（十二）其他禮貌語詞

常用的敬辭有：「令」，用在名詞或形容詞前表示對於對方親屬的尊敬，有「美好」的意思；「賢」，稱呼對方，多用於平輩或晚輩；「惠」「垂」，用於對方對自己的行動，如惠顧、垂念等；「賜」，指所受的禮物，如賜復等；「高」「華」「貴」，稱與對方有關的事物，如高足、高就、華翰、華誕、貴恙等。

初次見面說「久仰」，久未聯繫說「久違」，等候客人說「恭候」，客人到來說「光臨」，看望別人說「拜訪」或「拜望」，陪伴朋友說「奉陪」，起身離開說「告辭」，中途先走說「失陪」，請人批評說「指教」，請人指教說「賜教」，請人指正說「雅正」，請人改文章說「斧正」，贊人見解說「高見」或「高論」，詢問年齡用「貴庚」（對老人用「高壽」「高齡」），問人姓氏用「貴姓」，責備自己禮數不周說「失敬」，沒有親自迎接客人說「失迎」，歸還原物說「奉還」，請人諒解說「包涵」，請人擔職用「屈就」，暫時充任說「承乏」等。

二、交談

（一）交談技巧

（1）自我介紹。能夠主動地把自己的情況較全面地介紹給對方，使對方從你的自我介紹中瞭解到你的工作、交談的目的和要瞭解的主要問題。

（2）巧找話題。我們在與陌生人見面寒暄之後，常會出現短暫的冷場，這就需要找話題。有人說，交談必須具備沒話找話的本領，這是很有道理的。談話的話題，就好像文章的開頭，有了好的開頭，寫起來往往會文思泉湧，一氣呵成。同樣，交談有了好的話題，能使談話順利展開，步步深入。好話題是初步交談的媒介、深入細談的基礎、縱情暢談的開端。好話題的標準應是：至少有一方熟悉，能談；對方感興趣，愛談；有展開探討的餘地，好談。尋找話題的方法很多，如即興引入、投石問路、循趣入題等。

（3）機智安排。人們常把「對什麼人說什麼話」作為交談成功的秘訣。要想使一次重要的交談成功，必須瞭解對方的職業、文化水準、語言表達能力和思維方式，只有全面地掌握了這些，才能選擇與人交談的最佳方法。另外，交談開始時要保持冷靜，仔細觀察對方的面部表情，分析其當時的心境。聽對方講話時，要能判斷出對方的文化水準、表達能力、思維方式如何，只有確定這些，才能進一步明確交談的方式和內容。如果和一個思維方式比較混亂的人交談，就要採用引導的方法經常提示一下對方，以使他的講話不會離題太遠。

（二）交談禮儀

交談往往體現一個人的修養，愉快的交談不僅是語言的流露，也是禮節的顯現。因此，與人交談時應注意文明禮貌。社交場合中交談的禮節要求，可以從以下一些方面把握：

語言禮儀

（1）談話的態度要誠懇、自然、大方，言語要和藹親切、表達得體。談話時雙方要互相正視、互相傾聽、精力集中，不能東張西望和兼做其他事情，也不要做一些小動作，如玩弄指甲、擺弄衣角、搔癢、抓頭皮等，這樣做不僅失禮，而且也使自身顯得猥瑣。談話中打哈欠、伸懶腰或不等人說完話視線和注意力就轉移等，都是不禮貌的。

（2）要注意聆聽對方談話，以耐心、鼓勵的目光讓對方把話說完，自己則通過適當的眼神、語氣詞和體語來烘托氣氛。對方在講話時不要輕易打斷或插話，否則就是不禮貌的。如果因未聽明白或需瞭解情況而必須插話時，應先徵得對方同意，如「請等等，讓我插一句」「請允許我打斷一下」「請讓我提個問題，好嗎」，這樣可以使對方感到你對他的尊重，避免產生誤解。話沒聽明白就下結論，或在違背對方意願的情況下發表你的意見，都是粗魯無禮的，常常會引起爭執並導致不歡而散。

（3）對長輩、師長、上級說話，要注意用相宜的禮貌語，在表示尊重的同時，保持人格平等；對下級、晚輩、學生則要注意平等待人和平易近人。男女之間的談話要注意文明，對不熟悉的異性不能開過分的玩笑。在公共場合說話要輕柔，幽默不可過度，也不能旁若無人地高談闊論，大聲說笑。

（4）談話時不可用手指指人，做手勢時幅度不可過大，因為指手畫腳也是失禮的。與人談話絕不可以尖酸刻薄，不可以喋喋不休，也不能一言不發，否則會使人對你敬而遠之。

（5）如果你同時和幾個人在談話，一定不要把注意力只集中在你感興趣的一兩個人身上，要照顧到在場的每一個人，冷落了任何一個人都是失禮的。傾聽別人談話時除注意正在說話的人以外，目光也要適當照應一下其他人，交換一下目光。要盡量啟發不愛說話的人開口說話，啟發時盡量不要用提問的方式，這樣會使其更難開口。

（6）談話中碰到意見不一致時，應保持冷靜，或一笑了之，或迴避話題。如果是一件非說清楚不可的事，一般應在肯定對方意見中正確的部分或替對方找出客觀理由以後，用委婉或商量的口氣說清楚。

（7）一般男性不要插入女士圈內談話，也不要與女士長時間攀談或耳語而引起別人側目。

（8）不可出言不遜、強詞奪理，不可揭人短處，不可談人隱私，不可背後議論人。

第三節　無聲語言禮儀

　　無聲語言是借助非有聲語言來傳遞、表達感情，參與交際活動的一種不出聲的伴隨語言。它可分為默語和體語兩大類。默語是話語中短暫的停頓或沉默，書面形式用省略號表示；體語即人體語言的簡稱，它以人的動作、表情、界域和服飾等來傳遞信息，又稱態勢語、身勢語、體態語、動作語言和非語言交際等。如表6-1所示。

表6-1　　　　　　　無聲語言的分類

無聲語言	體語	動態體語	肢體語	首語
				手勢語
			表情語	目光語
				微笑語
		靜態體語		姿勢語
				界域語
			服飾語	服裝語
				飾品語

一、默語

　　默語既可以是無言的贊許，也可以是無聲的抗議；既可以是欣然默認，也可以是保留己見；既可以是威嚴的震懾，也可以是心虛的無言；既可以是毫無主見、附和眾議的表示，也可以是決心已定，不達目的決不罷休的標誌。當然，在一定的語境中，默語的語意是明確的。默語時間的長短，直接影響話語的交際效果。當行則行，當止則止，必須予以控制，才能恰到好處地發揮默語的作用，並產生「此時無聲勝有聲」的最佳效果。

二、首語

　　首語是通過頭部活動來傳遞信息的，包括點頭語和搖頭語。一般來說，點頭表示肯定，也可以表示致意、感謝、理解、順從等意思；搖頭則表示否定，還可以表示對抗、高傲的意思。

　　首語有時是伴隨著同義的有聲語言出現的，有時則替代同義的有

聲語言。然而，首語卻因文化和環境的差異而具有不同的表現形式。如保加利亞和印度的某些地方，他們的首語是「點頭不算搖頭算」，其形式恰好與常規相反。但不論表現形式怎樣，首語的動作幅度都不應過大，而應該優雅得體。

三、手勢語

手勢語是通過手和手指活動傳遞信息的。它包括握手、招手、搖手和手指動作等。根據手勢語意來劃分，可分為四類：表達講話者的情感，使其形象化、具體化的手勢叫「情意手勢」；指示具體對象的手勢叫「指示手勢」；用來摹形狀物，給人一種具體感覺的手勢叫「象形手勢」；表示抽象意義的手勢叫「象徵手勢」。

雙手緊絞在一起，顯示的意義是精神緊張；雙手指尖相合形成「教堂塔尖」形，顯示的意義是充滿自信；用手指或筆敲打桌面，或者在紙上亂畫，顯示的意義是不耐煩或無興趣；搓手，顯示的意義是有所期待或躍躍欲試；攤開雙手，顯示的意義是真誠和坦誠；將手放在臉頰邊，顯示的意義是懷疑或表示願意合作；把手插入口袋，顯示的意義是不信任；捏弄拇指，顯示的意義是心中緊張、缺乏自信；脫下帽子，用手將頭髮往後一掠，抓抓後腦勺，顯示的意義是急於把事辦成；等等。

握手的含義及禮儀要求，詳見本書第三章第三節。

用手勢表達「請」的意思，或介紹某人某物或指示方向時，手指自然並攏，掌心向上，以肘關節為軸，指示方向，上身稍向前傾，以示敬重；而表示再見時，一般人習慣揮手，也可將右手手指自然並攏，掌心面對客人，手指與耳部平齊，左右擺動。

各國的文化習俗不同，所使用手勢的含義也各不相同。

手指動作，如用拇指和食指合成一個圓圈，其餘三指自然伸張，在美國表示「OK」，有讚揚和允許之意；在法國一些地方，有時可解釋為「毫無價值」；在日本可以代表「金錢」；在中國則表示「零」；而在拉丁美洲又成了一種下流的動作。

「V」字形手勢，即伸直食指與中指做「V」字形狀，手心向外，美、英等國用此表示「勝利」「成功」；在中國則用此表示數字「二」。

在不少國家，常用蹺起拇指表示誇獎，用左手的小指表示藐視；而日本人通常用拇指表示「老爺子」，用小指表示「情人」。在英國、美國、澳大利亞、新西蘭等國，蹺拇指是攔車要求搭乘的手勢；在希

臘，如果突然蹺起拇指，意思是要對方「滾蛋」。

　　在中國，伸出右手，將手心朝下和人打招呼，是請人過來，但在英國是表示「再見」。如果他們要招呼他人過來，則是手心朝上招手，而在日本做這個動作也許會遭人白眼，因為日本人以此手勢召喚狗。在中東各國做客，叫人時輕輕拍手，對方即會意而來。在非洲的不少國家，叫服務員通常是以敲打桌子為信號，否則服務員是不會理睬你的。所以，要想有效發揮手勢語的交際作用，就得瞭解、熟悉交際對象和環境的文化特性。

　　四、目光語

　　由於目光語在交際中是通過視線接觸來傳遞信息的，所以也稱之為眼神。目光語主要由視線接觸的時間長短、視線接觸的方向以及瞳孔的變化等三個方面組成。

　　在不同場合、不同情況下，目光表達的意思亦有所不同。見面時，不論是熟人還是初次見面之人，尤其是向對方問候、致意、祝賀時，都應面帶微笑，用炯炯有神的目光註視對方，以示尊敬和禮貌。在交談中，應經常與對方目光保持接觸，長時間迴避對方目光而左顧右盼，是對對方不感興趣的表現；長時間地凝視、直視或上下打量對方，則是失禮的行為。

　　雙方從不同的方向接觸視線，有不同的語意。說話人的視線往下接觸（即俯視），一般含有「愛護、寬容」的語意；視線平行接觸（即正視），一般多為「理性、平等」的語意；視線朝上接觸（即仰視），一般體現「尊敬、期待」的語意；視線斜行，則有表示「懷疑、疑問」的意思。

　　瞳孔的變化，即視覺接觸時瞳孔的放大或縮小。美國心理學家赫斯經過長期研究得出如下結論：瞳孔的收縮與放大，既與光線刺激的強弱有關，也與心理活動機制有關，而且瞳孔的變化是無法自覺地和有意識地加以控制的。因此，瞳孔的變化如實地反應了大腦正在進行的活動，是折射興趣、偏好、動機、態度、情感和情緒等心理活動的高度靈敏的顯像屏幕。當人們看到有趣的或心中喜愛的東西時，瞳孔就會擴大；而看到不喜歡的或厭惡的東西時，瞳孔則會縮小。

　　目光凝視區域是指人的目光所落定的位置。一般劃分為三種情況：
　　（1）公務凝視區域。這是人們在洽談業務、磋商問題和貿易談判時目光所投向的區域，即以兩眼為底線、額中為頂角形成的三角區。

如洽談業務時，你註視對方的這個區域，就會顯得嚴肅認真，對方也會覺得你有誠意。在交談過程中，如果你的目光總是盯在這個三角區，那麼你就有把握爭取到談話的主動權和控制權。因此，這種凝視在商務活動和外交活動中經常使用。

（2）社交凝視區域。這是指在社交場所，與人交談時目光所投向的區域，即以兩眼為上線、唇心為下頂角所形成的倒三角區。當你與人談話凝視對方這個部位時，能給人一種平等、輕鬆感，從而創造出一種良好的社交氣氛。一般在雞尾酒會、茶會、舞會和各種類型的友誼聚會上，較適宜用這種凝視。

（3）親密凝視區域。親密凝視是親人之間、戀人之間、家庭成員之間使用的一種凝視，其區域是從雙眼到胸部之間。這種凝視往往帶著親昵愛戀的感情色彩，所以非親密關係的人不應使用這種凝視，以免引起誤解。

在交際中，相互尊重的目光語是通過目光的正視來表達的，正視會使人感到你的自信和坦率。談話時，將視線停留在對方雙肩和頭頂所構成的一個正方形的區域內，可顯示你態度的真誠。

五、微笑語

微笑語是通過不出聲的笑來傳遞信息的。微笑是由從嘴角往上牽動顴骨肌和環繞眼睛的括紋肌的運動所組成的，並且左右臉是對稱的。

微笑語在人類各種文化中傳遞的意思是基本相同的，是真正的「世界語言」。微笑對自身而言，表示心情愉快；對他人而言，則表示尊重和善意。你向對方微笑，對方也報以微笑。他用微笑告訴你：你讓他體驗到了幸福感，因為你的微笑增強了他的自信。換言之，是你的微笑使他感到了自己的價值。於是，有人把微笑這一體語比喻為交際中的「貨幣」，人人都能付出，人人也樂於接受。

在交往中，微笑具有強化有聲語言溝通的功能，可增進友誼和交流；微笑還能與其他體語相結合，代替有聲語言的溝通，如在接見眾多賓客時，只要邊微笑邊招手，也具有「歡迎您光臨」的作用，同樣會使客人感到你的熱情、有禮。在交談中，碰到不易接受的問題時，邊微笑邊搖頭，委婉謝絕，也不會使人感到難堪。

微笑時應目光柔和、神情友善、愉悅、自然、真摯。切不可假笑、皮笑肉不笑或輕浮地嬉笑，這不僅不會使人產生美感，反而令人厭惡和不適。

六、界域語

　　界域語是交際者之間利用空間距離所傳遞的信息。它在交際中的作用分別體現在位置界域和界域距離兩個方面。

　　大量研究結果表明，對於這個「範圍」每個人都像保護自己的私有財產一樣保護它。在社交中，你是個受歡迎的人還是個惹人討厭的人，主要看你如何尊重他人的空間及處置屬於自己的空間。

（一）位置界域

　　它是指社交雙方所處位置的角度，或平行或相對或成交角。如圖6-2所示。

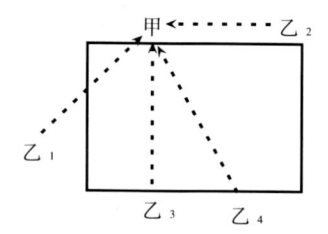

圖6-2　位置界域

　　甲與乙談話，乙可以用四種不同的位置對之。相對於甲來說，乙$_1$是社交位置，也是一種最策略、最巧妙的選擇，體現了一種誠摯、友善的社交氛圍，且有安全感、方便感。當需要保持距離時，所切三角可起屏障作用；如交談有進展時，還可隨時調整距離。乙$_2$是友好位置，體現了一種平起平坐的親和、信賴的交談氛圍，最有益於顯示雙方親密、平等、合作的關係，適於領導與員工間的交談，以及徵求消費者意見等場合。乙$_3$是競爭位置，同對方隔桌相望而坐，有一種戒備、防範性的感覺，一般用於會談、談判。乙$_4$是公共位置，一般為雙方無直接溝通需要的座位，如在飯店、圖書館等處，多是這樣擇位而坐。如有雅興，彼此亦可展開一些隨意性的交談。

　　以上只是從靜態加以分析的。社交中的位置界域及選擇要複雜得多，然而理解位置界域的個中道理，有助於我們在社交中選擇適當的位置，創造理想的社交氛圍。

（二）界域距離

　　它是指交際雙方之間的空間距離及所體現的意義。美國西北大學人類學教授愛德華·T.赫爾博士在研究人類對自己獨有空間的需求

時，同時發現了四個界域區，並在《無聲的語言》中加以定義，即親熱界域、個人界域、社交界域、大眾界域。

（1）親熱界域。一般在 15 厘米以內，語意為「熱烈、親密」，只適宜於至愛親朋之間或外交場合的迎賓擁抱、接吻等。而在其他社交場合，保持此種距離，非但不受歡迎，甚至會因侵犯了他人空間而遭譴責和抗議。

（2）個人界域。它的距離間隔在 15～75 厘米，語意為「親切、友好」。這個距離為偶然相遇的人提供了隱蔽處，也是一般熟人交往的空間，在社交領域往往適用於簡要會晤、促膝談心或握手等。

（3）社交界域。其距離間隔在 75～210 厘米，語意為「嚴肅、莊重」。在社交領域中，它主要適宜於與用戶談生意、接見來訪者、企業之間的談判等。社交界域體現了一種較為正式的非私人交往關係，雙方情感滲透很少。

（4）大眾界域。它的距離在 210 厘米以外，這是人們在較大的公共場合內所應保持的距離間隔，比如做報告、發表學術性演講等。因其空間大，所以在這個界域裡並無特殊的心理聯繫及特定的語意。在這個界域裡，人們可以「視而不見」，不發生任何交往。

由於文化、習俗的影響，同一界域應保持的距離也不盡相同甚至相距懸殊。但是，界域及其相應的距離是客觀要求的。因此，在交往接觸之前，必須瞭解雙方的界域習慣，恰當地加以運用，從而使交往者處於一種和諧、協調的心理氛圍。當別人侵犯了自己的界域時，應慎重處之，以禮相待；當我們因不慎（應盡量避免）而侵犯了別人的空間範圍時，應立即表示歉意，說聲「對不起」「請原諒」，這樣有助於緩解或消除緊張情緒和不快。

由於服飾、儀態等的禮儀要求在前面已有敘述，這裡不再贅述。

七、讀解無聲語

（一）綜合觀察基礎上的讀解

在許多情況下，人在產生某種思想意識的時候，身體的許多部分常常會採取「集體行動」，從不同角度、不同方面傳達一種共同的信息。體態語在這一點上和口語、書面語有相似之處。在一定的語境裡，單個的動作如單個的詞一樣，有時候也能獨立地傳達一種信息，表示一種意思。但在更多的時候，它必須把單個的動作組合成「句」，才能表達出完整的意義。

（二）結合社會文化背景和具體語境特點來讀解

人的動作、神態，因不同的文化背景、不同的國家和不同的性別，常會表示不同的意義。如凝眸對視這個動作，在美國人看來是關係密切的表示，英國人則把它視為一種禮貌，而我們中國人卻不習慣如此。

動作語言所表示的意義還可以因地、因時、因人、因境而有所變化。如眼睛不敢直視對方可能是有什麼事要瞞著對方，但也可能是害羞、腼腆。

因此，我們在讀解無聲語言時，不能把任何的動作表情、姿勢看得太絕對，必須結合具體的人、具體的情境、具體的文化背景去觀察、理解和判斷。

第四節　類語言禮儀

類語言是交際過程中一種有聲但沒有固定語義的語言。類語言一般包括兩大部分：聲音要素和功能性發聲。聲音要素涉及音調、音量、音速和音質；功能性發聲包括哭、笑、哼、嘆息等。類語言能表達語言本身不能表達的意思，不是話語卻勝似說話，被社會心理學家稱為「表達感情的無聲密碼」。在交往中，常使用的類語言形式有：說話時的語調和重讀、笑聲和掌聲。

一、語調和重讀

語調柔和一般表示坦率和友善；語調顫抖除身體感到冷外還表示激動；語調低沉、厚重表示同情和悲哀；陰陽怪氣的語調表示冷嘲熱諷；鼻音哼聲使人感覺傲慢、冷漠、鄙視和缺乏誠意。這些都是交往中應避免的。

俗話說，聽話聽聲，鑼鼓聽音。這就是說我們在交際中，不僅要聽對方究竟說了些什麼話語，還要聽他是怎樣說的，以及他說話時聲音的高低、強弱、起伏、節奏、音域、轉折、速度等，這樣才可能真正把握說話者的情緒和意思。

重讀是根據語意需要，使用在特別要強調的語句或語詞上的，以起到加強表達效果的作用。

二、笑聲

笑聲是通過出聲的笑所表示的語言。和微笑一樣，它也是通過臉

部肌肉的運動來實現的，但笑聲表達的情感複雜，語意不固定。笑聲可分為開懷的笑、爽朗的笑、傻笑、苦笑、冷笑、獰笑、皮笑肉不笑等。而且同一形式的笑聲，表達的意思也有不同。

如哈哈大笑，有時可能是表示一種高興、贊許的思想感情，有時則可能是一種不祥之兆；含著淚笑，既可能是激動時的一種表情，又可能是有苦難言的一種流露。

笑聲是交際過程中離不開的輔助語言。當碰到比較尷尬的場面時，可以用笑聲來緩和僵局，改善交際氛圍；有時也可用笑聲來體現委婉的拒絕，不至於讓對方太難堪。

總而言之，要注重場合和情境，巧妙地運用笑聲，以加強表達效果。

三、掌聲

當領導來視察時，人們起身鼓掌表示歡迎；當演講者說到某一精彩之處時，聽眾以掌聲表示贊許、認同和感謝；當友人相聚在一起邊鼓掌邊唱歌時，表示的是歡樂、愉快和高興。而這些都是掌聲的一般語意。

在交際過程中，人們擴展了掌聲所表達的含義，有時用持續時間較長的掌聲來表示一種禮貌的否定和拒絕。

［思考題］

1. 語言禮儀的表達方法有哪些？
2. 十字文明用語是什麼？
3. 簡述無聲語言的分類。
4. 簡述手勢語及其分類。

第七章

禮儀文書

禮儀文書是指在禮儀場合中所使用的應用文體的總稱。它具有使用範圍廣、針對性強、禮儀周全、能表達真情實意等特點。因此，瞭解和掌握禮儀文書的寫作是非常必要的。

第一節　禮儀信函

一、信函概述

信，就是借助文字以互通信息；函，本義是信的封套，後也用函代指信件。信函可指信件。

（一）信封格式和寫法

信封格式有橫式和豎式兩種。橫式行序由上至下，字序由左至右；豎式行序由右至左，字序由上而下。目前中國用的都是標準信封，專門印有郵政編碼空格，並以橫式為準，便於郵局檢索。

橫式信封上的內容包括收信人的郵政編碼、詳細地址、姓名；寄信人的詳細地址、寄信人姓名及郵政編碼等。書寫時要字跡清楚、工整。無論是橫式信封，還是豎式信封，收信人的姓名均在信封的中間，字體要稍大些，以示對收信人的尊重。至於姓名後面是否加稱呼及收、啓、鑒之類的詞，要視收信人的具體情況而定。為了禮貌，姓名的後面最好加上先生、女士、同志等稱呼。值得注意的是：信封上的稱呼和信內的稱呼不一樣，信內的稱呼是寫給收信人看的，信封上的稱呼則

是給郵遞員看的。因此,信封上切忌出現「×××父親大人」「×××兒收」等字樣。

海外信函的信封正面,收信人名址居中書寫,第一行寫收信人的姓名,第二行寫門牌號和街道名,第三行寫城市名和郵政編碼,最後一行寫國名。可以各行開頭對齊,也可以每行往右後縮5個字母。寄件人名址寫在信封正面左上角或信封背面上半部,順序與收件人名址相同。

(二) 內容和寫法

信的內容一般有以下幾個部分:

信頭,是英文信中特有的。它包括發信人地址和寫信日期,其位置在信紙的左上角,其順序為:地址在上,日期(月、日、年)在下,但不要寫發信人姓名。此外,還要在信紙的左上角低於發信人的地址、日期一至二行,寫上收信人的姓名和地址。

國內信件無信頭,只有稱呼。親戚、長輩按親緣、輩分稱呼,同學、朋友可稱名字;可加「尊敬的」「親愛的」等修飾語,亦可以「先生」「老師」綴後;頂格書寫,中文信稱呼後用冒號,英文則用逗號或冒號;中文信稱呼後還可以寫「您(你)好!」英文信則不寫。

啓詞,就是開場白。或寒暄問候,或提示寫信原委。

正文,是書信的主體。可以根據對象和闡述內容的性質,採取輕鬆詼諧的文筆或莊重、情深的風格。為尊重對方,一般先談有關對方或對方所關心的人、事、物,然後再述自己的事情。

結束語,指書信結尾時,對收信人表示祝頌、欽佩或勉慰的短語。如「此致敬禮」「祝一帆風順」等;對知識界朋友,可用「文祺」「編安」等祝頌語。一般的書寫規格是,「此致」「祝」等詞緊接著正文末尾書寫,「敬禮」「編安」等另起一行頂格寫。

英文信結束語可用「您的真誠的」(Yours sincerely)等短語,這些短語後需加逗號,書寫規則是在簽名之上五行。

署名,就是在結束語的右下方簽署寫信人的姓名。如是寫給熟悉的親友,可只寫名,或在名前加上自己的稱呼。署名的後面可酌加啓稟詞,如對尊長用「印」「奉」「拜上」;對同輩用「謹啓」「上」;對後生、晚輩則可用「字」「白」「諭」。

一般將寫信日期寫在署名或啓稟詞的後面,或寫在下一行的右下方。

附註及附件。附註,如「請代向××問好」等;附件,通常指附在

信函中的照片、入場券等，應在正文寫明，並註明名稱、數量。英文信中的附件則在署名下兩行向左對齊註上 Enclosure，只有一種附件時用單數形式，兩種以上附件時用復數形式。

（三）信紙的折疊方法

信紙的一般折疊法是，文字向外，先直後橫，或先橫後直。但信箋順折向上最為合適，因為收信人拆信後，抽出信箋便看見自己的名字。文字向內的折法，按傳統風俗習慣的說法則是報喪、凶信的折法。

二、祝賀信

祝賀信是用於表示祝賀之意的書信形式。如某個組織或個人在某方面取得了重大成就、某組織召開了重要會議、某項重要工程勝利竣工、某位重要人物的壽辰等，都可以用賀信（也可用賀電）的形式表示祝賀。

祝賀信的書寫格式與一般書信大體相同，只是寫作時在第一行正中的位置要寫「賀信」兩個字。此外，正文部分要注意幾個方面的內容：首先概述背景情況，說明祝賀什麼；其次，簡要說明對方所取得的成績，或會議的重要性，或壽誕之人的貢獻與品格；再次，表示熱烈的、衷心的祝賀與贊頌，也可寫上鼓勵與希望，或祝賀者的決心；最後，寫上表示祝願的話，如「預祝大會圓滿成功」「祝取得更大成績」「祝健康長壽」等，並另起一行，在右下方寫上發信組織的全稱或個人的姓名。

［例文］

致徐特立

徐老同志：

你是我二十年前的先生，你現在仍然是我的先生，你將來必定還是我的先生。當革命失敗的時候，許多共產黨員離開了共產黨，有些甚至跑到敵人那邊去了，你卻在一九二七年秋天加入共產黨，而且取的態度是十分積極的。從那時至今長期的艱苦鬥爭中，你比許多青年壯年黨員還要積極，還要不怕困難，還要虛心學習新的東西。什麼「老」，什麼「身體精神不行」，什麼「困難障礙」，在你面前都降服了。而在有些人面前呢？卻做了畏葸不前的借口。你是懂得很多而時刻以為不足，而在有些人本來只有「半桶水」，卻偏要「淌得很」。你心裡想的就是口裡說的與手裡做的，而在有些人他們心之某一角落，卻不免藏著一些腌腌臢臢

臢的東西。你是任何時候都是同群眾在一塊的，而在有些人卻似乎以脫離群眾為快樂。你是處處表現自己就是服從黨的與革命的紀律之模範，而在有些人卻似乎認為紀律只是束縛人家的，自己並不包括在內。你是革命第一，工作第一，他人第一，而在有些人卻是出風頭第一，休息第一，與自己第一。你總是揀難事做，從來也不躲避責任，而在有些人則只願意揀輕鬆事做，遇到擔當責任的關頭就躲避了。所有這些方面我都是佩服你的，願意繼續地學習你的，也願意全黨同志學習你。當你六十歲生日的時候寫這封信祝賀你，願你健康，願你長壽，願你成為一切革命黨人與全體人民的模範。此致
革命的敬禮！

毛澤東
一九三七年一月三十日於延安

（選自中央文獻出版社 2003 年 10 月出版的《毛澤東書信選集》）

三、感謝信

感謝信是向對方的關心、幫助、支持表示感謝的書信。它具有公開性、讚揚性的特點。

感謝信的格式與祝賀信的書寫格式類似，但標題是「感謝信」或「致×××的感謝信」，且內容主要是表達感謝的心情。因收信人及事跡都與寫信人有關係，所以，在正文中要把對方的先進事跡寫清楚，並表示向對方學習的決心；結尾部分往往有一些表示感謝的話，如「再一次表示衷心的感謝」「致以最誠摯的敬禮」等。

四、慰問信

慰問信是以組織或個人名義向對方表示慰問的書信（也可以用慰問電）。它具有鼓勵性、慰問性的特點。

此類書信多是向做出貢獻的組織或個人表示慰問，或向遇到困難、遭受重大損失和不幸的公眾表示同情、慰問以及節日慰問。慰問信的格式與祝賀信類似，標題可用「慰問信」或「×××致×××的慰問信」。語氣要親切，態度要誠懇，文字要樸實，措辭要準確。特別是

表示同情、安慰的慰問信，更要注意分寸。不能對不幸事件表現出好奇、不解或悲觀失望，應對不幸事件表示深切的同情，向對方多表示關懷，以達到減輕其悲傷與痛苦的目的。

慰問信（電）篇幅不宜過長，結尾一般還要有頌詞或祝語，如「祝你們取得更大的成績」「祝節日愉快」等，但不能與正文相連，應另起一行，空兩格寫。

[例文]

致中央駐豫和全省新聞工作者的慰問信

中央駐豫和全省新聞工作者：

　　在黨的十九大勝利閉幕，全省上下深入學習貫徹黨的十九大精神之際，我們迎來了第十八個中國記者節。值此收穫的季節，謹向中央駐豫和全省新聞工作者致以親切的問候和節日的祝賀！向長期關心和支持河南新聞事業發展的各界人士表示衷心的感謝！

　　過去一年裡，中央駐豫和全省新聞工作者圍繞中心、服務大局，牢固樹立「四個意識」，堅持正確政治方向，堅持正確輿論導向，堅持工作新聞志向，堅持正確工作取向，按照中央、省委部署，深入貫徹落實習近平總書記調研指導河南工作時的重要講話精神，突出堅持和發展中國特色社會主義、實現中華民族偉大復興中國夢這個主題，突出迎接、宣傳、貫徹黨的十九大這條主線，突出穩中求進工作總基調，在持續打好「四張牌」、加快「三區一群」建設、打贏「四大攻堅戰」、推進全面從嚴治黨等方面推出了一批有影響、有深度、有分量的宣傳報導，展示了中央大政方針在河南的生動實踐，展示了河南蓬勃發展的良好局面，營造了昂揚奮進的輿論氛圍，有力服務了河南經濟社會發展大局。

　　黨的十九大是在全在建成小康社會決勝階段、中國特色社會主義進入新時代的關鍵時期召開的一次十分重要的大會。會議召開期間，中央駐豫和全省新聞工作者以極高的政治覺悟和業務水準，以新穎的報導內容和形式，創新、務實地做好了各項報導，取得了良好的宣傳效果，多次受到中宣部表揚，得到了社會各界和廣大群眾的一致好評。這些成績的取得，凝結著每位新聞工作者的辛勤和汗水，展現了全省新聞工作者的責任和擔當。你們用手中的筆、話筒和鏡頭，講好河南故事，傳播河南好聲音，彰顯河南好形象，凝聚起我省改革發展的強大正能量。

　　新思想引領新時代，新時代開啓新徵程。習近平新時代中國

特色社會主義思想給我們指引了前進的方向，牢記總書記「讓中原更加出彩」的囑托，以永不懈怠的精神狀態和一往無前的奮鬥姿態，與全國人民一道投入新時代中國特色社會主義偉大實踐，為全國大局做出河南應有的貢獻，需要包括廣大新聞工作者在內的全省上下的共同努力。希望中央駐豫和全省新聞工作者始終不忘初心、牢記使命，堅定不移地以習近平新時代中國特色社會主義思想為指導，全力以赴做好黨的十九大精神的宣傳報導，迅速興起學習宣傳熱潮，一如既往做好我省經濟社會發展成就的宣傳報導，堅持不懈地為我省改革發展穩定擂鼓助威、加油鼓勁。希望你們在今後的工作中再鼓干勁、再接再厲，堅持「走轉改」，倡導「短實新」，多推出接地氣、有溫度的精品佳作，增強報導的吸引力感染力，推動黨的十九大精神深入人心、落地生根。希望你們敢於擔當、善於作為，用更高水準的策劃，用更寬闊的視野來謀劃宣傳河南未來的新發展，來反應河南波瀾壯闊的新實踐，來展示河南發展的新境界，為譜寫決勝全面建成小康社會、開啓河南社會主義現代化建設新徵程、讓中原更加出彩的新篇章做出新的更大的貢獻！

　　祝全省廣大新聞工作者節日愉快，身體健康，工作順利，闔家幸福！

中共河南省委宣傳部
河南省新聞工作者協會
2017 年 11 月 8 日

五、唁函

　　唁函是安慰逝者家屬的一種書信（也可用唁電）。

　　唁函的正文應包括以下幾方面的內容：其一，表述噩耗傳來後的悲痛之情，以及失去良師、益友、同志或親朋後無可補救的遺憾；其二，對逝者的功績與品德的贊揚，簡述逝者與自己的交往和情誼；其三，對逝者的親屬表示慰問。

[例文]

×××：

　　驚悉×××教授逝世，深感悲痛。他的逝世不僅對於您的家庭，而且對於我們學院都是一個重大的損失。

　　作為一位著名的內科專家，×××教授多年來辛勤工作，在內分泌學領域做出了巨大貢獻。他為培養年青一代和發展醫學科學所做的貢獻舉世公認。

　　然而，我們卻突然失去了這位受人尊敬的卓越的師長，再也不能受益於他的才華和學識了。我們這些有幸與×××教授共過事的人，都對他懷著欽佩和崇敬的心情。他對教師和學生的精心指導和熱情培養，我們將永志不忘。

　　值此悲痛時刻，特致函表示深切哀悼。謹向您全家轉致誠摯的慰問。

（簽名）
××××年×月×日

汪道涵電唁辜振甫逝世

辜嚴倬雲女士如晤：

　　驚悉振甫先生遽歸道山，哲人其萎，增我悲思。

　　振甫先生致力於兩岸關係凡一十四年，夙慕屈平辭賦，常懷國家統一，私志公義，每與道涵相契。汪辜會談，兩度執手；九二共識，一生然諾。而今風颯木蕭，青史零落，滬上之晤，竟成永訣。天若有情，亦有憾焉。

　　兩岸之道，唯和與合，勢之所趨，事之必至。期我同胞，終能秉持九二共識與汪辜會談之諦，續寫協商與對話新頁。庶幾可告慰先生也。

　　深望女士與子侄輩節哀順變，善自珍攝。

汪道涵
二〇〇五年一月三日

六、求職信

　　求職信是個人為了尋找工作，向有關單位、領導人提出求職要求，以便對方接受的專用書信，又叫自薦信。它具有針對性、自薦性、競

爭性等特點。

寫好求職信，是求職者吸引用人單位注意的重要之點。求職信一般包括以下幾個方面的內容：

（1）個人基本情況；

（2）申請工作的崗位及勝任工作的條件；

（3）表示面談的願望。

求職信要簡明扼要、內容清楚、文字簡練，以展示出自己的特點和才華。

[例文]

求 職 信

××公司經理：

　　打擾了。

　　我是一名即將畢業的大學生，想在貴公司找到一份工作。

　　我學的專業是動物營養與飼料加工。至目前為止，全部學業都已出色完成，成績優良。現附上一份個人簡歷及大學期間各科成績一覽表，供您參閱。從我的簡歷中您可以看到，我曾多次受到學校的表揚，我的專業論文《××××》曾發表於《××》雜誌，並榮獲××××年度××省優秀大學生科研成果×等獎。

　　據報載，貴公司領導十分重視人才，辦事效率高，人際關係融洽，沒有眼下國內不少企業存在的「窩裡鬥」現象，員工可以一心一意地搞科研和生產。今年上半年在貴公司實習的一段時間裡，我也深深地感受到了這一點。可以想像，在如此寬鬆、和諧的環境裡工作，作為貴公司的一員，該多麼自豪！

　　當然，條件如此優越的公司，想進去絕非易事，但我堅信自己有能力敲開貴公司的大門，我已熟練掌握本專業的基礎理論及操作技能，在××方面尤具特長（附上我的導師××教授的推薦信供您參考）。在一個崇尚平等競爭的公司裡，我想我會如願的。

　　最後，我希望貴公司能給我一個為貴公司做貢獻的機會，我熱誠地期待著您的答覆。

　　　　此致

敬禮

　　　附件：（略）

××大學××系××
××××年×月×日

第二節　柬帖和訃告

一、柬帖

柬帖，又稱請柬、請帖，是邀請對方參加某項活動的通知書。它具有公開性、莊重性、憑證性的特點。現在人們舉辦開幕式、宴會、酒會、舞會、文藝晚會、婚禮、博覽會等，都要邀請各界賓客、朋友參加。邀請可以打電話，也可以寫邀請信，但更正式的還是發請柬。

請柬有中式(豎式)和西式(橫式)兩種。其內容應包括：

(1)抬頭。頂格寫上被邀者的姓名稱謂。

(2)正文。寫明活動的性質和形式、時間和地點。請柬中要寫上邀請對方來參加什麼樣的活動，活動的日期、時間和地點必須詳細寫明，切不可忽略或遺漏。

(3)尾語。正文之後，寫上「敬請光臨」「敬請指導」等謙敬字樣，以表態度懇切，文明禮貌。

(4)落款。結束語之後，署上邀請者姓名稱謂。需要注意的是，若是婚禮邀請，落款應同時寫上新郎、新娘姓名，附加上「鞠躬」之類的習慣用語，以示尊敬。

(5)附言。若附贈入場券、電影票、舞會票等，要在落款之後另起一行空兩格寫明。

[例文]

1. 結婚請柬（中式、合頁）

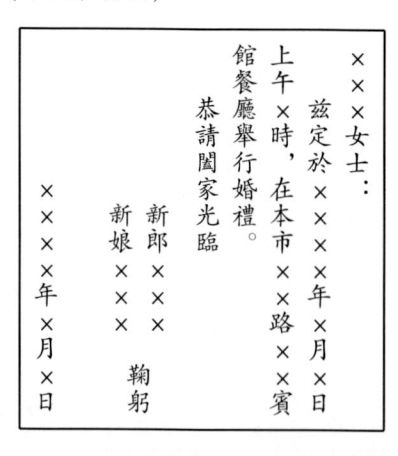

×××女士：
　茲定於×××年×月×日上午×時，在本市×××路××賓館餐廳舉行婚禮。
　恭請閤家光臨

　　　新郎　×××
　　　新娘　×××
　　　　　　鞠躬
×××年×月×日

2. 文藝活動請柬（西式、合頁）

```
×××先生：
    茲定於××××年×月×日×時，在省人民大會堂舉辦迎新聯
歡會。
    敬請光臨
                                    ×××公司
                                ××××年×月×日
```

二、訃告

訃告又稱訃音、訃聞，是一種報喪的文書，由死者的親屬或治喪委員會發出。隨著社會的進步和發展，書面報喪又出現了新形式——訃帖。訃告和訃帖的內容幾乎完全相同。不同的是：訃告可貼可送，還可以通過報刊發喪或電臺廣播曉諭社會；訃告的篇幅一般比訃帖長些。訃帖只宜投送個人。

訃告的內容應包括：

（1）標題。如「訃告」或者「×××訃告」。

（2）正文。應寫明逝者的名字、身分、逝世原因、日期、地點、終年歲數，簡介逝者的生平，通知吊唁、舉行遺體告別儀式的時間、地點。

（3）結尾。署明發訃告的個人或組織的名稱及時間。

［例文］

訃　　告

　　××大學原校長×××同志，因患××病，經醫治無效，於××××年×月×日×時×分在××醫院逝世，享年××歲。茲定於×月×日×時，在××市殯儀館舉行遺體告別儀式。

　　謹此訃告

　　　　　　　　　　××大學×××同志治喪委員會
　　　　　　　　　　　　××××年×月×日

第三節　題詞和對聯

一、題詞

　　題詞，是為表示紀念或勉勵而題寫的文字。它具有針對性、莊重性、公開性的特點，大多用於禮儀場合，多取短語、短句或片斷，自創引用均可。
　　題詞的種類有勸事類、獎勉類、慶賀類、贈言類等。寫題詞時要注意事類合適、品評合適、關係合適、情誼合適，語言要精練，通俗易懂。
　　題詞無論是橫寫還是豎寫，正文都應居中，也可根據實物的形狀而進行佈局，與實物搭配，和諧美觀即可。

［例文］

題　西　林　壁
蘇　軾

橫看成嶺側成峰，遠近高低各不同。
不識廬山真面目，只緣身在此山中。

　　生的偉大，死的光榮。
　　　　　　　　——毛澤東給劉胡蘭的題詞

　　教育要面向現代化，面向世界，面向未來。
　　　　　　　　——鄧小平給景山學校的題詞

　　　　　可
　　也　　以
　　心　　清

　　　　　　——明代一秀才在茶碗蓋上的一句題詞

　　知恥近乎勇，知罪能改，善莫大也。
　　　　　　——一位社會科學工作者給少管所的題詞

禮儀文書

燈火夜深書有味，墨花晨湛字生光。
————一位同志給朋友的題詞

世事洞明皆學問，人情練達即文章。
————一位同志給朋友的題詞

二、對聯

對聯，也叫對子，是用來張貼懸掛的對偶語句，為上下兩聯。按季節、活動內容等可分為春聯、裝飾聯、禮儀聯、文學聯。它具有實用性、藝術性、時代性和針對性的特點。

對聯用在交往的禮儀場合，通常是為了聯絡感情、改善關係，以便共同積極地面向未來。因此，它具有鼓舞、激勵的作用，有時還有獨特的妙用。

寫對聯時必須特別注意兩點：一是工整對仗，即上下聯不僅要求字數相等，而且要詞性相同和結構相應；二是要講究平仄，即平仄要相對協調，音韻諧和。這樣讀來才富有音樂美、節奏感。

[例文]

江戶矢丹誠，感君首贊同盟會；
軒亭灑碧血，愧我今招俠女魂。
————孫中山挽秋瑾聯

灰撒江河，看不盡波濤，涓滴都是人民淚；
志華日月，信無際光焰，浩氣長貫神州天。
————人民群眾挽周總理聯

桃李增華，坐帳無鶴；
琴書作伴，支床有龜。
————周恩來等賀馬寅初六十壽辰

還我廬山真面目；
愛他秋水舊豐神。
————祝賀一家照相館開業的對聯

琴瑟之情，日月經天；
關雎之意，江河行地。
————古代婚聯

第四節　致　　辭

在各種各樣的禮儀場合，由代表性的人員所做的一些勉勵、感謝、祝賀、頌揚或緬懷等性質的講話統稱為致辭。

一、賀詞、祝詞

賀詞和祝詞是在可喜之時（節日、生日、婚嫁等）或逢可慶之事（喬遷、開業、大功告成等）舉辦的活動中發表的對他人表示良好祝願的言辭。祝詞與賀詞有所不同。祝詞用於可慶之事即將來臨之際，還沒有成為現實或沒有完全實現，故表示預祝、祈盼和希望的意思；賀詞是可喜之事已經有了美滿的結果，對此表示慶祝和道喜的意思。但二者又常常融合在一起，慶賀中包含著祝願的內容，祝願時又有對已取得成就表示慶賀之意。

此外，祝酒也是祝願的一種禮儀形式，它可以在祝壽、祝新喜、賀成功及迎送、答謝等各種場合裡進行，因而祝酒詞既可單列一類，又可包容在其他祝賀詞中。

賀詞、祝詞結構基本相同。主要由標題、稱謂、正文、署名及日期組成。正文一般分為三部分：第一部分是簡略地說明慶賀、祝願的原因，並寫出慶賀語；第二部分通常是敘述業績、現狀和意義；第三部分是表示良好的祝願、希望。寫作時應做到主題鮮明突出，片言居要；情感要真摯、濃烈；要針對具體情況，有感而發，言簡意賅。

[例文]

為慶賀朱總司令六十大壽的祝詞

（1946 年 11 月 30 日）

周恩來

親愛的總司令朱德同志：

你的六十大壽，是全黨的喜事，是中國人民的光榮！

我能回到延安親自向你祝壽，使我萬分高興。我願代表那反動統治區千千萬萬見不到你的同志、朋友和人民向你祝壽，這對我更是無上榮幸。

親愛的總司令，你幾十年的奮鬥，已使舉世人民公認你是中華民族的救星，勞動群眾的先驅，人民軍隊的創造者和領導者。

親愛的總司令，你為黨為人民真是忠貞不貳，你在革命過程中，經歷了艱難曲折，千辛萬苦，但你永遠高舉著革命的火炬，照耀著光明的前途，使千千萬萬的人民，能夠跟隨你充滿信心向前邁進！

　　在我們相識的25年當中，你是那樣平易近人，但又永遠堅定不移，這正是你的偉大！對人民你是那樣親切關懷，對敵人你又是那樣憎惡仇恨，這更是你的偉大！

　　全黨中你首先和毛澤東同志合作，創造了中國人民的軍隊，建立了人民革命的根據地，為中國革命寫下了新的紀錄。在毛澤東同志旗幟之下，你不愧為他的親密戰友，你稱得起人民領袖之一！

　　親愛的總司令，你的革命歷史，已成為20世紀中國革命的里程碑。辛亥革命、雲南起義、北伐戰爭、南昌起義、土地革命、抗日戰爭、生產運動，一直到現在的自衛戰爭，你是無役不與。你現在60歲了，仍然這樣健壯，相信你會領導中國人民達到民族解放的最後勝利，親眼看到獨裁者的失敗，反動力量的滅亡！

　　你的強健身體，你的快樂精神，象徵著中國人民的必然興旺。

　　人民祝你長壽！

　　全黨祝你永康！！

二〇一八年新年賀詞
（2017年12月31日）
中華人民共和國主席　習近平

　　大家好！時光飛逝，轉眼我們將迎來2018年。在這裡，我向全國各族人民，向香港特別行政區同胞、澳門特別行政區同胞、臺灣同胞和海外僑胞致以新年的祝福！我也祝願世界各國各地區的朋友們萬事如意！

　　天道酬勤，日新月異。2017年，我們召開了中國共產黨第十九次全國代表大會，開啓了全面建設社會主義現代化國家新徵程。中國國內生產總值邁上80萬億元人民幣的臺階，城鄉新增就業1,300多萬人，社會養老保險已經覆蓋9億多人，基本醫療保險已經覆蓋13.5億人，又有1,000多萬農村貧困人口實現脫貧。「安得廣廈千萬間，大庇天下寒士俱歡顏！」340萬貧困人口實現易地扶貧搬遷、有了溫暖的新家、各類棚戶區改造開工數提前完

成600萬套目標任務。各項民生事業加快發展，生態環境逐步改善，人民群眾有了更多獲得感、幸福感、安全感。我們朝著實現全面建成小康社會目標又邁進了一大步。

科技創新、重大工程建設捷報頻傳。「慧眼」衛星遨遊太空，C919大型客機飛上藍天，量子計算機研製成功，海水稻進行測產，首艘國產航母下水，「海翼」號深海滑翔機完成深海觀測，首次海域可燃冰試採成功，洋山四期自動化碼頭正式開港，港珠澳大橋主體工程全線貫通，復興號奔馳在祖國廣袤的大地上……我為中國人民迸發出來的創造偉力喝彩！

我們在朱日和聯合訓練基地舉行沙場點兵，紀念中國人民解放軍建軍90週年。香港迴歸祖國20週年時，我去了香港，親眼所見，有祖國做堅強後盾，香港保持了長期繁榮穩定，明天必將更加美好。我們還舉行了紀念全民族抗戰爆發80週年儀式和南京大屠殺死難者國家公祭儀式，以銘記歷史、祈願和平。

我們在國內主辦了幾場多邊外交活動，包括首屆「一帶一路」國際合作高峰論壇、金磚國家領導人廈門會晤、中國共產黨與世界政黨高層對話會等會議。我還參加了一些世界上的重要多邊會議。今年年初，我出席達沃斯世界經濟論壇年會，並在聯合國日內瓦總部作了講話，後來又出席了二十國集團領導人峰會、亞太經合組織領導人非正式會議等。在這些不同場合，我同有關各方深入交換意見，大家都贊成共同推動構建人類命運共同體，以造福世界各國人民。

2017年，我又收到很多群眾來信，其中有西藏隆子縣玉麥鄉的鄉親們，有內蒙古蘇尼特右旗烏蘭牧騎的隊員們，有西安交大西遷的老教授，也有南開大學新入伍的大學生，他們的故事讓我深受感動。廣大人民群眾堅持愛國奉獻，無怨無悔，讓我感到千千萬萬普通人最偉大，同時讓我感到幸福都是奮鬥出來的。

2018年是全面貫徹中共十九大精神的開局之年。中共十九大描繪了中國發展今後30多年的美好藍圖。九層之臺，起於累土。要把這個藍圖變為現實，必須不馳於空想、不鶩於虛聲，一步一個腳印，踏踏實實幹好工作。

2018年，我們將迎來改革開放40週年。改革開放是當代中國發展進步的必由之路，是實現中國夢的必由之路。我們要以慶祝改革開放40週年為契機，逢山開路，遇水架橋，將改革進行

到底。

　　到2020年中國現行標準下農村貧困人口實現脫貧，是我們的莊嚴承諾。一諾千金。到2020年只有3年的時間，全社會要行動起來，盡銳出戰，精準施策，不斷奪取新勝利。3年後如期打贏脫貧攻堅戰，這在中華民族幾千年歷史發展上將是首次整體消除絕對貧困現象，讓我們一起來完成這項對中華民族、對整個人類都具有重大意義的偉業。

　　當前，各方對人類和平與發展的前景既有期待，也有憂慮，期待中國表明立場和態度。天下一家。中國作為一個負責任大國，也有話要說。中國堅定維護聯合國權威和地位，積極履行應盡的國際義務和責任，信守應對全球氣候變化的承諾，積極推動共建「一帶一路」，始終做世界和平的建設者、全球發展的貢獻者、國際秩序的維護者。中國人民願同各國人民一道，共同開闢人類更加繁榮、更加安寧的美好未來。

　　我們偉大的發展成就由人民創造，應該由人民共享。我瞭解人民群眾最關心的就是教育、就業、收入、社保、醫療、養老、居住、環境等方面的事情，大家有許多收穫，也有不少操心事、煩心事。我們的民生工作還有不少不如人意的地方，這就要求我們增強使命感和責任感，把為人民造福的事情真正辦好辦實。各級黨委、政府和幹部要把老百姓的安危冷暖時刻放在心上，以造福人民為最大政績，想群眾之所想，急群眾之所急，讓人民生活更加幸福美滿。

　　謝謝大家。

（選自2018年1月1日《人民日報》）

二、迎送詞、答謝詞

　　迎送詞是歡迎詞和歡送詞的合稱。歡迎詞是對賓客的到來表示熱烈歡迎的書面文字或口頭講話；歡送詞是對賓客的離去表示熱情歡送的書面文字或口頭講話。答謝詞是賓客對主人的熱情接待表示感謝的書面文字或口頭講話。

　　迎送詞和答謝詞的作用主要是交流感情，傳遞信息，促進友誼。因此，從表達的內容看，要求有感而發，並以敘述雙方的友好交往歷史和現在雙方對一些重大問題的看法、立場、觀點為主。其結構一般由標題、稱謂、正文、署名及日期組成。寫作時應選用賓主雙方熟知

的最有說服力的典型材料；結構要緊湊、完整；語言要富有抒情性，禮貌周到，通俗易懂；表達宜以敘述為主，抒情含蓄，議論精要。

[例文]

在答謝宴會上的祝酒詞

（1972年2月25日）

尼克松

總理先生，中華人民共和國和美利堅合眾國的我們十分尊貴的客人們：

我們能有機會在貴國做客期間歡迎你和今晚在座的諸位中國客人，感到十分榮幸。

我要代表尼克松夫人和同行的全體正式成員，對你們給予我們的無限盛情的款待，表示深切的感謝。

大家知道，按照中國的習慣，我們的新聞界人士有權代表他們自己講話，而政府中的人誰也不能代表他們講話。但是我相信，今晚在座的全體美國新聞界人士都會授予我這一少有的特權來代表他們感謝你和貴國政府給予他們的種種禮遇。

你們已使全世界空前之多的人們得以讀到、看到、聽到這一歷史性訪問的情景。

昨天，我們同幾億電視觀眾一起，看到了名副其實的世界奇跡之一——中國的長城。當我在城牆上漫步時，我想到了為了建築這座城牆而付出的犧牲；我想到它所顯示的在悠久的歷史上始終保持獨立的中國人民的決心；我想到這樣一個事實，就是，長城告訴我們，中國有偉大的歷史，建造這個世界奇跡的人民也有偉大的未來。

長城已不再是一道把中國和世界其他地區隔開的城牆。但是，它使人們想起，世界上仍然存在著許多把各個國家和人民隔開的城牆。

長城還使人們想到，在幾乎一代的歲月裡，中華人民共和國和美國之間存在著一道城牆。

四天以來，我們已經開始了拆除我們之間這座城牆的長期過程。我們開始會談時就承認我們之間有巨大的分歧，但是我們決心不讓這些分歧阻礙我們和平相處。

我們深信你們的制度，我們同樣深信我們的制度。我們在這裡聚會，並不是由於我們有共同的信仰，而是由於我們有共同的

利益和共同的希望。我們每一方都有這樣的利益，就是維護我們的獨立和我們人民的安全；我們每一方都有這樣的希望，就是建立一種新的世界秩序，具有不同制度和不同價值標準的國家和人民可以在其中和平相處，互有分歧但互相尊重，讓歷史而不是讓戰場對他們的不同思想做出判斷。

總理先生，你已注意到送我們到這裡來的飛機名為「七六年精神號」。就在這個星期，我們美國慶祝了我們的國父喬治·華盛頓的生日，是他領導美國在我們的革命中取得了獨立，並擔任了我們的第一屆總統。

在他任期屆滿時，他用下面的話向他的同胞告別：「對一切國家恪守信用和正義，同所有的人和平與和睦相處。」

就是本著這種精神──1776年精神，我請大家站起來和我一起舉杯，為毛主席，為周總理，為我們兩國人民，為我們的孩子們的希望，即我們這一代能給他們留下和平與和睦的遺產，干杯！

三、悼詞

悼詞有廣義和狹義之分。廣義的悼詞指向逝者表示哀悼、緬懷與敬意的一切形式的悼念性文章，有的側重於議論，有的側重於抒情，形式多樣；狹義的悼詞專指在逝者追悼會上表達對逝者悼念的詞。這裡主要介紹狹義的悼詞。

悼詞的結構一般由標題、稱呼、正文等組成。正文大體按以下內容和層次寫作：

（1）以沉痛的語氣點明悼念者的心情，逝者姓名、黨派、死前的職務和職稱，死亡的準確時間、地點、死因、享年。

（2）按時間順序對逝者的籍貫、學歷、經歷以及生平業績進行集中介紹，要注意詳略得當，重點突出逝者對人民、對社會的貢獻。

（3）對逝者的一生進行全面的總結性評價。評價應恰當、公允，用語要仔細斟酌，反覆推敲，應先徵得逝者家屬和有關領導同意。生前的缺點、錯誤一般不宜寫入悼詞，必須寫的，也要巧妙設詞，含蓄委婉。

（4）表示生者對逝者的悼念，勉勵生者化悲痛為力量，以實際行動來悼念死者。

（5）結束語。另起一段，通常以「××同志安息吧」「××同志永垂不朽」「××同志精神長存」或「××同志永遠活在我們心中」等

話語作為結束。

[思考題]

1. 試寫一封求職信。
2. 比較訃告、唁函、悼詞的區別。
3. 擬寫一副禮儀聯。
4. 簡述祝詞、賀詞的異同。
5. 擬寫一份歡迎詞。
6. 擬寫一份答謝詞。

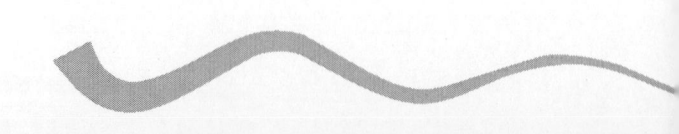

第八章
兄弟民族和港澳臺地區禮儀

第一節　兄弟民族禮儀

　　在中國，56個民族（漢、蒙古、回、藏、維吾爾、苗、彝、壯、布依、朝鮮、滿、侗、瑤、白、土家、哈尼、哈薩克、傣、黎、傈僳、佤、畬、高山、拉祜、水、東鄉、納西、景頗、柯爾克孜、土、達斡爾、仫佬、羌、布朗、撒拉、毛南、仡佬、錫伯、阿昌、普米、塔吉克、怒、烏孜別克、俄羅斯、鄂溫克、德昂、保安、裕固、京、塔塔爾、獨龍、鄂倫春、赫哲、門巴、珞巴、基諾）間具有相互聯繫卻又不盡相同的文化，其表現在禮儀上，自然各有特色。只有尊重不同民族的風俗習慣，才有利於加強民族團結，促進各民族的共同繁榮。由於篇幅所限，這裡僅介紹回族、壯族、滿族、蒙古族、藏族、朝鮮族和維吾爾族的禮儀。

　　一、回族

　　回族分佈於全國各地，而在每一地區大多有集中居住區，素有大分散、小集中之說。但其主要分佈在寧夏、甘肅、河南、河北、山東、雲南等省（區）。
　　回族是信奉伊斯蘭教的民族。伊斯蘭教的傳入及其在中國的發展，對回族的形成起了重要的作用。
　　（一）習俗禮儀
　　回族人相互見面，要互致「祝安辭」，即「道色蘭」。
　　因回族長期與漢族雜居，服飾已漢化。回族的頭飾具有民族特色，

男子普遍戴白色或黑色的無檐小圓帽，稱作「禮拜帽」。婦女習慣戴披肩蓋頭，年輕姑娘一般戴綠色的，披肩蓋頭稍短，披在肩頭；中年婦女一般戴黑色披肩蓋頭；老年婦女則戴白色的，披肩蓋頭較長，一直披到腰間。

在飲食方面，其最主要的風俗習慣是不吃豬肉，也不吃狗、馬、驢、騾及自死或非經阿訇祈禱後所宰的動物肉，也不吃動物的血。他們喜吃牛、羊及雞、鴨和有鱗的魚類，對蔬菜一般不忌諱什麼，但忌菸酒。

回族人喜歡沐浴，注重衛生，禮拜時必須保持清潔的身體。由於禮拜之前要小淨（即洗淨臉面、口鼻、手腳）或者大淨（洗全身），所以各清真寺都備有沐浴室，供禮拜者清潔身體之用。

回族人外出一般要戴帽子，忌露頂。

回族人反對不敬長者，忌出言無禮。忌說「殺」字，只能說宰雞、宰牛。

回族人還有一些特殊禮儀，如新生兒的誕生、結婚、喪葬等大事，都有特殊的禮儀。

回族人款待客人吃飯時，主人須為客人添飯添菜，即使客人表示已經吃飽了，仍要增加少許，以示尊敬。客人若不吃，便有失敬之嫌。另外，給客人端飯、端菜時均用右手，客人則用雙手相接，否則將被視為不禮貌。

（二）主要節日

回族的傳統節日除了與漢族一樣過春節、端午節、中秋節之外，主要節日有開齋節、古爾邦節和聖紀節。

二、壯族

壯族主要分佈在廣西、雲南和廣東等省（區）。壯族人民熱情好客，樂觀豪邁，剛毅倔強，一直保持著世代相襲的文化傳統。

（一）習俗禮儀

現在的壯族服飾大部分已與漢族相同，但還有一些地方仍保留著自己民族服飾的特點。壯族崇尚藍黑色。男子上穿對襟短衣，圍布腰帶，下穿深色長褲，以布帕纏頭。女子服飾各地不一，普遍喜歡佩戴銀項圈、銀手鐲等飾物。

壯族人以大米、玉米、糯米為主食，吃雞、鴨等肉禽和各種蔬菜。給老人端茶、盛飯時，壯族人都用雙手捧給。壯族節慶飲食頗有特色，

三月三吃「五色飯」，色彩鮮豔，用以祭祖和待客。每逢春節、端午節家家戶戶包「駝背粽」，是節日餽贈的禮品。婦女有嚼檳榔和用檳榔待客的傳統習俗。

客人來訪時，必由主人出面熱情招待，讓座遞菸，雙手捧上香茶。茶不能太滿，否則視為不禮貌。與客人共餐，要兩腳落地，與肩同寬，切不可蹺起二郎腿。客人告辭時，主人要將另留的雞肉和客人盤中的剩餘肉用菜葉包好，讓客人兜著帶回去，給親人品嚐，客人絕不能拒絕。

壯族人喜歡對歌，不少地方都喜歡搭對歌賽歌用的彩棚，即「歌棚」。歌圩日期不等、人數不等，但非常熱鬧，還要開展放花炮、演壯戲等活動，很有民族特色。對歌時，有問有答，此起彼落，未婚男女可趁此機會選擇意中人。

壯族有些地區在姑娘出嫁前，有唱「陪樓歌」的習慣，即在姑娘出嫁前 3～5 天，邀約村寨裡的姑娘和表姐妹們，專為待嫁的姑娘陪樓，除了幫助做些針線活外，主要任務就是唱陪樓歌。歌聲從閨樓傳出，周圍的小伙子都趕來對歌，一連唱幾夜，直到新娘出嫁為止。

壯族舞蹈多姿多彩，有反應青年男女愛情生活的「綉球舞」「撈蝦舞」，有反應生產活動的「扁擔舞」「採茶舞」「戽水舞」「春牛舞」「蜂鼓舞」「燕球舞」等，還有反應古代抗擊外敵入侵的「銅鼓舞」等。

壯族也有一些禁忌。比如，壯族一般不吃青蛙肉；有的地區青年婦女不吃牛肉和狗肉；農曆正月初一不殺生；正月初一到初三不可出村拜年，否則會將鬼神帶進家中；婦女生小孩的頭三天（或七天），外人不得入內；婦女生孩子不出滿月，不能到別人家去；行商外出忌碗破；新婚出嫁忌打雷；等等。

（二）主要節日

民俗節日，除春節、中元節、牛魂節外，最主要的是三月三，主要活動是舉行盛大的歌圩活動，青年男女往往要對歌終日，故又稱對歌節。

三、滿族

滿族主要分佈在遼寧、河北、黑龍江、吉林、內蒙古和北京。由於漢滿文化相互影響、相互滲透，故滿族的民族特點已不十分明顯。然而，作為一個民族，特別是在居住地比較集中的地區，其文化、禮俗仍然具有自己的特色。

(一) 習俗禮儀

滿族是一個非常注重禮節的民族。晚輩見了長輩、年輕者見了年長者，都要恭恭敬敬地行打千禮。打千的形式男女有別，男人的動作是哈腰，右手下伸，左手扶膝，似拾物狀；女人的動作是雙手扶膝下蹲。不過，這種禮節在現實生活中已基本不用了。

滿族以小米、黃米為主食，喜食黃米餑餑（豆色）；逢年過節吃餃子，農曆除夕吃手扒肉。最能代表滿族飲食文化的莫過於八大碗的「滿洲席」。滿族普遍有吸菸、飲酒的嗜好。

旗袍是滿族別具特色的民族服裝。由於旗袍非常適合中國婦女的體形以及賢淑的個性和民族的氣質，因而逐漸成了中華民族非常有特色的服裝。

滿族的髮式和頭飾也很有特點。女孩子成年後才蓄髮，結辮或綰髮髻。髻的樣式有兩把頭、架子頭、大盤頭等。滿族婦女很愛美，不僅講究髮式，而且注意頭飾。在眾多的頭飾中，大扁方的頭飾最為普遍。這種頭飾是用一根長約30厘米、寬2～3厘米的銀簪子，橫插於髮髻之間。

滿族人禁忌打狗、趕狗、殺狗，不準說狗的壞話，不吃狗肉，忌用一切狗皮所制用品。滿族人還有個忌諱，即客人不準隨便坐西炕，這與滿族人的居住習慣和文化心理有關。滿族久居北方，冬季甚為寒冷。為御寒，滿族人居室內的土炕西、南、北三方相連，稱為「圍炕」。其中西炕最為尊貴，是供奉祖先、祭祀神靈的地方。因而，客人如果貿然坐上西炕，就會被認為是對祖先的最大不恭。滿族人待客時，上菜以雙數為敬。

滿族人家庭添人口時也有講究。生了男孩就在家門口掛上小弓箭，生了女孩則掛一根紅布條，是一種吉祥的表示。

掛旗是滿族盛行的一種風俗。

(二) 主要節日

滿族傳統節日有八臘節（亦稱臘八節）、鬧燈會（農曆正月十五）、添倉節（農曆正月二十五）等。

四、蒙古族

蒙古族主要分佈在內蒙古、遼寧、吉林、河北、黑龍江和新疆。蒙古族人的性格特點是熱情、豪爽。蒙古族人信奉藏傳佛教，俗稱喇嘛教。

兄弟民族和港澳臺地區禮儀

（一）習俗禮儀

蒙古族牧民相見要敬鼻菸壺。客人至家中，主人將一裝有菸粉或藥粉的小壺獻於客人面前，讓其嗅一嗅，客人嗅後以禮相答。

敬獻哈達，表示友情。哈達有潔白、淡黃、淺藍諸色。蒙古袍是其富有特色的傳統服裝。

在飲食方面，牧區以肉食為主，農業區以糧食為主。肉食中主要是牛肉、羊肉，也有豬肉、鹿肉等。飲料是用馬、牛、羊的奶做成的奶茶，還有泡子酒和奶子酒等。農業區的炒米是蒙古族人喜愛的食品，將其拌上酸奶和白糖，吃起來清香爽口。

蒙古族青年結婚時，由男方帶數十名親友騎馬到女方家迎親，而女方卻閉門不理，要經隨從親友再三求情，千呼萬喚才得進門。新郎進門先向岳父母拜獻哈達，岳父母亦設全羊席招待客人。席畢，新娘背對眾人坐，周圍還有眾表姐妹圍護，新郎要跪在新娘背後詢問新娘名字，叫「討小名」。當晚，新郎就在女方家徹夜喝酒。第二天，新娘馳馬繞帳三周後先行，新郎緊追，眾親友隨行。來到男方門口，男方亦閉門不讓進，經眾親友再三勸說才開門出迎。至此，婚禮才告完成。

蒙古族舞蹈主要有安代舞、筷子舞等。

蒙古族也有一些禁忌：忌諱騎快馬直達門口下馬，因為這意味著報送不吉利的消息。正確的做法是，快馬到後減緩速度，繞至氈房（蒙古包）後面下馬。忌諱有人手提馬鞭進入氈房，因為這是尋釁滋事的舉動。忌諱別人當面讚美他們的孩子或牲畜，認為這樣會給孩子或牲畜帶來災難等。蒙古族人很尊敬長者，嚴禁任何不敬長者的言行舉動。見到蒙古包前掛有紅布條或縛有繩子等記號時，表示這家有病人或產婦，來訪者就不應進去。

蒙古族是一個非常好客的民族，十分尊敬客人，講究禮儀。招待客人常用手抓羊肉，招待貴賓或喜慶時則用全羊席，最隆重的招待是請客人吃羊頭和羊尾巴，席上還要致演說詞，並有一套儀式。對蒙古族風味食品，即使吃不慣，也不能拒絕，象徵性地品嘗一下，並點頭稱好，才是符合其民族禮儀的。送任何禮品，都要成雙成對。送接禮品、敬茶斟酒均要用雙手，以示尊重；不應用單手，更不能用左手。

（二）主要節日

那達慕大會是蒙古族傳統的盛大節日。

「那達慕」，蒙古語音譯，意為「娛樂」或「游戲」，源於古代的

「祭敖包」。此節在每年七八月間牧民生產的黃金季節裡舉行，每次一至數日。屆時，男女老幼身穿節日盛裝，雲集於各個集會點，舉行賽馬、摔跤、射箭、拔河、蒙古象棋、歌舞表演等富有民族特色的文體活動，並進行生產經驗交流和物資交流等，內容豐富多彩。近年來，每逢那達慕來臨，國內外賓客也紛紛慕名前往塞外草原，與蒙古族人民共享節日之歡樂。

五、藏族

藏族主要分佈在西藏、青海、甘肅、雲南和四川等省（區）。

藏族人多信仰藏傳佛教，俗稱喇嘛教。其習俗禮儀也多與宗教有關。

（一）習俗禮儀

藏族人非常講究禮儀，日常生活中見到長者、平輩都有不同的鞠躬致禮方式。見到長者或尊敬的人，要脫帽，彎腰45度，帽子拿在手上，接近於地面。見到平輩，頭稍稍低下即可，帽子可以拿在胸前。在有些地方，合掌與鞠躬同時並用，合掌要過頭以表示尊敬，這種致禮方式多用於見到長者或尊敬的人。藏族人熱情好客，迎客必獻哈達，並以青稞酒和酥油茶（當客人告辭時，不能傾碗喝淨，必須留下茶底）招待，還要唱祝酒歌。

在稱呼方面，藏民一般對有地位的人尊稱為「古呃」（意為「閣下」）；對於沒有官職的男人尊稱為「古學」（意為「先生」或「足下」）。「古學」為一種普通尊稱。此外，還有更為普通的一種尊稱，就是在對方名稱後加「拉」。

哈達，是藏語音譯，即紗巾或綢巾。哈達按質料可分為普通品（棉紗織品，稱為「素希」）、中級品（絲織品，稱為「阿希」）和高級品（高級絲織品，稱為「浪翠」，以白色為主，也有淺藍色或淡黃色的。哈達一般長約1.5米，寬約20厘米。哈達越長越寬，其禮儀也就越隆重。敬獻哈達的方法是：獻者雙手手心向上，將哈達搭在食指與拇指之間，使兩端下垂。若獻給尊長或貴賓，獻者必須弓腰低首將哈達舉過頭頂送至對方座前請其收納；若獻給平輩，則將哈達送到對方手中或腕上即可；獻給晚輩或下屬，則將哈達搭在對方的頸脖上即可。敬獻哈達時，雙方都要互致問候和祝福。

藏袍，藏語稱為「朱巴」，是藏族人民的傳統服飾。

藏族的飲食習慣比較特殊，主食是糌粑，即一種用炒熟的青稞或

兄弟民族和港澳臺地區禮儀

豌豆磨成的炒面。酥油茶是藏族人民非常喜愛的飲料。牧民以牛羊肉和奶類為主食，一般不愛吃稀飯、肥肉、蔬菜等。農業區居民也吃大米、蘿卜、油菜、芹菜等，喜歡的奶製品有酥油、酸奶油、奶酪等。藏族人大多飲酒，一日3～4餐，城鎮居民吃一種叫哲色的食品，用大米飯加酥油、葡萄干做成，也吃油烹的肉丸、包子、烙餅、肉麵條、手抓羊肉等。有的藏民在進餐前先用手蘸酒在桌上滴三滴，表示敬佛。

藏族青年男女相愛，常用送飾品、搶帽子等方式。姑娘愛上了小伙子，就要把身上的一件裝飾品送給小伙子，小伙子如果接受了，就表明他也愛上了這位姑娘。而小伙子愛上了姑娘，就得搶走她的帽子，幾天後送還。如果姑娘愉快地拿回帽子，就表明她接受了小伙子的愛。

在葬禮方面，藏族地區普遍盛行的喪葬方式有天葬、水葬、火葬和土葬等，天葬是藏族最普通的葬法。天葬時，有專門的天葬師在天葬臺念超度靈魂的經咒，然後舉行天葬。這是藏族的風俗，帶有一定的宗教文化色彩。

藏族人能歌善舞，其舞蹈主要有熱巴舞、鍋莊舞和弦子舞等。

藏族也有一些禁忌。如忌吃驢肉、狗肉，有些地方甚至不吃魚；忌用單手接遞物品；忌諱別人對自己的孩子過分誇獎；進入帳篷後，男左女右，不得混雜著坐；不得在藏民拴牛、拴馬和圈羊的地方大小便；不得動手摸弄藏民的頭髮和帽子；凡遇門口掛有樹枝或紅布條，外人切勿進入。

（二）主要節日

藏族傳統節日主要有藏歷年、望果節、雪頓節、沐浴節等。

藏歷年，是藏族傳統節日，即藏歷新年。每年藏歷正月初一開始，歷時3～5天。藏歷十二月初，人們便開始準備年貨，家家戶戶在水盆中浸泡青稞種子，培育青苗。十二月中旬開始，各家各戶就陸續用酥油和白面炸油餜子（卡賽）。除此之外，還要準備一種叫作「竹素琪瑪」的五谷門，內裝糌粑、人參果、炒青稞花，上面插上各色青稞穗、雞冠花和酥油供品。到年初一這一天，將青稞苗、油餜子、羊頭、五谷門等擺於室內佛龕茶幾上，以標誌過去一年的收成，預祝在新的一年裡風調雨順，農牧豐收。除夕前兩天每戶要打掃清潔，臘月二十九晚飯前，要在打掃乾淨的竈房正中牆上，用干面粉撒上「八吉祥微」；在大門上用石灰粉畫永恆的「卐」字符號。這天晚飯，各家要吃面團土巴（古突），在面團土巴中特意製作幾個包有石子、辣椒、木炭、羊毛等不同夾心的面團。每一種夾心都有一種說法：石子預示

心腸硬，木炭預示心黑，辣椒預示嘴如刀，羊毛說明心腸軟。誰吃到某一種夾心面團，就預示在新的一年裡心腸如何。吃到這些夾心的人，均即席吐出引起哄堂大笑，以助除夕之興。年初一清早，各家主婦到河邊、井邊取回「吉祥水」，闔家老小都穿新衣，先在家中歡聚並互相祝福，然後去參加、觀看各種文娛、體育活動，有藏戲、歌舞表演和跑馬射箭、賽犛牛、角力等比賽。無論男女老少，見面都要互道「扎西德勒」（吉祥如意），有的還互相祝酒，成群結隊地歌舞聯歡。初一不互訪，從初二開始，互相到親友家拜年祝賀，互贈哈達。

六、朝鮮族

朝鮮族主要分佈在吉林、黑龍江、遼寧。

朝鮮族人性格爽朗、活潑，富於幽默感。朝鮮族在接受包括漢族文化在內的其他民族文化影響的同時，依然保持著自己鮮明的民族特色。

（一）習俗禮儀

在服飾方面，朝鮮族喜愛穿素白服裝，故有「白衣民族」之稱。男子一般上穿素色短衣，外加坎肩，下穿褲腿肥大的長褲。小短衣大長裙是朝鮮族婦女服飾的一大特點。

在飲食方面，朝鮮族人以大米、小米為主食；習俗食品是干飯和打糕、片糕、湯餃子、冷面等；口味喜酸辣，愛吃大醬湯；很愛吃狗肉，狗肉湯亦頗有名，也吃泡菜、咸菜等；習慣喝豆漿、豆腐腦，愛喝白酒，愛喝花茶；不愛吃羊肉、肥豬肉和河魚；不愛吃帶甜味的菜和放花椒的菜。沒有什麼特別的忌諱。

朝鮮族人有敬重長者的良好習慣，這表現在日常生活的各個方面。晚輩對長輩講話必須使用敬語；吃飯時，為老年人單設一張小桌，晚輩不能與老年人同桌，要等老年人舉匙就餐後，全家人才開始吃飯；老年人外出，全家人都要鞠躬相送；路上遇到老年人，也要鞠躬行禮，親熱地向老年人問安。

如果到朝鮮族朋友家中做客，一定要先脫去鞋子，放在屋外，然後再進屋。主人常把客人安排在老年人的小飯桌上，如果遇到這種情況，就要根據自己的年齡、身分來決定是遵命，還是謙讓。如果主人的全家向客人行禮，客人一定要恭敬地還禮，特別是對主人家的老人，更要表現出特別的尊敬。與主人交談，也要像他們那樣盤腿席炕而坐，不要站著或者採取其他姿勢就座。陪客人用餐時，主人決不可以先把

兄弟民族和港澳臺地區禮儀

匙子放在桌上，否則被視為嚴重失禮。

朝鮮族是個能歌善舞的民族。每逢節日、慶典、婚禮、壽辰等喜慶日子，他們都要載歌載舞、鼓樂齊鳴、盪秋千、玩跳板等。朝鮮族舞蹈以農樂舞和長鼓舞最富特色，頂水舞、扇子舞等亦出名。歌曲以《道拉基》《桔梗謠》《嗯嘿呀》等最為有名。枷耶琴和洞簫是其具有民族特色的樂器。

（二）主要節日

朝鮮族的節日主要有春節、清明節、中秋節。傳統節日有望月（又稱「過正月十五」）、老人節（流行於黑、吉、遼三省，日期各異）、回甲節（又稱「花甲節」）、回婚節（紀念結婚60週年）等。

七、維吾爾族

維吾爾族主要分佈在新疆維吾爾自治區。

維吾爾族人信奉伊斯蘭教。「維吾爾」意為「團結」「聯合」的意思。維吾爾族人具有勤勞、勇敢、爽朗的品德和性格。

（一）習俗禮儀

維吾爾族是一個很講究禮節禮貌的民族。維吾爾族人對長者很尊敬，走路、說話、入座、就餐等都要先禮讓長者。親戚朋友相見，通常握手並互道「撒拉木」，行握手禮時還有一些規矩。路遇長者，晚輩要右手按胸，行30度鞠躬禮，並要連聲說平安，然後握手，握手畢，雙手撫摸自己的臉，名曰「都瓦」（一種祝福的宗教禮）；女的習慣於雙手相交於腹略微躬身的「祝福禮」，禮畢握手，問候家裡人平安，再寒暄數語；平輩相見，直接握手，道好問安。

維吾爾族男子外衣長過膝，無領，寬袖，腰系長帶，既可保暖又可作放置零星物品之用。女子多穿連衣裙，外罩西服上裝，且喜畫眉，愛戴項鏈、耳環、戒指等。男女均喜穿皮靴，外出必戴鮮豔美麗、別具一格的綉花小帽。

維吾爾族很講究主食，主食種類很多。食用最普遍的一種是饢——用玉米面或面粉制成的圓形烤餅，有的還加上肉、蛋和奶油。節日待客常用「帕羅」——用羊或牛肉、清油、胡蘿卜、葡萄干、蔥和大米做成，吃時用手抓，故又稱「抓飯」，這是維吾爾族特有的飲食習慣。吃飯前要洗手三次，並用手帕或布擦干，不能順手甩水；吃飯時，一般是盤腿坐在褥墊上，將抓飯盛到大盤裡，用手指捏著吃。副食中肉食以牛羊肉、雞肉為主。忌豬肉、驢肉、騾肉，南疆地區還

禁食馬肉、鴿肉。飲料一般是奶類，也常飲茶水。

維吾爾族在交談中，忌諱吐痰、擤鼻涕、打哈欠，否則，會被認為是大不敬；送禮物時，接受人必須用雙手接禮物，忌用單手，尤忌單用左手；睡覺時忌頭東腳西或四肢平伸仰臥；屋內就座時應跪坐，忌雙腿直伸、腳掌朝人；忌諱進入門口掛有紅條（表示家有產婦和病人）的房子。

維吾爾族素有歌舞民族之稱。維吾爾族的舞蹈輕巧、優美，以旋轉快速、多變著稱。比較流行的有刀朗舞、賽乃姆舞、薩瑪舞、頂碗舞、摘葡萄舞等。

（二）主要節日

維吾爾族的傳統節日有開齋節、古爾邦節和諾魯孜節等。

第二節　港澳臺地區禮儀

一、香港

（一）簡況

香港簡稱港，古稱香江、香海，有「東方明珠」「旅遊購物天堂」之稱，是中華人民共和國的一個特別行政區。香港位於南海之濱珠江口東側，北面與深圳特區相毗鄰，西北距廣州市約140千米，面積1,106平方千米，包括香港島和九龍半島的九龍、新界及其他離島。香港現有人口740多萬（含少量英、美、菲、印等國籍人）。香港是一個宗教信仰自由的地區，主要信奉佛教、道教、天主教、基督教、伊斯蘭教等。香港人主要講英語、粵語，1997年7月1日迴歸後普通話逐漸普及。其貨幣稱港元（Hongkong Dollar），簡寫為HK$。

香港是一個自由貿易港，是國際金融、國際貿易中心之一，也是一個舉世聞名的國際大都市。其旅遊的好去處有大嶼山、海洋公園、淺水灣等。根據有關規定，從1997年7月1日起，內地因公人員前往香港須持有往來香港特別行政區通行證並簽註。通行證、簽註由國務院港澳事務辦公室及其授權的地方外事部門簽發。

（二）交往禮節

香港是中西文化交匯的典型地區。香港人身上既有中華民族傳統文化的根，又受西方文化的深刻影響，因此比較迷信、含蓄、拘謹。香港人普遍使用西式稱呼，即「先生」「夫人」「太太」「小姐」之

兄弟民族和港澳臺地區禮儀

類。人們見面、告別時行握手禮。親朋好友相見時，也有行擁抱禮和貼面頰式的親吻禮。他們向客人表達謝意時，往往用叩指禮。據說，叩指禮是從叩頭禮演化而來的，叩指頭即代表叩頭。商務活動需交換名片，一面是英文、一面是中文的名片更受歡迎。

香港人善於經商，參加商務活動都很守時。在商務會談中，初次見面最好送些小禮品，可選擇食品、筆架、兒童書籍或有地方特色的產品；禮品要包裝好，雙手捧上；包裝顏色以金黃色、紅色、綠色為佳，不要用藍色，因為這種顏色表示哀悼。如果有人送給你禮物，不要當面打開，要按中國傳統致謝。探望病人時，禮品不可用白色或紅色包裝，因為白色為喪色，紅色象徵流血。登門拜訪要事先電話預約，見面後主人奉茶，要在主人喝過後才可動手。若主人長時間未飲茶，忽然舉杯只呷一口，則表示送客，這是中國古老的傳統。

香港人較忌諱當眾頂撞、指責對方或其他有失對方面子的事；交談的話題一般不涉及較深的私人問題和進行生活水準的對比；接受稱讚時，應禮貌地加以否定，不可像西方人那樣說「謝謝」。他們對吉祥物、吉祥話、吉利數字很感興趣。香港人過年互相說「恭喜發財」，而不說「節日快樂」，因為「快樂」與「快落」同音，不吉利。香港人有喜「3」「6」「8」厭「4」「13」「38」「49」的習慣。

在香港接受各種服務，付小費已屬一項必不可少的禮儀。香港的大多數飯店都在規定的價格上加收10%的服務費，而服務員還希望得到小費。在中高檔餐廳用餐一般給10%左右的小費；客房服務給5～10港元即可；行李搬提給10～20港元；洗手間服務員、門童起碼得給5港元。

（三）衣食習俗

香港是一個創造潮流和追趕時尚的城市，「趨時」是香港人著裝的一大特點。人們通常根據一個人的衣著來判斷他的身分和地位，就是所謂的「先敬羅衣後敬人」，因此，追求名牌也是香港人著裝的一大特點。另外，香港人的服飾觀念總的來看是比較自由的，人們對奇裝異服和叛逆傳統的打扮都能接受。

香港是一個集世界美食於一地的著名的「美食之都」。它集中了中西飲食文化之精粹，同時還具備了亞洲著名風味飲食特色，主要以廣州粵菜為鼻祖，融合百家之長。人們在這裡可以品嘗到世界各地的美味佳肴。菜肴注重色、香，帶有西方口味，取料花色繁多，烹飪技術精湛，品種適合時令。其特點是生、脆、鮮、淡、嫩。香港人忌諱

在食魚時把魚翻過來，因為當地有種迷信的說法，認為這樣會使漁夫在海上翻船。如果主人向你敬酒，你要以微笑相迎，與他人一樣舉起杯子，按習慣第一杯請干杯時要喝干，而後每次抿一口即可。宴會上米飯是用來果腹的，如果吃得過多會被認為是暗示主人吝嗇，沒有準備足夠的菜肴。端上橘子表示用餐結束，客人應稍留片刻就走，客人可以吃橘子，也可以拿兩個走。

香港的風俗與內地，特別是廣東省相似。

（四）主要節日

香港地區的農曆節日與內地基本相同，有春節、清明節、端午節、中秋節、重陽節等。公曆節日主要有元旦（1月1日）、銀行假日（7月1日或7月的第一個星期一）、自由日（8月25日）、聖誕節（12月25日）、郵政節（12月26日）等。

二、澳門

（一）簡況

澳門，古稱濠鏡澳、濠鏡，別稱濠江、鏡湖等，簡稱澳，是中華人民共和國的一個特別行政區。澳門位於珠江口西側，毗鄰珠海，東與香港隔海相望。澳門地處東南亞交通要道，素有「海上絲綢之路」之稱，是太平洋西岸有400多年歷史的著名國際商埠，面積30.8平方千米，由澳門半島、z仔島和路環島組成，三者之間有大橋和填海公路相接。澳門現有人口65.3萬人。居民中60%屬內地移民，本地出生的只占40%。居民信奉的宗教有佛教、伊斯蘭教、道教、天主教、基督教等。在澳門，華語、葡語兩種語言並存，1999年12月20日澳門迴歸後普通話逐漸普及。其貨幣稱澳元（Patace），簡寫為Pat或P。

澳門是個旅遊城市，名勝繁多，古跡薈萃。旅遊景點有媽閣廟、普濟禪院（觀音堂）、蓮峰廟、大三巴牌坊、孫中山紀念館、望廈古堡、賈梅士博物館等。

澳門素有「賭埠」之稱，與美國的拉斯維加斯和摩納哥的蒙特卡洛並稱為世界三大賭城。澳門博彩業主要有三種類型：幸運博彩（賭場）；賽狗、賽馬；彩票。

通行澳門同香港一樣，均需辦理有關手續。

（二）衣食禮俗

澳門人在社交場合與客人相見時，一般都以握手為禮。由於受歐洲人的影響，在親朋好友相見時，有些人常常熱情擁抱並相互拍肩膀

為禮。向客人表達謝意時，往往也用叩指禮。

澳門人在衣著方面，總的看來比較樸素。高級官員及華人名流，多穿西裝；一般人則很簡樸，夏季穿恤衫、夏威夷恤和西褲，T 恤、牛仔褲和短裙是流行服飾；冬季除穿絨西裝、大衣外，多穿絨褲或牛仔褲等。過去華人在出席隆重集會或喜慶日子時，多穿長衫；葡萄牙人只在特定的場合穿葡萄牙民族服裝。

澳門是一個飲食文化比較深厚的城市，中西美食任選。無論是菜肴、湯類還是點心，做工都很精細，色香味俱佳。

「6」「8」「18」「1688」等數字在澳門備受青睞。澳門人忌諱「13」和星期五，忌諱有人打聽他們的年齡、婚姻狀況及經濟收入情況。

澳門的風俗與內地，特別是閩粵很相似。

(三) 主要節日

澳門是一個多節日的城市，主要有春節、元宵節、清明節、端午節、中秋節、三八婦女節、六一兒童節、國慶節、父親節、母親節，還有聖誕節、土地誕、天後誕、關公誕、觀音誕、賈梅士日等節日。

三、臺灣

(一) 簡況

臺灣簡稱臺，位於中國東南海面上，東海和南海之間。西隔臺灣海峽與福建省相望，東臨太平洋，面積 3.6 萬平方千米，由臺灣島、澎湖列島、蘭嶼、釣魚島、赤尾嶼、綠島等 200 多個島嶼組成。臺灣臺灣地處海路要衝，清朝時稱之為「東南之鎖鑰」「數省之屏障」。

寶島臺灣，在古代有著許多不同的名稱。在漢代、三國時稱夷洲；隋代，稱為流求；南宋時，稱為毗舍耶；明代時，稱為東番；明末清初，才出現「臺灣」一名。臺灣系來自臺灣西南部平埔人的一支「臺窩灣」的簡稱，由族名而成為當地地名，後來又成為全島的名稱。

臺灣現有人口 2,300 多萬人，主要民族有漢族、高山族、回族、蒙古族、滿族、維吾爾族等。漢族人口中，80% 以上為閩南人。臺灣人主要信奉的宗教有佛教、道教、天主教、基督教等，其中又以信奉佛教的居多。其貨幣稱新臺幣（New Taiwan Dollar），簡寫為 NT＄。普通話和閩南語為臺灣各地的通用語言。

臺灣多風景名勝，有日月潭、阿里山、鄭成功廟、臺北故宮博物

院、臺南孔廟等。

(二) 交往禮節

臺灣的禮儀基本上與幾乎大陸相同，如見面時行握手禮並問好。親朋好友相見時，也慣以擁抱為禮，或吻面頰。臺灣的高山族雅美人在迎客時，一般慣施吻鼻禮，以示最崇高的敬意。商務交往應交換名片。稱呼上為「先生」「夫人」「小姐」之類。拜訪應事先約定，並準時赴約。上門做客應帶上禮物。

在臺灣民間送禮禁忌頗多：

(1) 禁用手巾贈人。按臺灣民俗，喪事辦完，應送手巾給吊喪者留念，意為讓吊喪者斷絕與死者的來往，因而臺灣俗語有「送巾斷根」或「送巾離根」之說。所以，非喪事不宜贈手巾。

(2) 禁用扇子贈人。扇子用於夏季扇涼，一到深秋再無利用價值，可狠心拋棄。臺灣民間有句俗語：「送扇，無相見。」因此，扇子不可當禮物贈人。

(3) 禁用雨傘贈人。閩南話中「傘」與「散」同音，「雨」與「予」同音，「雨傘」與「予散」同音。因此，以傘送人難免會引起對方的誤解。

(4) 禁用刀剪贈人。刀剪是傷人的利器，含有「一刀兩斷」之意。以刀剪贈人，會讓獲贈者覺得有威脅之感。

(5) 禁用粽子贈人。居喪之家習慣既不蒸甜果，也不包粽子。如果贈粽子給別人，則會被誤解為把對方作為喪家，所以十分忌諱。

(6) 禁用甜果贈人。逢年過節，人們常以甜果為祭祖拜神之物。因此，若以甜果贈人，會使對方有不祥之感。

(7) 禁用鴨子贈坐月子的人。臺灣婦女坐月子通常吃麻油雞、豬肝、豬腰等熱性食物。鴨子屬涼性食物，而且臺灣民間還有「七月半的鴨仔——不知死期」等諺語。若用鴨子贈給坐月子的人，易使對方聯想到不祥之兆。

與臺灣人相處，一定要尊重他們。若一見面就談論自己的成就是不禮貌的；如果對他們的要求直接答「不」，也會認為是不禮貌的；而對別人提出的要求，他們常以沉默或提出困難來表示回應，點頭表示理解，並非同意。

(三) 衣食習俗

在服飾方面，臺灣人參加商務活動一般穿西裝。高山族同胞有自己的民族服裝。男子一般穿披肩、背心、短褂、短褲、包頭巾，打裹

腿，有的地區用藤皮或椰樹皮做背心；婦女穿有袖或無袖短上衣，以及自肩向腋下斜的偏衫，下穿褲子或裙子，裙子上面有纖巧精美的刺綉。婦女還喜歡佩戴貝殼、獸骨磨制的各種裝飾品。

臺灣人的飲食以閩南風味為主，飲食習慣與大陸同胞無多大差異。

（四）主要節日

臺灣的重要節日除了春節、元宵節、清明節、端午節、中秋節、重陽節外，還有媽祖祭祀日（農曆三月二十三）、「太陽公」祭祀日（農曆三月十九）等。

「太陽公」祭祀日，是為紀念明朝崇禎皇帝殉難。每年農曆三月十九，臺灣居民面北遙祭「太陽公」，以示不忘大明（「太陽公」暗喻大明）。祭品主要是用發面製作並染成紅色的豬，暗示「朱」姓。

［思考題］

1. 回族有哪些習俗禮儀？
2. 蒙古族有哪些習俗禮儀？
3. 藏族有哪些習俗禮儀？
4. 維吾爾族有哪些習俗禮儀？
5. 臺灣民間送禮有哪些禁忌？
6. 香港有哪些習俗禮儀？

第九章 涉外禮儀

隨著改革開放的不斷深入，中國與世界各國在政治、經濟、文化、教育、科技、體育等方面的交往日益增多。在對外交往活動中，人們必須掌握一些涉外禮儀，並瞭解各國的風俗習慣。

涉外禮儀就是在對外交往中，對外賓表示尊重、友好的禮節以及舉行各種活動和慶典儀式的規範。各國文化傳統、風俗習慣千差萬別，禮儀也不盡相同。涉外禮儀既要維護本國優良的文化傳統和民族自尊心，又要做到對別國文化傳統和風俗習慣的尊重。因此，與外賓交往的一言一行、一舉一動，都應符合涉外禮儀規範，以維護國家的尊嚴、單位形象和聲譽，進一步促進友好往來。

第一節　見面禮儀

在外交活動中，見面時的禮儀很多，主要有招呼、稱呼、合十禮、擁抱禮、親吻禮、軍禮、鳴炮禮等。

一、招呼

招呼是人們見面時最常用的禮節，即在日常的社會交往中，人們見面時的互相致意和問候。與西方人打招呼，要避免用中國式的用語，如「您上哪兒去」「您吃過飯了嗎」，這會造成誤解。一般用語是「早上好」「下午好」「晚上好」「您好」等。在信奉伊斯蘭教的國家，打

招呼的第一句話是「願真主保佑」；在信奉佛教的國家，則是「願菩薩保佑」。這類問候語都是祝福的意思。

遇見熟人不打招呼，或者不回答別人向你打的招呼，都是不禮貌的。尤其是在外事場合，遇見面熟的人就打聲招呼、點點頭或者笑一笑，以免冷淡了可能認識自己的人。

如果和許多朋友見面，問候和致意的順序是：先女後男，先長輩後晚輩；如果兩對夫婦見面，應該先是兩個女人相互致意，然後是兩個男人分別向對方妻子致意，最後才是兩個男人互相致意。

由於世界各民族的傳統文化不同，其打招呼的禮儀也各不相同，譬如脫帽、握手、鞠躬等。其中互相致意最常見的是握手禮。

二、稱呼

在國際交往中，一般對男子稱「先生」，日本人對身分高的女子也稱「先生」。「女士」是西方國家對成年女性的通稱，已婚女子稱「夫人」，未婚女子稱「小姐」。不瞭解婚姻狀況的女子，可稱「小姐」。這些稱呼均可冠以姓名、職銜、銜稱等。

對地位高的官方人士，按國家情況可稱「閣下」或「先生」。但美國、墨西哥、德國等沒有稱「閣下」的習慣，對有地位的男士可稱「先生」。君主制國家，按習慣稱國王、皇後為「陛下」，稱王子、公主、親王為「殿下」。對有爵位的人，可稱爵位，也可稱「閣下」「先生」。

對於宗教界神職人員，可稱呼他們的宗教職稱，或加姓名、「先生」，如「牧師先生」「阿卜杜拉阿訇」等。宗教禮儀中忌諱較多，稱呼時要多加注意。如「神父」（天主教）與「牧師」（新教）切不可混用。

三、合十禮

合十禮又稱合掌禮，即把兩手掌在胸前對合，五指並攏向上，掌尖和鼻尖基本平視，手掌向外傾斜，頭略低。一般手合得越高，越表示對對方的尊敬，但不能高過眼睛。這種禮節，通行於南亞與東南亞信奉佛教的國家。它顯得比握手高雅，還可以避免傳染疾病。在國際交往中，當對方用這種禮節致禮時，我們也應以合十禮還禮。由於雙方關係不同，姿勢也略有差異：

（1）佛教徒拜佛或拜高僧，以跪拜為至尊，並以合十的手掌尖舉到眉尖會合處為限。

（2）學生拜師長，要採用蹲式，合十的掌尖也應齊眉。

（3）政府各部門的公務人員拜長官，是站著行禮，合十的掌尖以舉到口部為準。

（4）平等官階或是平民百姓相拜，同樣是站著行禮，但其合十的掌尖舉至胸部即可。

四、擁抱禮

這是流行於歐美的一種見面禮節，多用於迎送賓客或表示祝賀、感謝等場合，通常與接吻禮同時進行。有時是熱情友好的擁抱，有時則純屬禮節性的擁抱。擁抱時，兩人相對而立，右臂偏上，左臂偏下，右手扶在對方左後肩上，左手扶在對方的右後腰，按各自的方位，雙方頭部及上身都偏向自己的左部並互相擁抱，然後頭部及上身偏向自己右部，並相互擁抱，最後再次向左擁抱。要是在普通場合，以擁抱為禮，則不必如此講究，只要將熱情友好之意表達出來就行了。

五、親吻禮

親吻的起源有多種說法。有人說這是人類從鳥類的哺雛受到的啓發；又有人說嬰兒能從吮吸中得到樂趣；還有人說人類穴居時因缺少鹽分，所以聚在一起用舔朋友面頰的方式增加鹽分，以後就發展為親吻禮。親吻禮在西方是一種古老的禮儀，到中世紀以後就有了一些不同的要求，禮儀方式也變得多種多樣，各種禁忌也多了起來。

在歐洲和阿拉伯國家，親吻是上級對下級、長輩對晚輩或在朋友間和夫婦間表示親昵、愛撫的一種見面禮，並視不同對象採用親額頭、貼面頰、接吻、吻手背等形式（現在人們吻唇只限於夫婦之間或未婚夫妻之間）。在公共場合見面時，為表示親近，婦女之間可以親臉，男子之間可以抱肩擁抱，男女之間可以貼臉頰，長輩可以親晚輩的臉或額頭，男子對尊重的女賓則只吻其手背，等等。

在中國傳統的禮節中，沒有親吻的習慣。現為尊重對方，也可酌施此禮。

六、軍禮

現代許多國家的軍人，都通用一種軍禮或舉手禮。行軍禮時，舉右手，手指伸直並齊，指尖接觸帽檐兒右側，手掌微向外，右上臂與肩齊高，雙目註視對方，待受禮者答禮後方可將手放下。

136

涉外禮儀

為禮賓的需要而設立的禮兵隊伍，稱軍禮儀仗隊。軍禮儀仗隊通常由若干名武裝士兵組成，列隊在元首府門前，受國家元首或政府首腦的檢閱。有的國家軍禮儀仗隊雖設列隊，但元首或政府首腦不檢閱。

中國軍禮儀仗隊由陸、海、空三軍士兵組成，設在人民大會堂東門，不同的規格由不同的人數組成。首腦規格的儀仗隊，由 151～178 人組成；國防部長、三軍總參謀長檢閱三軍，由 127 人組成儀仗隊；三軍領導人檢閱，由本軍種組成 104 人的儀仗隊。接受檢閱時，軍官行舉手禮，士兵行持槍注目禮。

七、鳴炮禮

鳴炮禮起源於英國，意思是表示友好，解除武裝，自己把自己炮膛裡的炮彈全部打完。鳴放炮數的多少，則說明友好誠意和對對方尊重的程度，久而久之，鳴放禮炮便成為許多國家迎送國賓的國際禮節。現在國際慣例是：歡迎國家元首或相應級別的人時，鳴放 21 響禮炮；歡迎政府首腦或相應級別的人時，鳴放 19 響禮炮；歡迎副總理級官員時，鳴放 17 響禮炮。依次類推，均取單數。因為過去的外國海軍有一種迷信，即視雙數為不吉祥的數字，所以一直沿用至今。

很多國家在舉行盛大慶典時也鳴放禮炮，但響數、鳴放時間等都根據各國的具體情況而定。中國的開國大典鳴放禮炮 28 響。毛澤東同志說，開國大典的禮炮要放 28 響。理由是中國共產黨橫空出世，剛滿 28 歲，28 響禮炮就是對中國共產黨 28 年風雨歷程的贊禮。

第二節　接待禮儀

國際交往中的許多外事活動，包括官方的或民間的，往往都要通過各種接待工作加以體現。這些交際活動的禮儀，國際上都有慣例，但各國往往又根據本國的傳統特點和風俗習慣有著自己獨特的做法。有時因特殊情況的需要，還要對慣例加以靈活運用和變通。作為涉外接待人員對此應有一定程度的瞭解和掌握，才能做好接待工作。

一、禮賓次序及其要求

禮賓次序是指國際交往中對出席活動的國家、團體、各國人士的位次按某種規則和慣例進行排列的先後次序。通常來說，禮賓次序體

現東道主給予各國賓客的禮遇；而在某些國際性的集會上則表示各國主權平等的地位。如果禮賓次序安排不當，就會產生這樣或那樣的麻煩。其排列方法，通常有三種：

（1）按外賓的身分與職務的高低順序排列。這種排列方法是禮賓次序排列的主要依據。如按國家元首、副元首，政府總理（首相）、副總理（副首相），部長、副部長等順序排列。各國提供的正式名單或正式通知是確定職務的依據。

（2）按參加國國名的字母順序排列。多邊活動中的禮賓次序通常按參加國國名字母順序排列。一般以英文字母順序排列，也有按其他語種字母順序排列的。國際會議和體育比賽多用這種方法。如在重大國際體育比賽的開幕式上，各國體育代表團均依照國名的字母順序排列，只有東道主的代表團出於禮貌排在最後。聯合國大會的席次也按英文字母順序排列，但為了避免一些國家總是占據前排席位，因此，用每年抽簽一次的辦法來決定本年度大會的席位以哪一個字母打頭，以便讓各國都有機會排在前列。

（3）按通知代表團組成的日期先後排列。在一些國家舉行的多邊活動中，若各國代表團的身分、規格大體相等，東道主則按派遣國通知代表團組成的日期排列，或按代表團抵達活動地點的時間先後排列，或按派遣國決定應邀派遣代表團參加該活動答覆的時間先後排列。

另外，在安排禮賓次序時還應考慮到其他方面的因素，如國家之間的關係，所在地區，活動的性質、內容，對活動的貢獻大小，以及參加活動人的聲望、資歷和年齡等。對方亦應由與外賓身分、職務相當者接待陪同。

在民間外事來往中，對禮賓次序雖沒有官方交往中看得那麼重要，但也大意不得。

為安排好次序，涉外人員在實際工作中，要耐心、細緻、反覆考慮研究，多設想幾套方案，擇其優者而從之，以免造成不必要的麻煩或誤解。

二、迎送外賓的禮儀

在國際交往中，對來訪的外賓，一般視其身分、地位和訪問性質及兩國間相互關係安排相宜的迎送。迎接外賓前首先要做好兩件事：一是確定迎送的等級規格；二是掌握抵達和離開的時間。對於迎送規格，各國做法不盡一致，沒有固定的模式。但其基本要點和原則是一致的，即

主要根據來訪國賓或賓客的地位、身分和訪問的目的,考慮兩國間的關係,同時注意國際慣例等做出決定。一般情況下,主要迎送人與來賓的身分、地位要相當,由於其他原因對口單位的對等人不能出面時,可靈活變通為由職務相當的人或副職代替,並禮貌地向對方做解釋。迎送人數的多少要適宜,在掌握來賓準確到達時間之後,迎接人員應在飛機(火車、船舶)抵達前到達;在明確離開時間後,送行人員應前往賓客住宿處,用車送其至機場(車站、碼頭),等飛機起飛(列車開動、輪船離開碼頭)再離開。具體的迎送禮儀分官方和民間團體兩種。

(1)官方迎送禮儀。官方迎送要舉行儀式。迎送儀式一般在機場(車站、碼頭)舉行,也有在特定場所舉行的,如總統府、議會大廈、國賓館等地方。迎送儀式大體有:懸掛賓主雙方國旗,賓右主左;在國賓行走道上鋪紅地毯;接待國職務、身分對等的官員臨場;需要時通知各國或部分國家駐本國的使節參加;由兒童或女青年獻鮮花;奏兩國國歌,先賓後主;檢閱儀仗隊,來賓在右,主迎在左,沿紅地毯徐徐行進;鳴放禮炮。

中國對外國元首、國賓的迎送儀式大體如下:國賓抵達,由指定的陪同團長或主持外交、外事工作的對等領導人到機場、車站迎送,並陪同來賓到下榻的賓館;於當日或次日,在人民大會堂東門外廣場舉行隆重的歡迎儀式,天氣不好時則在東門內中央大廳舉行。歡迎儀式一般為雙邊活動,懸掛賓、主兩國國旗,不邀請各國駐華使節出席;組織首都少年兒童歡迎隊伍;領導人會見;少年兒童獻花;奏兩國國歌;檢閱三軍儀仗隊。國賓離京,國家領導人到賓館話別,由陪同團團長和外交部領導人陪同到機場、車站或陪同到外地訪問。

(2)民間團體迎送禮儀。不舉行正式儀式,只安排對口單位的對等人員前往迎送。對身分較高的賓客則安排在機場(車站、碼頭)貴賓室稍作休息,將住房、乘車號碼卡片發到客人手中,便於客人主動配合。對一般客人,重點做好各項具體活動和生活安排,派出人員迎送,雙方互相介紹。對有大批客人的團體,可預先準備特定的標誌,如小旗、牌子,以便於主動接洽。

接待服務人員在迎送工作中應注意幾項具體事務:其一,對迎送身分高的來賓,應事先在機場(車站、碼頭)安排貴賓休息室,並準備好飲料;其二,安排好汽車,預訂住房;其三,指派專人協助辦理入、出境手續及機票(車船票)和行李提取或托運手續等事宜;其四,來賓抵達下榻處後,一般不宜馬上安排活動,應讓其稍作休息,

消除疲勞，並保證留有足夠時間讓來賓們更衣。

三、懸掛國旗的禮儀

國旗是一個主權國家的標誌和象徵。在一個主權國家領土上，一般不得隨意懸掛他國國旗。在國際交往中，已逐漸形成了懸掛國旗的一些慣例，為各國所公認。

世界上各國國旗的顏色主要有紅、綠、藍、黃、白、黑等色，這些顏色各有一定的含義。紅色象徵先驅者的鮮血，象徵為國家獨立和民族解放而鬥爭的精神。紅色用得較普遍，中、美、法、英、俄、日等國國旗都有紅色。綠色象徵著吉祥；藍色代表海洋、河流、天空；黃色象徵陽光、黃金、礦藏、貨源和財富等；白色通常表示和平、純潔、公正。

按照國際慣例，懸掛雙方國旗，以右為上，左為下。國際禮儀左、右的概念不是從觀眾的角度來區分的，而是從事物本身的角度來分辨的。當兩國國旗並掛時，以旗本身的面向為準，右邊掛客方的國旗，左邊掛本國的國旗。如果國旗懸掛於汽車上，則以汽車行進的方向為準，駕駛員的左手為主方，右手為客方。所謂主客，不以活動所在國為依據，而以舉辦活動的主人的國籍為依據。例如，外賓來訪，東道主國舉行歡迎宴會，東道主國是主人；來訪者舉行答謝宴會，來訪者是主人。國旗不要隨意交叉懸掛或豎掛，更不得倒掛。制旗要規範、整潔。如果並掛、懸掛兩面不同規格、尺寸的國旗，應將一面國旗放大或縮小，以使國旗面積大致相等。懸掛國旗宜以正面（即旗套在旗的右方）面向觀眾，不用反面。一般國際上通行的掛旗方法如圖9-1至圖9-6所示。

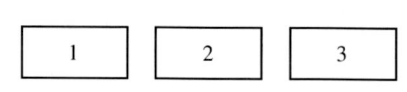

| 1 | 2 | 3 |

圖9-1　三國以上國旗並掛

（註：多面並掛，主方在最後，如系國際會議，無主客之分，則按會議規定之禮賓順序排列）

| 客方 | 主方 |

圖9-2　兩國國旗並掛

140

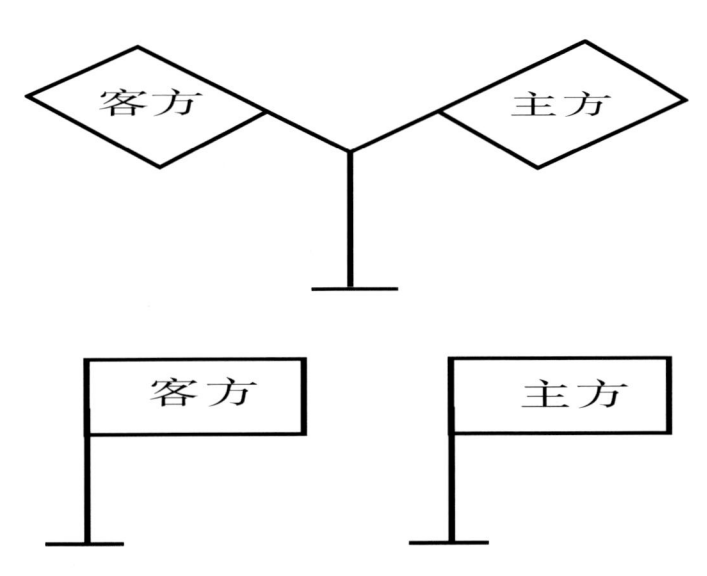

在不同的場合懸掛國旗有不同的規範。一般在室外的旗杆或建築物上掛旗，是日出升旗日落降旗；在外賓來訪、國際體育比賽、國慶慶典升旗時要以國歌相伴；一個國家的元首、政府首腦在他國領土上訪問，在其住所及交通工具上懸掛本國國旗是一種外交特權；而作為東道主國，在接待來訪的外國元首、政府首腦時，在貴賓下榻的賓館、乘坐的汽車上懸掛對方的國旗，是一種禮遇。

如某位國家領導人逝世，為表示哀思，通常的做法是降半旗。降半旗時要首先把旗升到杆頂，再降至離杆頂相當於杆長三分之一處。也有的國家不降半旗，而在國旗上方掛黑紗致哀。

第三節　歐美主要國家禮儀

一、德國（Germany）

（一）簡況

德國是德意志聯邦共和國（The Federal Republic of Germany）的簡稱。古德語意為「人民的國家」或「人民的土地」。居民以信奉基督教和天主教為主；國語為德語，首都柏林。其貨幣過去稱德國馬克（Deutsche Mark），簡寫為 DM，現為歐元（euro，歐元符號由拉丁字母 C 中間加兩橫組成，其外形以希臘字母 ε 為藍本，象徵歐洲文化的搖

籃和歐洲文字的第一批字母，平行的雙橫線代表歐元的穩定）。國花為矢車菊，國樹是愛支櫟，國鳥是白鸛，國石是琥珀。主要名勝有科隆大教堂、呂德斯海姆老城、柏林國會大廈、波恩文化藝術展覽館、慕尼黑德國博物館、海德堡城堡、巴伐利亞的新天鵝堡等。

德國有「經濟巨人」「酒花之國」「啤酒王國」「運河之國」等美稱。

（二）交往禮節

德國人勤勞，有朝氣，守紀律，好清潔，愛音樂，比較注重禮儀。

德國人在社交場合與客人見面時，一般慣行握手禮；親朋好友相見時，一般慣施擁抱禮；情侶和夫妻間見面慣施擁抱和親吻禮。在稱呼別人時，一般不喜歡直呼其名，而要稱頭銜；接電話時首先要告訴對方自己的姓名。在街上兩人並行時，右邊為尊；三人並行，中間為尊。宴會上，男士坐在女士或職位較高者的左側；當女士離開飯桌或回來時，男士則要站起來以表示禮貌。喝啤酒時，一般情況下不碰杯，一旦碰杯，則必須一口氣將杯中的酒喝完；為別人斟酒時，一定要斟滿，否則為失禮。

應邀到德國人家中做客，通常以鮮花為禮物（不要包裝），且必須是單數，5支或7支即可，但切不可送玫瑰花，因為它表示你暗戀女主人；其他禮物如威士忌酒、高質量的紀念品等都受歡迎，但不可送葡萄酒，因為此舉說明你認為主人選酒的品位不高。若送刀、劍或刀叉等餐具，則請對方付一個硬幣給你，以免所送的禮物傷害你們之間的友誼。德國人對禮品包裝很講究，但忌諱用白色、褐色的包裝紙，也不用彩帶系扎禮品。與德國人交談時，不要詢問其私人情況，也不宜涉及納粹、宗教與黨派之爭。

（三）衣食禮俗

德國人衣著的總體風格是莊重、樸素、整潔。德國商人喜歡穿三件套西裝，並喜歡戴上呢帽。他們也希望對方與之穿戴相似。

德國人的主食為肉類、馬鈴薯、色拉等。馬鈴薯的吃法是以叉、刀背將其壓碎，而不是用刀子切割著吃。大多數德國人不愛吃魚。德國人的飲食口味較重，偏油膩，也很喜歡中國菜。早餐較簡單，主要是咖啡、小麵包、黃油和果醬或少許灌腸和火腿；午餐（主餐）和晚餐較豐盛，也喜歡以大米、麵條為主食；晚餐大多是夾著香腸或火腿的吐司之類的冷餐。德國人用餐時有幾條規矩：其一，吃魚用的刀叉不得用來吃肉或奶酪。其二，先喝啤酒，再喝葡萄酒，要是反過來喝，

則認為有損健康。其三，食盤中不宜堆積過多的食物。其四，不得在用餐中扇風。

（四）禁忌

德國人忌諱「13」「666」和星期五；忌吃核桃（認為核桃是不祥之物）；忌薔薇、菊花（認為這些花是為悼念亡者所用的）；忌紅色、茶色和深藍色；忌交談時將手插在口袋裡。

（五）主要節日

國慶日10月3日。民主日5月7日。啤酒節是慕尼黑的一個民間傳統節日，時間為每年9月的第三個星期六至10月的第一個星期日。節日期間，熱鬧非凡，人們載歌載舞，開懷暢飲。

狂歡節是德意志民族自古以來就有的一個傳統節日。從每年11月11日11時開始，到第二年復活節4月4日前止。在狂歡節結束的前一天，一定是星期一，這一天被稱為「瘋狂的星期一」。在此之前的最後一個星期四，稱為「女人節」，而且是狂歡節進入高潮的標誌。「女人節」要表演女人奪權的喜劇，可以坐市長的椅子，還有許多地方的婦女拿著剪刀在街上專門剪男人的領帶，並拿回家去釘在牆上欣賞。「瘋狂的星期一」主要活動有兩項：一是化裝大遊行；二是舉辦大型狂歡集會和舞會，一直到深夜。

二、英國（United Kingdom）

（一）簡況

英國是大不列顛及北愛爾蘭聯合王國（The United Kingdom of Great Britain and Northern Ireland）的簡稱。「不列顛」在凱爾特語裡為「雜色多彩」之意。因有部分不列顛人遷居法國，故將本土稱為大不列顛。主要由英格蘭人、威爾士人、蘇格蘭人和愛爾蘭人組成，居民多信奉基督教和天主教。官方語言和通用語言為英語。首都倫敦，被稱為「世界霧都」。其貨幣稱英鎊（Pound Sterling），簡寫為￡。國花為玫瑰，國鳥是知更鳥（紅胸鴝），國石是鑽石。主要名勝有不列顛博物館（大英博物館）、聖保羅大教堂等。

英國有「世界工場」之稱。

（二）交往禮節

英國人性格內向，遇事謹慎，感情不外露，比較保守，但自信，大多數人追求紳士、淑女風度，講文明、重禮節。

在交際中雙方初次見面行握手禮，女子一般施屈膝禮。英國人不

喜歡見面時擁抱，一般只是點頭致意或用手指碰一下帽檐兒，彼此寒暄幾句。英國人喜歡別人稱他的榮譽頭銜，如某某爵士；亦稱已婚女士為「夫人」、未婚女士為「小姐」。他們講話十分客氣，「請」「謝謝」「對不起」常掛在嘴邊。英國人很注意尊重婦女，「女士優先」已成為社會習慣。

對英國人來說，未經預約拜訪是非常失禮的。到英國人家中做客，一般的禮品有高級巧克力、名酒、鮮花或客人自己國家的民間工藝品，但禮物價值不宜過高。在接受禮品方面，主人常常當著客人的面打開禮品，無論禮品價值如何，是否有用，他們都會給予熱情的贊揚且表示謝意。主人提供的飲品，客人飲量以不超過3杯為宜。英國人一般不喜歡邀請客人到家中飲宴，聚會大多在飯店進行；參加正式宴會，人們都很注意著裝。

(三) 衣食禮俗

英國人對衣著很講究。他們崇尚紳士、淑女風範，好講派頭，強調矜持莊重。上等家族人身穿燕尾服，戴禮帽，持手杖（文明棍）或雨傘，其他人多穿三件套式西裝。

大多數英國家庭一日四餐，即早餐（上午7點至9點），食物主要是麥片、牛奶、火腿、三明治等；午餐（中午11點左右），一般是冷肉、土豆和涼拌菜；茶點（下午4點至5點），這是非正式用餐，即一邊喝茶，一邊吃些點心；晚餐（晚上7點半左右），這是正餐，主要食物是各種肉類、野味和蔬菜。英國人口味清淡，喜喝清湯，愛喝酒，也特別喜歡喝茶。真正的英國人大多有喝「被窩茶」（早晨）、「下午茶」（午後）的習慣，喝茶比較定時，一般在上午10點左右和下午4點左右。他們不喝清茶，而是先在杯中放牛奶，然後沖茶，最後放一點糖。如果先倒茶再沖牛奶，會被視為無教養。

(四) 禁忌

英國人忌諱數字「3」「13」和星期五；忌用一次火點3支菸；忌諱4人交叉握手；忌詢問對方個人情況，英國人的生活戒條是「不管閒事」；忌以王室的家事作為笑話題材；忌稱對方為「英國人」，一定要具體情況具體對待，將其分別稱為英格蘭人、蘇格蘭人、威爾士人或北愛爾蘭人，或採用「不列顛人」這一統稱；忌佩戴條紋領帶；忌用人像作服飾圖案或商品包裝；忌大象、孔雀、貓頭鷹等圖案；討厭墨綠色；忌過分表露喜、怒、哀、樂的感情；忌諱在眾人面前相互耳語；忌諱把食鹽碰撒（將食鹽碰撒被認為是朋友爭吵和斷交的預兆，

144

應立即再抓些鹽從左肩拋出，以解除忌諱）；忌諱百合花；忌直接提「廁所」這個詞；忌打碎鏡子（英國人將打碎鏡子視為不祥之兆，解救的方法是當月圓時，偷偷將自己口袋裡的硬幣翻個面，以「逢凶化吉」）；用食指和中指表示「V」字勝利之意時，手心一定要朝外，手背朝外是極不禮貌的。

（五）主要節日

國慶日為6月第二個星期六。英聯邦節為5月24日。在英國人的節日中，聖誕節（12月25日）和新年（1月1日）最為隆重。聖誕節互寄聖誕卡，送聖誕禮物，過了聖誕節就寄新年賀卡。英國人在除夕之夜，喜歡舉杯痛飲，高唱《辭歲歌》；元旦，各家各戶打掃廚房，認為這可以驅逐惡魔。他們還舉行「卜蛋」儀式，即將蛋放入一盤清水中以其形狀來卜吉凶。這一天，青少年要先跨入長輩的門檻兒，並贈送一塊煤，祝願家裡的煤長燃不熄。英國人還有一個習俗，就是把新的一年是否吉祥如意，寄託在第一個來訪者身上。此外，還有2月14日的情人節、4月1日的愚人節、5月末的降靈節等。

三、法國（France）

（一）簡況

法國是法蘭西共和國（The Republic of France）的簡稱。法蘭西由法蘭克部落名演變而來。法蘭克在日耳曼語中意為「勇敢的、自由的」。主要由法蘭西人（約占90%）、布列塔尼人、巴斯克人和科西嘉人組成，居民多信奉天主教。官方語言為法語。首都巴黎，是世界著名的花都、世界著名美城、「浪漫之都」「時裝之都」，也是一座世界聞名的歷史文化名城。其貨幣過去稱法國法郎（French Franc），簡寫為FF，現為歐元。國花是鳶尾花，國鳥是公雞，國石是珍珠。主要名勝有蓬皮杜文化中心、埃菲爾鐵塔、凱旋門、巴黎聖母院、凡爾賽宮、羅浮宮等。

法國素有「奶酪之國」「葡萄之國」「藝術之邦」「時裝王國」「名酒之國」等美稱。

（二）交往禮節

法國人性格爽朗熱情，談吐幽默風趣，注重守時。雙方見面時，通常行握手禮，同時說一聲「先生，幸會」。如是親朋好友相遇，則以親吻或擁抱代替握手。兩個相識的人在路上相遇時，可互相點頭致意。如果雙方都戴帽，脫帽也是一種致意。在做自我介紹時，一般先

通報自己的姓名及所擔任的職務，同事之間很少以名字相稱，除非在摯友之間。人們一般只以「先生」「夫人」「小姐」相稱，無須加上對方的姓。今日歐美的許多禮儀都出自法國，其中最為典型的尊重婦女的風尚，就是公元5世紀進入西歐的古代日耳曼人的傳統。

　　設家宴款待是對朋友最高的待遇。應邀到法國人家中做客，應帶上小禮品，如送給小孩的糖果、巧克力，送給女主人的一束鮮花等。在法國人眼裡，不同的花表示不同的感情；送花時，通常為單數，但要避開「13」這個數目。另外，法國本土產的香檳酒、白蘭地、香水（男士不可送香水給女士，否則有過分親熱或圖謀不軌之嫌）、藝術品、書籍等也是受歡迎的禮物。不要談個人問題和政治、種族、宗教等問題。

　　（三）衣食禮俗

　　法國人的衣著十分考究，尤其是婦女，可以說她們是世界上最喜歡打扮的人。在法國從事商務活動宜穿保守式西裝。

　　法國烹飪享譽全球。法國人把就餐視為人生一大快事。法國菜的特點偏重於鮮嫩。法國最名貴的菜是鵝肝。法國人愛吃的菜肴有：豬肉、牛肉、各種香腸、蝸牛和青蛙腿等，並有吃生菜肴的習慣。口味偏愛酸、甜、咸味，不愛吃無鱗的魚，也不愛吃辣味重的菜肴。

　　法國人的早餐比較簡單，但非常重視晚餐。就餐時，要把碟中的食物吃完，否則會冒犯女主人或廚師。因此，世人總結在吃法上的講究是：英國人「注意著禮節吃」，德國人「考慮著營養吃」，義大利人「痛痛快快地吃」，而法國人則「誇獎著廚師的技藝吃」。

　　法國是香檳酒、白蘭地酒的故鄉。法國人飲酒是驚人的。他們喝酒就像英國人喝茶一樣，想喝就喝，尤其愛飲葡萄酒、玫瑰酒、香檳酒等。

　　（四）禁忌

　　法國人忌數字「3」「13」「666」和星期五。忌核桃圖案（不吉利）、仙鶴圖案（淫婦的代名詞）、孔雀（被看作是禍鳥）和大象（意為蠢漢）；忌黃色的花（意為不忠誠）、菊花（代表哀傷）；忌墨綠色（因第二次世界大戰時德國納粹軍服為墨綠色）、紫色（西方公認的同性戀者色彩）；忌送刀、劍、刀叉之類的禮品（此類禮品表示雙方斷絕關係）。

　　（五）主要節日

　　主要節日有元旦（1月1日）、復活節（3月21日月圓後第一個

星期日)、國際勞動節（5月1日）、貞德就義日（5月30日）、國慶日（7月14日）、諸聖節(11月1日)、聖誕節（12月25日）。

法國人過年有一種習俗，家中不能有剩餘的酒，否則，會被認為來年要交厄運。因此，他們在除夕晚上要將家中的酒都喝光，以致許多人都會喝得酩酊大醉。

四、俄羅斯（Russia）

（一）簡況

俄羅斯（Russia）或俄羅斯聯邦（The Russian Federation），主要由俄羅斯人、韃靼人、烏克蘭人、楚瓦什人、巴什基爾人等組成，居民多信奉東正教。國語為俄語。首都莫斯科。其貨幣稱盧布（Rouble），簡寫為Rub。國花為葵花。主要名勝有紅場、列寧墓、克里姆林宮、普希金廣場和普希金像、瓦西里‧勃拉仁內大教堂、小劇院、大劇院、冬宮、彼得宮、五層湖等。

（二）交往禮節

俄羅斯人性格開朗豪放，真誠坦率，不善掩飾，注意禮貌，熱情好客。

在交往中，初次見面行握手禮。熟悉的朋友，久別重逢時，一般要熱情擁抱，甚至親吻雙頰，但男士對女士多為吻手背。稱呼上，在非常熟悉的朋友之間，可直呼其名（本名），在不太熟悉的朋友之間或公務社交場合，年輕人對長輩、下級對上級則必須使用尊稱，即本名、父名、姓氏加「先生」「夫人」等稱呼或頭銜，對婦女不能稱「太太」。與客人相見要互相問好，並道「早安」「午安」「晚安」，言談中「對不起」「謝謝」等時常掛在嘴邊。俄羅斯人的「您」與「你」分得非常清楚，不可隨意亂用。他們舉止文雅，衣著得體，並保持著尊重女士的良好風尚。

到俄羅斯人家中做客時，應注意禮節，如進門後應脫下大衣、帽子等；帶給主人的禮物可以是一瓶酒或一束鮮花，也可以是藝術品或書籍。送花時花的顏色應為紅色（參加婚禮可送白色或粉色鮮花），花束必須是單數，他們視單數為吉祥的象徵。他們常將麵包和鹽獻給客人，以表示敬意。談話時，應多聊他們的傳統文化，這是他們最喜歡的話題。

（三）衣食禮俗

俄羅斯人愛整潔，外出時，總是衣冠楚楚，不扣好扣子或將外衣

搭在肩上都被認為是不文明的表現。城市居民多著現代西裝，春秋季喜歡在西裝外套一件漂亮的風衣，冬季則以呢大衣為主。女士愛穿裙子。

俄羅斯人用餐時，第一道菜是湯，湯的種類較多，著名的有羅宋湯；食物以麵包、牛奶、奶油、肉類和土豆為主。口味偏愛甜、鹹、油膩，不吃烏賊、海蜇、海參和木耳等。境內的韃靼人忌吃豬肉、驢肉和騾肉，境內的猶太人不吃豬肉和無鱗的魚。俄羅斯人最愛喝的飲料是格瓦斯（是用薄荷、面粉、葡萄干、水果等加白糖發酵制成的一種清涼飲料），多數人愛喝伏特加等烈性酒和啤酒。飲茶是俄羅斯人的嗜好，尤其是紅茶，茶水一般要放糖，也有放鹽的，喝茶時還配有果醬、蜂蜜、糖果和甜點心。俄羅斯人吃飯時常說：「祝你好胃口！」除一日三餐之外，還有兩頓加餐，分別在上午10點左右和下午4點左右。

（四）禁忌

俄羅斯人忌數字「13」，最喜歡「7」；忌問女士的年齡；忌兔子（認為兔子是一種怯弱的動物）；忌黑色（認為黑色是喪葬的代表色）；忌黑貓（視其從面前跑過為不幸的象徵）；忌用黃色鮮花送人（黃花意味著變節）；忌打破鏡子（意味著靈魂的破滅，個人生活出現不幸），而打破杯子和碗，特別是盆子、碟子則意味著富貴和幸福。俄羅斯人對鹽十分崇拜，視其為珍寶和祭祀用的供品。他們認為鹽具有驅邪除災的力量，但如果有人不慎打翻了鹽罐或把鹽撒在地上，則認為是家庭不和的預兆。無論幹什麼都用右手，避免用左手。

（五）主要節日

主要節日有聖誕節（東正教節日，1月7日）、洗禮節（東正教節日，1月19日）、謝肉節（復活節前第8周）、復活節（4月23日）、清明節（復活節後第9天）、國慶日（6月12日）、樺樹節（6月24日）、十月革命節（11月7日）、俄羅斯之冬等節日。

五、美國（America）

（一）簡況

美國是美利堅合眾國（The United States of America）的簡稱。英語中美利堅和亞美利加為同一詞。國徽格言是：合眾為一。美國是一個移民國家，其中84%為歐洲移民後裔，13%為黑人，被譽稱為「民族熔爐」（幾乎容納了全世界各民族的人）。居民主要信奉基督教新教、天主教、猶太教和東正教等。國語為英語。首都華盛頓。其貨幣稱美

元（United States Dollar），簡寫為 US＄。國花一說是山楂花，一說是玫瑰花。另外還流行一種折中的說法，即以玫瑰為國花，以山楂為國樹。國鳥是白頭鷹，國石是藍寶石。主要名勝有國會大廈、白宮、霧谷大廈、五角大樓、華盛頓紀念塔、林肯紀念館、杰弗遜紀念亭、國家自然歷史博物館等。

（二）交往禮節

美國人性格隨和友善，熱情開朗，講禮貌而不拘多而瑣碎的細節，喜歡幽默，獨立精神強，充滿自信心，自滿而傲慢，追求新奇，愛好變革。

人們見面和告別時行握手禮，彼此很熟悉的女性之間、男女之間也親吻面頰。但亦有見面時只點頭微笑，說一聲「Hello」或「Hi」表示問候的。在稱呼上，人們喜歡直呼其名，但出於禮貌還是以「先生」（男孩子年滿 12 歲就可稱為先生）、「夫人」「女士」「小姐」或對方的職銜稱呼客人，熟悉之後可不受約束。「女士優先」已成為社會習慣。人們常把「請」「謝謝」「對不起」等掛在嘴邊。

到美國人家中做客，要事先約定，進門後應脫下帽子和外套，先向女主人問好，再向男主人問好。主人喜歡聽讚賞家中擺設的語言，而不願聽到詢問價格的話。美國人比較喜歡的禮物有書籍、文具、鮮花、巧克力以及中國工藝品。不宜送給美國人的禮品有香菸、香水、內衣、藥品以及廣告用品。他們不太計較禮物的便宜與貴重，但卻十分講究包裝。給美國人送禮時，注意不要送雙數，他們認為單數是吉祥的。美國人收到禮物後，會立即打開，當著送禮人的面欣賞或品嘗禮物，並立即向送禮者道謝。美國人時間觀念很強，因此，赴約一定要準時，如果不能按時到達，應打電話通知對方，並表示歉意。朋友聚會或業務往來，應邀一道吃飯時，要注意由誰付款，美國非常流行 AA 制的聚餐。赴宴時，當女士進入餐廳時，在場的男士都要站起來表示尊敬。

美國人談話時不喜歡雙方離得太近，慣於兩人的身體保持一定的距離，一般應保持 120～150 厘米，最少也不得少於 50 厘米。

（三）衣食禮俗

美國人的衣著，可以說是自由、嚴謹兩分明。他們日常的穿著自由自在、無拘無束，全憑自己的愛好，夾克衫、運動衫、牛仔服隨處可見，甚至穿著泳裝也可以出門。但在正式場合，美國人的衣著又非常嚴謹。男士都穿較深顏色的西裝，打領帶，給人一種沉穩可靠的印

象；女士穿套裙，顏色多為深藍色、灰色或大紅色。

在飲食方面，美國人力求簡便與快捷，通常都食用快餐、罐頭或冷凍食品。代表性食物有熱狗、漢堡包等。美國人的早餐一般是果汁、麵包、火腿腸或香腸、咖啡或紅茶；午餐一般是漢堡包或三明治、濃湯、生菜、咖啡、紅茶或啤酒；晚餐一般是濃湯、蔬菜、肉、水果、咖啡或紅茶。美國人不愛吃肥肉，不吃清蒸和紅燒的食品，忌食各種動物的內臟及奇形怪狀的食品，如雞爪、豬蹄、海參等；一般不飲烈性酒，即便要飲，也通常將冰塊加進烈性酒中再喝。美國人用餐的戒條主要有：不允許進餐時發出聲響；不允許替別人取菜；不允許吸菸；不允許向別人勸酒；不允許當眾寬衣解帶；不允許議論令人作嘔之事；入口之物不宜再吐出來。

（四）禁忌

美國人忌「3」「13」「666」和星期五；忌談個人私事，如年齡、婚姻、收入、宗教信仰；忌蝙蝠和蝙蝠圖案的商品、包裝品；忌說「老」，老年人不喜歡恭維其年齡；忌黑色，偏愛白色和黃色，喜歡藍色和紅色。

（五）主要節日

美國人的重要節日有元旦（1月1日）、華盛頓生日（2月22日）、復活節（3月21日月圓後第一個星期日）、國慶日（又名獨立日，7月4日）、勞動節（9月第一個星期一）、感恩節（11月第四個星期四）、聖誕節（12月25日）。此外，還有一些沒有公共假期的全國性節日，如情人節（2月14日）、愚人節（4月1日）、母親節（5月第二個星期日）、父親節（6月第三個星期日）等。

六、加拿大（Canada）

（一）簡況

加拿大（Canada），印第安語意為「棚屋」。國徽格言是：從大海到大海，意在表明加拿大地理上的幅員遼闊。加拿大是一個移民國家，居民主要有英、法、意、德等歐洲人後裔及土著居民（印第安人、因紐特人、米提人）。他們多信奉天主教、基督教新教。官方語言為英語和法語並用，實行的是「雙語制」。首都渥太華。其貨幣稱加拿大元（Canadian Dollar），簡寫為Can＄。國花是楓葉，國樹是楓樹。主要名勝有艾伯塔省恐龍公園、班夫國家公園、納漢尼國家公園和尼亞加拉瀑布等。

150

加拿大有「楓樹之國」「萬湖之國」「真誠的北疆」「冰球之鄉」「移民之國」等美稱。

(二) 交往禮節

加拿大人既講究禮貌，又喜歡無拘無束，性格比較開朗，自由觀念較強，友善和氣，好客。人們見面時行握手禮，熟人、親友和情人之間也親吻和擁抱。在稱呼方面與歐美國家相同，熟人之間問候時只喊一聲「Hello」。

加拿大人不像美國人那樣隨便，大部分招待會在飯店或俱樂部舉行，應邀做客要準時赴約。如果應邀去加拿大人家中做客，可以事先送去或自帶一束鮮花給女主人。白色的百合花在加拿大只用於葬禮，因此，千萬不可送人。加拿大人很喜歡紅色與白色，因為那是加拿大國旗的顏色，並且被正式定為國色。在加拿大，宴請客人時，通常由女主人安排座位，入座後，男主人常常要做簡短的祈禱。

(三) 衣食禮俗

在加拿大從事商務活動，宜穿保守式西裝。加拿大人飲食習慣與英、法、美相似，其獨特之處是特別愛吃烤制食品，口味清淡，不愛吃辣的東西，喜食牛肉、魚、蛋、各種野味和蔬菜；忌食蝦醬、魚露、腐乳和臭豆腐等有怪味、腥味的食物和動物內臟及腳爪。日常飲食一日三餐，早、午餐較簡單，晚餐較豐盛，傳統菜肴為法國菜。加拿大人喜歡飲酒，尤以白蘭地、香檳酒為最愛，對飲料中的咖啡和紅茶也很感興趣。

(四) 禁忌

加拿大人多為歐洲移民後裔，禁忌與歐洲人有很多相同之處。忌談論個人私事；忌「13」和星期五；忌說「老」字，年紀大的人被稱為「高齡公民」，連養老院也被稱為「保育院」。與加拿大人交談時，他們喜歡談論本國的長處，不喜歡外來的人把他們的國家和美國進行比較。

(五) 主要節日

主要節日有元旦（1月1日）、情人節（2月14日）、楓糖節（3月）、冬季狂歡節（2月第一個週末起，為期10天）、愚人節（4月1日）、復活節（4月15日）、國慶日（又名加拿大日，7月1日）、勞動節（9月3日）、感恩節（10月的第二個星期一）、聖誕節（12月25日）等。

第四節　亞太地區主要國家禮儀

一、日本（Japan）

（一）簡況

日本是日本國（Japan）的簡稱，意為「日出之國」「太陽升起的地方」。日本古稱「和」「大和」，民族主要為大和族。居民多信奉佛教、神道教。日本國語為日語。首都東京。其貨幣稱日元（Japanese Yen），簡寫為JPY￥。國花是櫻花，國鳥是綠雉，國石是水晶。主要遊覽勝地有東京、富士山、迪士尼樂園等。

日本有「櫻花之國」「造船王國」「貿易之國」「地震國」之稱。

（二）交往禮節

日本人性格內向，感情不外露，愛面子，自尊心強，重視人際關係，講信用，重禮節。

日本人見面時互相行鞠躬禮，並致「您好」「請多關照」的謙辭。第二次世界大戰後，握手禮逐漸成為日本常用的禮節，但通常與對方握手後還要行鞠躬禮，特別是道別時。

人們初次見面時，要交換名片。日本人的姓名排列順序和中國相同，即姓在前，名在後，一般稱呼時只稱姓，在正式場合稱全名。對男子可在姓後面加「君」，只有對教師、醫生、年長者、上級和有特殊才能的人才稱「先生」，對德高望重的女子也稱「先生」。對其他人均以「桑」（「桑」在日語中兼含「先生」「老×」「小×」等意）相稱。另外，還可稱其職務或用其職務加上「先生」相稱。「您」這個稱呼只用於夫妻之間，或被長輩用來稱呼小輩。

除非受到日本人的邀請，否則不要登門拜訪。到日本人家中做客，要事先約定時間並按時赴約。按慣例要帶上禮品，日本人送禮時不送雙數，而喜歡送單數禮物，可送3、5、7件；日本人不喜歡在禮品包裝上系蝴蝶結，用紅色的彩帶包紮禮品象徵身體健康；不要給日本人送有動物形象的禮品；梳子在日本不宜作禮品（在日文中梳子的發音與「苦死」相同，意為極其辛苦）。客人進門前應先按門鈴並通報姓名，進門後主動脫下外衣、帽子，換上拖鞋；就座時，應坐在背對著門的位置上，只有在主人的勸說下，才可移向尊貴的位置——擺著各種工藝品的壁龕前的位置；不可參觀主人的臥室，男士不可進入廚房，

上衛生間必須徵得主人同意。交談時，令人愉快的話題是你對日本和日本文化、壘球、高爾夫球、食品和旅行的印象。在閒談時，應看著對方的脖子，盯著對方被人認為是不禮貌的。

（三）衣食禮俗

在日本從事商務活動宜穿保守式西裝，參加娛樂活動時可著便裝。

日本民族服裝為和服，亦稱「著物」。日本人在舉行婚禮、慶祝重要節日、出席茶道等活動時常穿和服，以示莊重。

日本人的飲食分為三種：和食（日本飯菜）、洋食（西餐）、中華料理（中餐）。早餐多為牛奶、麵包、稀飯等；午餐、晚餐的主食多為米飯。他們喜歡吃瘦豬肉、牛肉、生魚片、生雞蛋、筍、豆腐、醬湯、泡菜和各種時鮮蔬菜。日本人酷愛喝酒，即使喝得大醉，也不為失禮。在飲酒時，不要自斟自飲；斟酒時，應右手拿酒壺，左手從下面托著壺底，但千萬不能碰著酒杯。客人也要右手拿著酒杯，左手托杯底接受對方斟酒。

日本人十分重視茶道。茶道會多為款待尊貴客人而舉行，正式的茶道會要在專用茶室中舉行。茶室中間放著用以燒水的陶制炭爐和茶壺，爐前陳列著各種十分精致的茶具。由於茶道的儀式十分繁瑣，所以精於茶道便被認為是對一個人的身分、修養的肯定。一般茶道中，飲茶方式有兩種：一種是每位客人各飲一碗；另一種是一碗茶每人只飲一口，由全體客人輪流飲用。

（四）禁忌

日本人忌數字「4」（在日語中與「死」諧音）、「9」（與「苦」發音相似）和「6」，敬重「7」這一數字；忌黑白相間色、綠色、深灰色、紫色，喜愛紅、白、藍、橙、黃色；忌送菊花（十六瓣菊花是日本皇室專用花）、荷花（祭奠死者用）、仙客來、山茶花等；忌三人合影（中間人有受制於人的兆頭）；忌獾和狐狸（這兩種動物都象徵狡猾）；忌頭朝北睡覺（在日本，人死後停屍時，死者頭朝北）；忌倒貼郵票（暗示斷交）；忌婦女盤腿而坐；忌舔筷、迷筷、移筷、扭筷、掏筷、插筷、跨筷、剔筷。

（五）主要節日

主要節日有元旦（1月1日）、成人節（1月的第二個星期一，年滿18歲男女取得成人地位）、建國紀念日（紀元節，日本紀元的開始，2月11日）、春分節（3月21日，天皇、百姓祭祖）、櫻花節（3月15日至4月15日）、憲法紀念日（5月3日）、兒童節（5月

5日)、中元節(7月15日)、敬老節(9月15日)、秋分節(9月23日,天皇秋季祭祖)、體育節(10月的第二個星期一)、文化節(11月3日)、勞動感謝日(11月23日)、國慶日(天皇誕辰日,12月23日)等。

二、新加坡(Singapore)

(一)簡況

新加坡是新加坡共和國(The Republic of Singapore)的簡稱。居民中主要有華人、馬來人、印度人等。華人和斯里蘭卡人多信奉佛教,馬來人和巴基斯坦人多信奉伊斯蘭教,印度人信奉印度教。國語為馬來語。馬來語、英語、華語和泰米爾語為官方語言,行政用語為英語。新加坡不設首都,行政中樞新加坡市。新加坡一詞來自梵文,「新加」在梵文中為獅子之意,「坡」在梵文中為城之意,故新加坡市又叫獅城。古稱淡馬錫,意為「湖泊、海城」。國徽格言是:前進吧,新加坡。其貨幣稱新加坡元(Singapore Dollar),簡寫為 S$。國花是蘭花(卓錦·萬代蘭)。主要名勝有聖淘沙島、植物園、夜間動物園等。

新加坡有「花園之國」「公園國家」等美稱。

(二)交往禮節

新加坡是一個文明的國家,講究禮貌已成為新加坡人的行為準則。

因受英國的影響,新加坡人通常的見面禮是握手,但新加坡人仍保留著各民族的傳統習慣。如華裔老年人還有相互作揖的習慣,印度血統的新加坡人仍見面行合十禮等。稱呼上,不論什麼民族的人,都可以「先生」「小姐」「太太」相稱。商務交往中名片交換必不可少,但政府規定,官員不使用名片。談話時,可以談旅行見聞以及新加坡的經濟成就等,避免談論政治和宗教。

到新加坡人家中做客,宜帶上鮮花或巧克力等禮物。在你進入主人家的屋內之前,要注意看看他們的家人是否在屋內也穿著鞋,如果他們沒有穿,你也得把鞋脫掉。應邀赴約要準時,如果不能準時到達,必須預先通知對方,以示尊重。

(三)衣食禮俗

在新加坡,參加社交活動和商務活動,男士一般著白襯衣、打領帶、穿長褲、皮鞋,會見政府官員時,宜穿西裝。

新加坡華人飲食習慣與中國基本相同,菜肴以閩粵風味為主,主食為米飯、包子等,副食有魚、蝦、肉等。

有印度血統者忌食牛肉，忌用左手進食；穆斯林忌食豬肉。

（四）禁忌

新加坡人忌諱數字「4」「7」「13」「37」和「69」；到清真寺參觀，忌穿鞋進入；討厭男子留長髮和胡子，在一些公共場所，常見到「長髮男子不受歡迎」的告示牌；視黑色、紫色為不吉利的顏色，喜歡紅色；禁說「恭喜發財」（他們認為「發財」兩字有「橫財」之意，而「橫財」就是不義之財）；禁止使用宗教詞句和象徵性標誌；忌諱烏龜（認為這是不祥的動物，給人以色情和污辱的印象），喜歡紅雙喜、大象、蝙蝠圖案；忌大年初一掃地（認為這一天掃地會把好運氣掃走）；忌諱有人口吐髒言；虔誠的佛教徒及印度教徒、伊斯蘭教徒恪守他們的宗教禁忌。

（五）主要節日

主要節日有元旦（1月1日）、勞動節（5月1日）、衛塞節（5月10日）、開齋節（5月）、國慶節（8月9日）、燈節（又稱屠妖節，10~11月）、聖誕節（12月25日）等。

三、泰國（Thailand）

（一）簡況

泰國是泰王國（The Kingdom of Thailand）的簡稱，原名暹羅（Siam），1949年改名泰國。泰語意為「自由之國」。泰國有傣族、老撾族、馬來族、高棉族等30多個民族。居民中大多信奉佛教，佛教為國教。國語為泰語，英語為通用語，各族有自己的民族語言。首都曼谷，具有「天使之城」的含義，其泰文全稱譯成拉丁文共有142個字母，是世界首都中名稱最長者，素有「東方威尼斯」「東方門戶」之稱。其貨幣稱泰銖（Thai Baht），簡寫為B。國花是睡蓮，國樹是桂樹，國獸是白象。主要遊覽勝地有曼谷、普吉、清邁、帕塔亞、清萊等。

泰國有「黃袍佛國」「千佛之國」「白象之國」「微笑之國」等美稱。

（二）交往禮節

泰國人注重人際關係，講禮貌，處事小心謹慎，不喜冒險。除了非常西化的場合外，泰國人與人見面或告別時一般不握手，而是行合十禮。在泰國，若對方先向你行合十禮，你也應還以合十禮，唯獨和尚不受約束，可不必向任何人還合十禮，與人見面只點頭微笑致意。泰國人將名放在姓之後，稱呼時，無論男女，一般只叫名字不叫姓，

並在名字前面加「坤」（Khan），意為您。如果不知道對方的名字，可以簡單地用「坤」稱呼他們。常用的問候語是「你到哪裡」，這是一種習慣，並不要求作答，而「上街去」，則是一個有禮貌的回答。談話的話題最好為泰國的食品、氣候和對該國的一些良好印象，應避免的話題是政治、王室和宗教。像「你收入多少」或者「你多大年齡」這樣的個人問題，只是表示友好的關心，這在泰國並非不禮貌。

到泰國人家中做客，進屋時要先脫鞋，千萬不要踩踏門檻兒（認為門檻兒下住著神靈）；可以送給主人水果、糕點、鮮花（不要送康乃馨或萬壽菊）；傳遞禮品或其他物品時用右手，不要用左手吃東西或拿東西給別人。如果你喜愛某些裝飾品，不要對主人過分地讚美它們，否則，主人可能會因不把它們送給你而感到過意不去。

到泰國寺廟燒香拜佛或參觀，必須衣冠整潔，進入寺廟時要摘帽脫鞋，以表示對神佛的尊重，嚴禁穿背心、短褲進入，否則會被視為玷污聖堂。

泰國人非常重視頭部而輕視兩腳。他們認為頭是智慧所在，是神聖不可侵犯的，若被他人觸摸是奇恥大辱，同時也切記勿觸摸別人的頭，即使是小孩也不行。如果是長輩在座，晚輩必須坐在地下或者蹲跪著，以免高於長輩的頭部，否則就是對長輩不尊敬。泰國人忌他人拿著東西從自己頭上通過。如用腳給人指示東西，用腳踢門，坐著時鞋底朝向他人等，都是不能容忍的。泰國人喜愛紅、黃色，並習慣用顏色表示不同日期。

（三）衣食禮俗

泰國男子通常打扮是穿長褲、襯衫，尤其是花襯衫很受歡迎，只有參加宴會時才穿深色套裝；女子喜穿裙子和寬大的短外套。在服裝顏色方面，紫色為寡婦在哀悼時所穿；黑色表示悲痛，只在參加喪禮時穿。泰國男女青年都喜歡佩戴項鏈、戒指等首飾。

飲食方面，泰國人的主食是大米。早餐多為西餐，午餐、晚餐為中餐。他們喜歡吃魚、蝦、羊肉、雞、辣椒等，也喜歡用味精和魚露調味，而最愛吃的是具有民族風味的「咖哩飯」（用大米、魚肉、香料、椰醬及蔬菜等烹制而成），不愛吃紅燒菜肴，忌食牛肉。泰國人進餐用叉子和勺（右手拿勺，左手拿叉），不習慣用筷子，有的人樂於以手抓飯取食。泰國人喜歡喝啤酒，不喝熱茶，並習慣在喝的茶裡放塊冰，喝飲料時也同樣配上冰塊。

（四）禁忌

泰國人忌對僧侶態度不恭；睡覺時，忌頭朝西（因為西方是日落

之處，只有停屍時才頭朝西）；忌用紅筆簽名（因為泰國人用紅筆在棺材上寫死人的名字）；禁用手撫摸寺廟中的佛像；忌家庭種植茉莉花（在泰語中，「茉莉」與「傷心」諧音）。

（五）主要節日

主要節日有元旦（1月1日）、宋干節（佛曆新年，4月13日至15日）、勞動節（5月1日）、加冕典禮節（5月5日）、春耕節（5月9日）、國慶日（12月5日）、憲法節（12月10日）、水燈節（泰曆12月15日）等。

四、馬來西亞（Malaysia）

（一）簡況

馬來西亞（Malaysia）的「馬來」二字在馬來語中意為「黃金」。馬來半島有「黃金半島」之稱。國徽格言是：團結就是力量。居民中大多數為馬來族人和華人，印度人、巴基斯坦人占很少部分。伊斯蘭教為國教（華人多信奉佛教）。國語為馬來語，通用語言為英語、華語、泰米爾語。首都吉隆坡。其貨幣稱林吉特（Ringgit），簡稱馬元，簡寫為M＄。國花是扶桑花。主要遊覽勝地有吉隆坡、雲頂、檳城、馬六甲等。

馬來西亞素有「熱帶旅遊樂園」「錫和橡膠王國」之美稱。

（二）交往禮節

馬來西亞人平易近人，愉快樂觀，無憂無慮。他們喜歡開玩笑，認為「笑口常開」是一種社交禮貌。

馬來人在相互見面時，要按不同的年齡、性別等行不同的握手禮。同輩之間相遇時，行握手禮後還要把右手收回到自己的胸前輕輕拍一下；晚輩見長輩時要雙手緊握長輩的手，收回雙手後還要在胸前做抱狀，同時身體朝前彎下，如同鞠躬；婦女與男人行見面禮時，要先用手巾將自己的手掌蓋住，再同男人的手接觸，然後收回胸前雙手做抱狀，同時彎身鞠躬。此外，馬來人還有一種奇特的施禮方式：雙方見面時，要先互相朝前稍微靠攏，然後相互伸出手掌交叉觸摸，再用手在臉部由上而下輕輕一抹，最後向胸前一點，彼此互相說「願真主保佑你」！在與外國人或非伊斯蘭教徒見面時，馬來人一般行西方國家的握手禮。稱呼方面，華人、印度人可稱「×先生」「×小姐」「×太太」等；穆斯林則在男子名前加「恩錫克」，在女子名前加「錫克」。馬來人有名無姓，通常是起個名字，後面再加上父名，男的中間加

「賓」字，女的中間加「賓蒂」兩字。

在馬來西亞，最好的話題是談論對方的商務活動或社會成就、足球比賽、馬來西亞的文明史和各地區的烹飪方法等，不喜歡人們把他們的生活與新加坡人相比較。最好不要談論宗教和種族問題。

馬來西亞人愛宴請，通常在飯店舉行。馬來西亞人的時間觀念較強，會見最好事先聯繫，準時赴約。應邀去馬來西亞人家裡做客，進入主人家裡前，要先脫鞋，並摘掉太陽鏡。賓客在主人家不吃不喝，是對主人的不敬，並會引起主人的反感。如果你在主人家見到《古蘭經》，絕不能摸它，還要注意不能踩在或坐在祈禱用的小地毯上。任何人都不可觸摸馬來人的頭和背部，因為那會被看成是對他人的嚴重侵犯和給他人帶來厄運。在馬來西亞，左手被認為是不潔之手，吃飯也好，遞東西也好，絕對不能用左手。

（三）衣食禮俗

馬來西亞居民最具代表性的衣著是「巴迪」——一種蠟染花布做成的長袖上衣，即使在正式場合也可以穿著。馬來人還有一種傳統服裝：男子上身穿無領長袖外衣，下身圍一大塊布，叫「紗籠」；女子穿「克巴亞」，即無領長袖連衣長裙。在公共場所，馬來人不論男女，衣著都不得露出胳膊和腿。

馬來人的主食以大米、糯米糕、椰漿、咖喱為主，喜歡吃牛肉、羊肉、雞、鴨、魚及蔬菜，還有帶辣味的菜餚。風味食品以「沙爹」（即烤雞、烤羊肉）最為有名，是各種宴會不可缺少的佳肴。馬來人習慣用手抓飯進食，進餐時，桌子上有兩杯水，一杯供飲用，一杯用於清洗手指。如果給你一只勺子和一把叉子，則用右手拿勺子，左手握叉子，先用叉子把食物撥到勺子內，然後再食用。馬來人禁酒，通常以熱茶或白開水招待客人。

（四）禁忌

馬來人忌數字「0」「4」「13」等；忌穿黃色服裝（認為黃色象徵死亡）；忌豬、狗等動物，也忌烏龜，但卻喜歡貓。

（五）主要節日

主要節日有年節（1月1日）、聯邦國土節（2月1日）、勞動節（5月1日）、感恩節（6月30日）、國王生日（6月6日）、宰牲節（7月14日）、國慶日（又名獨立日，8月31日）、聖誕節（12月25日）等。

五、菲律賓（Philippines）

（一）簡況

菲律賓是菲律賓共和國（Republic of the Philippines）的簡稱。居民主要由馬來人、印尼人、華人、印度人、阿拉伯人、西班牙人等組成。華人多信奉佛教，其他居民多信奉天主教。菲律賓有「亞洲唯一天主教之國」之稱。國語為菲律賓語（他加祿語），通用英語。首都馬尼拉。其貨幣稱菲律賓比索（Philippines Peso），簡寫為 Peso。國花是茉莉花，國樹是納拉樹，國果是芒果，國石是珍珠。主要旅遊勝地有馬榮火山、百勝灘、藍色港灣、碧瑤市等。

菲律賓有「太平洋的果盤」「世界椰王」「花園之島」「東方之珠」等美稱。

（二）交往禮節

在菲律賓，美國的生活方式得到仿效。菲律賓人和藹可親，愉快樂觀，善於交際，作風大方，但時間觀念不強。

菲律賓人，不分男女，見面都握手，男人之間有時也拍對方的肩膀，表示問候。稱呼上與西方人相同，但晚輩見長輩時，可稱呼長輩為「博」（意為大爺）。

應邀到菲律賓人家中做客，至少要得到三次邀請，才可上門，否則就不要接受邀請。在一些人家，習慣於進屋前脫鞋，作為客人，要學著主人的樣子做。如果要送禮，比如花，要在一到達時就送。參加宴請，應遲到15～30分鐘，否則會被視為不禮貌；席間要盡量放鬆，若過於嚴肅，反而會使主人擔心。飲酒過量被認為貪婪。禮物不能當面打開。菲律賓人家庭觀念強，喜歡別人談論他們的家庭。

（三）衣食禮俗

菲律賓人在大多數場合都衣著整潔。商務活動中，男子穿白色或花色襯衫，配以長褲；女子穿西裝或襯衣、裙子、長襪。外賓在拜訪政府官員或商界人士時，宜穿保守式西裝。

在菲律賓，稍為正式一點的宴請，請柬上都會註明「必須穿無尾禮服等正裝」。假如沒有無尾禮服，則可穿當地的正裝——香蕉纖維織成的「巴隆塔卡樂」褲和襯衫。

菲律賓人的飲食風味受西班牙影響較大，烹調時愛用香辣調料。主食以大米、玉米為主，米飯放在竹筒裡煮，用手抓飯進食；副食有肉類、海鮮、蔬菜等。代表性的名菜有咖喱雞肉、蝦子煮湯、肉類炖

蒜等。不論男女都愛喝啤酒。待客時，總少不了用檳榔來招待。

（四）禁忌

菲律賓人忌諱數字「13」和星期五；菲律賓規定，選舉期間禁止喝酒，商店也禁止售酒；忌用左手遞物、進餐；交談時，忌談論第二次世界大戰，以及該國政治紛爭、宗教、腐敗現象和外國援助等話題；忌用手摸頭部和背部；忌長時間用眼光與人對視，這種對視會被認為是向對方挑釁而往往導致暴力行為；召喚人時，伸出胳膊，手掌朝下，手指上下擺動，不可彎曲一個手指召喚人；站著雙臂交叉在胸前，表示生氣；不可窺視主人的臥室、廚房，去衛生間應徵得主人同意。

（五）主要節日

主要節日有元旦（1月1日）、自由日（2月25日）、濯足節（3月23日）、耶穌受難日（3月24日）、國際勞動節（5月1日）、血盟節（5月18日）、國慶日（又名獨立日，6月12日）、民族英雄日（8月27日）、感恩節（9月21日）、萬聖節（11月1日）、聖誕節（12月25日）、黎薩爾紀念日（12月30日）等。

血盟節。每年從5月18日開始，菲律賓東明都洛省卡拉潘市都要舉行一週盛大的血盟節慶祝活動，這是紀念菲中人民友好交往的節日。古代的中國和菲律賓都有「歃血為盟」的習俗。這一慶祝活動連續舉行一週，最後一天，當地的政府官員和群眾都參加化裝遊行，並舉行別開生面的血盟節儀式，把活動推向高潮。

六、印度尼西亞（Indonesia）

（一）簡況

印度尼西亞是印度尼西亞共和國（The Republic of Indonesia）的簡稱。其名稱是由印度（梵文為「海」）和尼西亞（在希臘語中為「島嶼」）組成。印度尼西亞是世界最大的群島國家。國徽格言是：殊途同歸。印度尼西亞有100多個民族，主要有爪哇族、巽他族、馬都拉族等。居民大多信奉伊斯蘭教，是世界上最大的伊斯蘭教國家。官方語言為印度尼西亞語，通用英語。首都雅加達。雅加達曾名「巽他加拉巴」，意為「椰子密林的世界」，所以又稱為「椰城」。貨幣名稱為印度尼西亞盧比（Indonesia Rupiah），通稱盾，簡寫為 Rp。國花是茉莉花。主要遊覽勝地有巴厘島、婆羅浮屠佛塔、縮影公園、日惹蘇丹王宮、多巴湖等。

印度尼西亞有「金雞納霜大本營」「千島之國」「火山之國」「南

洋翡翠」等美稱。

　　（二）交往禮節

　　印度尼西亞人重深交、講舊情、熱情好客、講禮貌、愛笑。他們把笑看成是一種交際語言。

　　印度尼西亞人在社交場合與客人見面時，一般慣以握手為禮。常用的還有擁抱、貼臉、拍打對方的肩膀等。與熟人、朋友相遇時，傳統禮節是用右手按住胸口互相問好，也可以點點頭。對男士一般稱先生，女士稱夫人。在普通場合，男人之間打招呼可稱兄弟。商務交往一定要互送名片，否則會遭受冷落。

　　印度尼西亞人不喜歡別人問他的名字。名字的長短往往能表明一個人的地位和富裕程度，有錢人的名字往往很長。多數中層人士有兩個名字，下層人士只有一個名字。印度尼西亞人「明天」一詞，並不表示第二天，而是將來某一天的意思。

　　印度尼西亞人有進寺（清真寺）脫鞋之俗，現在他們一般的家庭居室都有地毯，所以有脫鞋入屋的習慣。印度尼西亞人喜歡客人到他們家中做客，而且在一天中任何時間去，都是受歡迎的。應邀做客時，可以給主人帶去一束鮮花，不一定非要送禮，但最好說幾句感謝的話，或寫個便條表示謝意。

　　印度尼西亞人有崇拜蛇和敬蛇的習俗，視蛇為「德行」「善長」「智慧」與「本領」的象徵，有些地方還設有蛇舍，內設香案，供人祭祀。印度尼西亞是一個多民族國家，其風俗習慣千差萬別。如米囊加堡人的婚姻習俗是女娶男嫁；克諾伊族人把房子建在樹上；巴厘女子愛赤膊露背，以示聖潔；客人到沙羌族住地時，要大喊大叫，否則會被認為來意不善；爪哇人具有神祕的信仰，忌談誕辰。

　　（三）衣食禮俗

　　在印度尼西亞，一般場合穿襯衫、打領帶、穿長褲，而拜訪政府官員則要穿西裝，並事先預約，準時赴約。

　　在飲食上，印度尼西亞人以大米為主食，以魚類、蔬菜、肉類等為主要副食，不吃豬肉，不喜歡烈性酒，常用飲料有紅茶、葡萄酒、香檳酒等。除在官方場合有時使用刀、叉、匙或筷子外，人們一般都習慣用右手抓取食物享用。在拜訪印度尼西亞人時，如遇到主人正在吃飯，他們會邀請你共同進餐，這時你不可推辭，否則會被認為是不懂禮貌。

（四）禁忌

印度尼西亞人忌用左手傳遞東西或食物；忌摸小孩的頭；忌諱烏龜和老鼠；忌談論政治類、國外援助等話題。

（五）主要節日

印度尼西亞除宗教節日外，主要的節日有國慶日（8月17日）、建軍節（10月5日）、英雄節（又稱青年節、烈士節，11月10日）等。

七、韓國（Republic of Korea）

（一）簡況

韓國是大韓民國（Republic of Korea）的簡稱。全部都是單一的韓族人。韓族人，其實就是朝鮮族人。居民多信仰佛教，也有信奉基督教、儒教的。官方語言是韓語，即朝鮮語。首都首爾，因宮殿眾多，故被稱為「皇宮之城」。其貨幣稱圓（Won），簡寫為W。國花是木槿花，國鳥是喜鵲，國獸是虎，國樹是鬆樹。主要遊覽勝地有景福宮、德壽宮、昌慶宮、昌德宮、民俗博物館、南山塔等。

韓國有「白袍之國」之稱。

（二）交往禮節

韓國人注重禮節，講究尊卑。

韓國人見面時通常打招呼，互相鞠躬並握手。在韓國家庭中，還保留著小孩向尊貴的客人行跪拜禮的習俗。韓國的女士很少與人握手，除非別人先伸出手來；晚輩與長輩握手時，常以左手置於對方右手之上，表示尊敬；對長輩、上級和初次見面的客人要用敬語問候。社交中，人們樂於交換名片。韓國有一半以上居民姓金、李、樸，稱呼時，最好以頭銜相稱。

到韓國人家中做客，進門後都要脫鞋。上門做客，宜帶上鮮花或其他小禮物，進門後雙手遞給主人，主人不當著客人的面打開禮物。韓國家庭中的餐桌為矮腿方桌，賓主盤腿席地而坐，不可雙腿伸直或叉開，否則會被視為無教養。與長輩同坐時，韓國人總是保持一定的姿勢，不敢掉以輕心。欲抽菸時，一定要得到長輩的允許。

（三）衣食禮俗

在韓國從事商務活動，宜穿西服。韓國本民族的服裝，男士為高雅的長袍，女士則為輕盈的闊裙。服裝顏色以白色為主。

韓國人飲食口味偏清淡，不喜油膩，但特別喜歡吃辣味菜肴。辣泡菜是韓國傳統菜肴；湯餃子是傳統的接待客人的食品之一。韓國人

不愛吃羊肉、肥豬肉、鴨子，愛喝啤酒。用餐時，如有長輩同桌，晚輩不可先動筷子，小孩子吃飯時不可以比父母快。宴請客人，一般在飯館或酒吧進行。

（四）禁忌

韓國人忌數字「4」（在韓語中發音、拼音與「死」完全一樣），喜歡單數，不喜歡雙數。絕不能將「李」這個姓氏稱為「十八子」，因在韓語中「十八子」與一個淫蕩詞相近，聽起來令人反感。在對其國家或民族進行稱呼時，不要將其稱為「南朝鮮」、「南韓」或「朝鮮人」，而宜分別稱「韓國」或「韓國人」。逢年過節，忌諱說不吉利的話，更不能生氣、吵架；正月頭三天不能殺生，不能掃地倒垃圾；寒食節忌生火；生肖相克者忌婚配。忌談的話題有：政治腐敗、經濟危機、南北分裂、韓美關係、韓日關係及日本之長等。

（五）主要節日

主要節日有元旦（1月1日）、民俗節（陰曆正月初一）、獨立紀念日（3月1日）、植樹節（4月5日）、兒童節（5月5日）、光復日（8月15日）、中秋節（陰曆八月十五）、國慶日（10月3日）、聖誕節（12月25日）等。

八、澳大利亞（Australia）

（一）簡況

澳大利亞是澳大利亞聯邦（The Commonwealth of Australia）的簡稱。拉丁文語意為「南方的大陸」。居民主要是英國及其他歐洲國家移民的後裔、土著人及華人。居民大多信奉基督教新教或天主教。官方語言為英語。首都堪培拉，有「花園都城」之譽。其貨幣稱澳大利亞元（Australian Dollar），簡寫為 $A 或 A$。國花是金合歡花，國鳥是琴鳥，國樹是桉樹，國石是蛋白石。主要遊覽勝地有悉尼、墨爾本、布里斯班、阿德萊德、珀斯、大堡礁、黃金海岸和達爾文等。

澳大利亞有「騎在羊背上的國家」「牧羊之國」「坐在礦車上的國家」「島大陸」「南方大陸」「古老土地上的年輕國家」「淘金聖地」等別稱。

（二）交往禮節

澳大利亞人性格開朗、坦率，強調友善與公平，重視人道主義精神，追求享樂。

澳大利亞流行西方禮儀。人們見面或告別時，總喜歡熱情握手，

彼此以名相稱；喜歡與陌生人交談，而且很快能交上朋友。澳大利亞人時間觀念強，赴約準時；重視辦事效率，不喜空談；商談中盡量避免把時間花在討價還價上。

到澳大利亞人家中做客，可以給主人送葡萄酒或鮮花。澳大利亞的商務活動大多在小酒店進行。自古至今，澳大利亞人一直嚴守週日做禮拜的習慣，每週日上午，人們一定要去教堂，這一習慣絕對不可改變。因此，交往中要避免在週日邀請他們參加別的活動。

（三）衣食禮俗

澳大利亞人沒有傳統服裝，平時穿著比較隨便，只是在參加正式會見或商務活動時才穿西裝，比較講究。

澳大利亞人飲食習慣主要吃英式西餐，口味清淡，忌食辣味菜肴；就餐時，調味品放在桌上，客人根據自己的愛好選用。澳大利亞人對動物蛋白的需求量很大，他們愛喝牛奶，喜食牛、羊肉、雞、鴨、蛋、乳製品及新鮮蔬菜，不吃狗肉、貓肉、蛇肉，不吃動物的內臟與頭、爪。澳大利亞人喜喝啤酒、葡萄酒和咖啡，愛吃水果。

（四）禁忌

澳大利亞人忌數字「13」與星期五；忌諱兔子（認為兔子是一種不吉利的動物，看到它會倒霉）；忌諱自謙的客套語言（認為這是虛偽和無能或看不起人的表現）。

（五）主要節日

主要節日有元旦（1月1日）、國慶日（1月26日）、聖誕節（12月25日）等。

澳大利亞的聖誕節，獨具特色。因為澳大利亞位於南半球，當歐美國家在凜冽的寒風中歡度聖誕節的時候，這裡卻是在陽光灼人的仲夏迎接聖誕老人。所以，在澳大利亞過聖誕節，到處可以看到光著上身、汗水涔涔的小伙子和穿著超短裙的姑娘，與在商店櫥窗裡精心布置的冬日雪景、掛滿雪花的聖誕樹及穿大紅襖的聖誕老人形成鮮明的對比，構成了世界上獨一無二的聖誕節日景象。聖誕弄潮也是澳大利亞聖誕節的一大活動，因此，孩子們最希望得到的聖誕禮物是一副小水劃。節日的晚上，人們到森林裡舉行「巴別居」野餐，在露天竈中煮一鍋由香腸、牛肉、鮮魚等食品做成的雜燴，人們在品味美味佳肴和歡樂的迪斯科或「袋鼠舞」中迎接新年的到來。

世界上有200多個國家和地區，他們都有自己的文化特點、民族傳統和風俗習慣，要想一一瞭解所有國家和地區、所有民族的禮俗，

是十分困難的。因此，在學習瞭解各國和地區民族習俗禮儀時，要注意根據以下幾個特點去加以概括總結，做到舉一反三，觸類旁通：

（1）習俗禮儀受宗教信仰的影響。不同國家和地區、不同民族，如果宗教信仰相同，習俗禮儀就會有許多相近或相似之處。

（2）習俗禮儀與民族和種族有關。習俗禮儀固然和國家有關，但與民族、種族的關係更為密切。生活在不同國家和地區的人，只要是同一民族或同一種族，其習俗禮儀亦往往相同。

（3）習俗禮儀受語言的影響。語言是傳播習俗禮儀的工具，使用同一語種或語言的人，習俗禮儀往往類似或相同。

（4）習俗禮儀有同化現象。在不同民族的混合居住區，人們在習俗禮儀方面也互相效仿。在現代，隨著科學文化的發展和各國、各民族相互交往的增多，一些先進的、文明的習俗禮儀，被越來越多的人所接受，因此，也加快了習俗禮儀的同化現象。

［思考題］

1. 禮賓次序的排列方法有哪些？
2. 迎送國賓的儀式包括哪些內容？
3. 美國人的生活習慣和禮節禮儀與歐洲國家有哪些不同？
4. 英國、德國、法國在禮節禮儀、宗教信仰、飲食習慣和忌諱方面有哪些異同點？
5. 日本、新加坡、泰國、韓國在禮節禮儀、宗教信仰、飲食習慣和忌諱方面有哪些相似和不同？
6. 在學習瞭解各國民族習俗禮儀時，應根據哪些特點去加以概括總結，做到觸類旁通？

第十章

宗教禮儀

第一節 宗教概述

一、什麼是宗教

宗教（Religion）是一種社會現象和文化現象。辯證唯物主義認為，宗教是統治人們的自然力量和社會力量在人們頭腦中的歪曲、虛幻的反應，是以對超自然的神靈的崇拜來支配人們命運的一種社會意識形態。信仰和崇拜偶像是一切宗教的共同特點。

宗教現象，來自原始人類在自然界力量的壓迫下產生的對自然現象的神祕不安感，也來源於階級社會的階級壓迫和剝削制度所造成的社會苦難。當人們在感到絕望和無法擺脫苦難時，便寄希望於神靈或偶像。可見，宗教是在人類歷史發展到一定階段才出現的一種社會現象，是社會生產力不發達和人類科學文化水準不高的產物，有它產生、發展和消亡的客觀規律。

二、怎樣對待宗教信仰

宗教是一個帶有群眾性、民族性、國際性和政治性的問題。因此，我們必須以正確的態度來對待宗教。

《中華人民共和國憲法》規定，「中華人民共和國公民有宗教信仰的自由」，「國家保護正常的宗教活動」。所謂宗教信仰自由，就是每個公民既有信仰宗教的自由，又有不信仰宗教的自由；既有信仰這種宗教的自由，又有信仰那種宗教的自由；對同一種宗教，既有信仰這

一派的自由，又有信仰那一派的自由；既有過去不信教而現在信教的自由，又有過去信教而現在不信教的自由。

一般而言，對待他人的宗教信仰，我們應採取的態度是：

（一）尊重宗教徒的宗教信仰

尊重他人的宗教信仰，需要我們平時對不同宗教的常識、禮節、禁忌等相關的內容有所瞭解。特別是宗教禮儀，它是宗教思想的表現形式，多數宗教徒的宗教觀念實際上都是從具體、直觀的宗教禮儀及各種宗教習俗中熏陶培養而成的。尊重宗教徒的宗教信仰，直接表現為對其宗教禮儀的尊重。

（二）不干涉正常的宗教活動

每一種宗教都有一套特定的禮儀。對於宗教徒在合法的宗教活動場所進行的正常的宗教活動，比如慶祝宗教傳統節日，正常的誦經、布道、彌撒、封齋等，只要堅持宗教同政權、司法、教育分離的原則，均受法律保護，其他人不得干涉；對於不同民族和地區的風土人情，包括含宗教色彩的婚喪儀式和群眾性節慶活動，不能強加干預。

（三）對外賓的宗教信仰不加非議

在對外交往中，最好不要直接打聽或議論宗教信仰問題，更不要對外賓的宗教信仰妄加評點。

第二節　佛教禮儀

一、簡況

佛教與基督教、伊斯蘭教並稱世界三大宗教。佛教起源於公元前6世紀至公元前5世紀的古印度，由古印度迦毗羅衛國（今尼泊爾境內）王子悉達多·喬答摩所創，後人稱之為釋迦牟尼。釋迦是族姓，牟尼意為「聖人」。

佛教在印度本土經歷了原始佛教、部派佛教、大乘佛教及密教等發展時期後，13世紀初在印度趨於消亡，以後又稍有復興。在印度佛教中，最基本的宗派是小乘派和大乘派。2世紀，佛教向古印度境外傳播，在許多國家形成各具民族特色的教派。傳入中國、朝鮮半島、日本和越南等國的以大乘佛教為主，稱為北傳佛教，其經典主要屬漢語系統；傳入斯里蘭卡、緬甸、泰國、柬埔寨、老撾以及中國傣族地區的以小乘佛教為主，稱為南傳佛教，其經典屬巴利語系統；傳入中

國西藏、蒙古、尼泊爾、俄羅斯部分地區的以藏傳佛教為主,俗稱喇嘛教,其經典屬藏語系統。近代以來,在歐美各國也有佛教流傳。成立於 1950 年的世界佛教徒聯誼會在 1963 年 9 月開會決定,聯誼會的總部永久設在泰國曼谷。

公元前 2 年,佛教傳入中國。魏、晉、南北朝時佛教得到發展,至隋唐時期達到鼎盛,形成天臺宗、法相宗、華嚴宗、禪宗和淨土宗等中國佛教宗派。

《大藏經》為佛教典籍叢書。其內容分經、律、論三藏。三藏在南北朝時稱「一切經」,隋代以後稱「大藏經」。

佛教的最高境界是「涅槃」,其基本含義是「消除」或「像燭光一樣熄滅」,即擺脫生活的束縛,從輪迴中解脫出來,達到永恆寂靜的安樂境界。

佛教的標記為「卐」。武則天將其定音為「萬」,意為太陽光芒四射或燃燒的火,表示吉祥如意。法輪也被視為佛教的標記,因為佛之法輪如車輪輾轉,可摧破眾生煩惱。

佛教供奉的對象有佛(意為「大徹大悟者」)、菩薩、羅漢、護法天神等。

二、主要禮儀

(一)稱謂

在佛教大寺院裡,一般設有高低不等的僧職和嚴格的管理權限,順序大致分為:第一是方丈(住持),他掌管全寺的一切重大活動,通例三年一任;第二是班首,相當於方丈的顧問,一般有前堂、後堂、左堂和右堂 4 個;第三是執事,具體掌管寺內事務,分為監院(庶務)、副司(會計)、知客(交際)、知藏(典藏)、僧值(糾察)、維那(教事)等。寺院裡往往擁有大批的僧伽。

僧伽,是僧侶或修行者結合成的群體。僧伽一般由出家的比丘(和尚)、比丘女(尼姑)、沙彌、沙彌尼、正學女(見習尼)等所謂五眾組成。其中的沙彌和沙彌尼,為年齡未滿 20 週歲的出家男女,正學女則為年齡未滿 18 歲的出家女。另外,在家修行的優婆塞(居士)和優婆夷(女居士)與出家修行的比丘和比丘女,並稱為佛教四眾,又稱四眾弟子。

在出家的僧尼中,凡是擔任有職務的,都各有職稱,但非佛教信徒很難分清僧尼職稱系列的尊卑高低,可將僧尼通稱為師父,或稱僧

宗教禮儀

眾為法師，稱尼眾為師太。如果經介紹瞭解了僧尼的身分後，可在他們的職稱後面加一個「師」字，如維那師、僧值師、知客師等，以示尊敬。僧尼出家後不用俗姓，一律姓釋。出家入道時，由其師父賜予法名；受戒時，由其受戒師賜予戒名。如果要詢問法名以便稱呼時，可問「法師上下如何？」或「法師法號如何？」就能得到回答。

（二）合十、五體、繞佛和袈裟

佛教徒之間或教徒與施主見面時，最常用的禮節是行合十禮。做法是：雙手左右合掌，十指並攏置於胸前，專注一心，以此表示敬意。佛教徒不興握手，所以，非佛教徒不要主動與僧人握手，更不可以與出家的尼眾握手。

五體，又稱五輪，指人的兩肘、兩膝和頭。佛教徒向佛像或上層佛職人員行禮時，須行此禮，即五體都要著地。此為佛教最高的禮節，恭敬之至，五體投地。

繞佛，是佛教徒繞著佛像右行走，以表示對佛的尊敬，繞佛圈數，可多可少。

佛教徒穿的衣服統稱袈裟，俗稱僧服。僧服有三種：一是用5條布縫制而成的安陀會，又叫五衣，日常穿用；二是用7條布制成的鬱多羅僧，又叫七衣，禮誦、聽講時穿用；三是用9～25條布制成的僧伽梨，重大場合穿用。袈裟原為素色，自佛教出現派系之後，各派的衣色區別有青色、黃色，也有保留赤色的。

（三）僧尼戒規

佛教的戒律很多，這些戒律是對佛教徒的行為乃至思想所做的種種約束，其目的是加強佛教信仰，統一僧伽行為。作為佛教徒，必須受三皈依，即皈依佛、皈依法、皈依僧。在眾多的戒律中，最重要的要數「四重戒」，即不殺生、不偷盜、不邪淫、不妄語。佛教認為這些是所有戒律的根本。

佛教對僧伽要求絕對素食，而對居士只要求定時齋戒。佛教的齋戒，有兩種含義：一指過了中午不再進食；二指食素。現今的齋戒多指後者。佛教徒須戒酒。

（四）入寺禮儀

進入寺廟，應嚴肅謹慎，衣飾整潔，遵守寺規；要注意衛生，保持安靜，不要嬉笑打鬧，不要對佛像指指點點；嚴禁將一切葷腥食品帶入寺院。有人在拜佛像時，不可在其前面行走；佛像前的拜墊只供拜佛時跪用，不可坐歇；未經允許，不可隨便進入僧人寮房和某些不

對外開放的壇口；拍照前，應先注意寺院裡有無特別規定和要求。

三、主要節日

佛教的主要節日有佛誕節、成道節、涅槃節、世界佛陀日、觀音紀念日、盂蘭盆節等。

（一）佛誕節

佛誕節又稱浴佛節，是佛教紀念釋迦牟尼誕生的重要節日。在中國傣族地區及東南亞一些國家稱為潑水節，在日本又被稱為花節。據《普耀經》說，佛陀誕生時有九龍噴香水浴洗佛身，因此，在每年這一天教徒們都要舉行紀念活動，以各種名香浸水灌洗佛像，並舉行誦經法會，也有稱「浴佛法會」的。由於對佛陀的生日存在有各種不同見解，所以不同國家和地區在確定佛誕節的日期上，也就不盡相同。中國漢族地區和日本均以農曆四月初八為佛誕節。

（二）成道節

成道節，在中國民間又稱臘八節，是佛教紀念釋迦牟尼在菩提樹下得道成佛的日子。在農曆十二月初八這天，寺院僧眾都要集於大殿焚香、誦經、梵唄禮佛、講道說法，其中熬粥供佛是其獨有特點。時至今日，成道節熬臘八粥已成為中國重要的民俗。

（三）涅槃節

涅槃節是佛教徒紀念釋迦牟尼逝世的節日。中國、日本、朝鮮等國的大乘佛教的涅槃節，一般定為農曆二月十五。佛教寺院在這天一般都要舉行涅槃法會，掛釋迦牟尼的涅槃圖像，念誦《遺教經》等。

（四）世界佛陀日

世界佛陀日即維莎迦節，是東南亞一些佛教國家把佛誕節、成道節、涅槃節合併起來的佛教節日。時間為公曆 5 月的月圓日——農曆四月十五。東南亞一些信奉佛教的國家對這一節日非常重視，都要舉行大規模的慶祝活動。

（五）觀音紀念日

觀音紀念日包括農曆二月十九的觀音誕生日、六月十九的觀音成道日、九月十九的觀音涅槃日。

第三節　基督教禮儀

一、簡況

基督教是指信奉耶穌基督為救世主的各教派的統稱，為世界上最大的宗教，於公元1世紀由巴勒斯坦拿撒勒人耶穌所創立。相傳耶穌是上帝的獨生子，為聖靈降孕童貞女瑪利亞生養成人。耶穌掌握許多神術，能使瞎子復明、跛子行走、死人復活，因得罪當權者而被釘死在十字架上。據傳在其死後第三天即復活，復活後第40天升天。耶穌的受難是因十二門徒中猶大的出賣造成的，受難之日為星期五。最後的晚餐連耶穌在內有13人，所以有些西方人將13日與星期五視為凶日。

在基督教的歷史上，發生過兩次大的分裂，因而形成三個大的教派：羅馬公教、正教（又稱東正教）、新教。約在公元7世紀前後，基督教傳入中國。在中國，新教往往被獨稱為基督教，又叫耶穌教，羅馬公教則被稱為天主教，東正教人數不多，集中在東北和新疆一帶。

基督教的經典是《聖經》，包括舊約和新約。舊約聖經在中國稱《舊約全書》，新約聖經稱《新約全書》。

從形式上講，基督教（新教）和天主教也不一樣。比如：基督教《聖經》中的「舊約」有39卷，而天主教則有46卷；基督教稱至上的神為上帝，或就叫神，而天主教則稱之為天主或就叫主；基督教的十字架上沒有耶穌受難的形象，而天主教有；基督教不供奉聖母，而天主教則供奉聖母；基督教經常的崇拜活動為禮拜，形式靈活多樣，而天主教的主要崇拜活動為彌撒，程式是完全固定的；基督教禮拜的主要內容為講經，而天主教則每天都做彌撒，除正臺彌撒外，平時一般不講經；基督教稱教堂為禮拜堂，且教堂內大多不設置聖所、聖臺，僅有十字架、燭臺、花瓶等簡單布置，而天主教稱教堂為天主堂，堂內設置聖所、祭臺，點長明燈，普通教徒不得入內；基督教徒禱告時不一定要下跪，懺悔時不須向神職人員告解，畫十字時無須蘸聖水，而天主教堂內則必備跪凳、告解亭、聖水缸等設備，供教徒使用；基督教神職人員的聖衣，形式不一，比較簡單，而天主教神職人員的聖衣，則從形式到色彩，都有嚴格規定，總體說來比較華美。

基督教的標記為十字架。因為耶穌被釘於十字架而死，以示信仰

耶穌的主張和學說。在中國，基督教（新教）對其信奉的對象譯稱為「上帝」，天主教譯稱為「天主」。

二、主要禮儀

由於各派在信仰、教義方面存在著差異，導致了各派的禮儀及教徒的習俗也不盡相同。下面以新教和天主教為例分別說明。

（一）基督教（新教）基本禮俗

1. 神職和稱謂

基督教設有主教、牧師、長老、執事、傳道員等神職人員，其中主教是實行主教制的教派中職位最高的神職人員，有權主持各種宗教活動；牧師是大多數教派都設有的職位，是主持宗教儀式、管理教務的主要神職人員；長老是教會的負責人和領袖；執事一般不主持宗教活動，只是協助教會牧師、長老管理教會事務；傳道員在教會中協助牧師、長老，其具體工作是傳道，向信徒和慕道友們講述、解釋《聖經》教義和信條。

基督教內部教徒眾多，往往不以年齡、性別、輩分相稱，而自稱是上帝的罪人，教徒之間互稱兄弟姊妹或「同道」，但是非基督教徒卻不能以「同道」來稱呼。對教會的神職人員，可以他們所擔任的教內職位，再加上其姓氏相稱；對不同性別的傳道員，稱先生、弟兄或小姐即可。

2. 禱告

宗教各派都有禱告要求，這在基督教的信仰生活中，也是一項不可缺少的儀式，它表示教徒與上帝講話。其內容為祈求、感謝、悔罪、懇求上帝賜福等。禱告沒有固定的形式，單個信徒內心默誦可，大家聚在一起朗誦也可。禱告有早禱、晚禱、或遇特定事禱告；需要有牧師作為領禱人主持的祈禱，祈禱完畢，參與者應同聲表示誠心所願，齊呼「阿門」（Amen，意為真誠，表示希望一切祈禱唯願如此、允獲所求）。

3. 禮拜

禮拜是基督教的主要宗教活動，通常每星期日一次，在教堂進行。依據《聖經》記載，大多數宗派，都在耶穌基督星期天復活日進行禮拜，所以又稱為主禮拜日。禮拜由牧師主禮，內容包括唱讚美詩、讀經、祈禱、講道、祝頌等。除星期天的常規禮拜外，遇有一些特殊情況時，也可安排專門的禮拜，比如婚禮、葬禮、感恩等，所不同的是，

這類專門的禮拜比常規禮拜的規模要小一些。

4. 洗禮

成為基督教徒，必須領受的第一件聖事，即為洗禮。經過洗禮之後，才可以成為基督教的正式教徒。據說，這是耶穌立定的聖事，可以赦免入教者的原罪等，並據此在今後有領受其他聖事的權利，接受上帝的恩寵。洗禮之前，必須經過基本教義的培訓和考試（考信德），合格後，方可接受洗禮。

洗禮的方式有三種：一種是註水洗禮，即主禮者（如牧師）用貝殼或淺碟往受洗者額上傾註少許水，讓水從額上往下流，同時，口誦經文；另一種是浸禮，又稱大水洗禮，即主禮者手扶受洗者，讓他全身慢慢浸入水池中片刻，同時，口誦經文；還有一種是點水禮，類似註水禮，即由主禮者口誦經文，用手蘸聖水，點在受洗者的額上或頭上。

5. 聖餐

聖餐是基督教的主要儀式之一，起源於《聖經》中耶穌和眾門徒共進最後晚餐的故事。據傳，當時耶穌拿起餅和酒祝聖時，對大家說「這是我的身體和血，是為眾人免罪而捨棄和流出的」，然後，分給眾人領食，並要求後世信徒也要經常以這種方式來記住他。由此沿傳下來，成了基督教的主要儀式。其具體做法在新教、天主教、東正教中各有差別，但都得經過主禮人對面餅和葡萄酒進行祝禱，然後讓正式信徒領食（非正式信徒，一般不領聖餐）。主要差別在於：一是提法上有異。新教稱聖餐為「神交聖禮」，天主教稱之為「聖詩聖事」或「彌撒」，東正教稱之為「聖體血」。二是做法上有異。天主教堅持用無酵餅，東正教主張用有酵餅，而新教則認為有酵無酵的餅都可用。三是領受人員有區別。天主教堅持信徒和神職人員要有區別，認為非神職人員不能領受祝聖後的葡萄酒，而新教和東正教則主張教徒參加聖餐儀式後，都能同時領受面餅和葡萄酒。

（二）天主教（公教）基本禮俗

1. 神職及稱謂

天主教（羅馬公教在中國的名稱）中心設在羅馬城西北的梵蒂岡，是一個具有嚴密組織的國際宗教團體。教皇是天主教的最高首領，因為他是「基督在世的代表」，所以在信仰和倫理上都是「永無謬誤的」。

凡有天主教徒的國家，均被教廷劃分為若干個教省、教區，由教廷任命的神職人員管理。神職及稱謂主要有：樞機主教（又稱紅衣主

教)、首席主教、祝聖總主教、總主教、主教、司鐸（又稱神甫、神父）和修士、修女等。樞機主教由教皇任命，可當選為新教皇，一般都擔任著各國教會的重要職務；首席主教在天主教勢力較大的國家裡任天主教會的首領；祝聖總主教有監督各級神職人員行使職權和批准主教會議決定的權力；總主教是負責一個教省的主教；主教是負責一個教區的高級僧侶；司鐸通常在基層教堂，直接管理教徒，進行傳教活動；修士、修女則是終生為教會服務的傳教人員。

在通常情況下，平信徒（指通常的信徒，是與教會的神職人員相對而言的）遇見神父時應主動點頭問候，說聲「神父好」，神父也應禮貌地回答「教友好」。在神父與神父相遇時，以稱呼對方「神父」「司鐸兄」「神兄」來互致敬意，對於相互瞭解的也可直呼其名或洗禮聖名。平信徒與神父在遇到主教時，應主動招手致意或點頭致敬，或者趨前握手甚至親手。

2. 祈禱

天主教的祈禱和基督教的禱告基本上相同，都是和耶穌（天主）交流，或呼求，或感謝，或讚美等，但禮儀要求比基督教禱告拘謹些。天主教徒祈禱時，基本的儀態為兩手合十，兩腳相並，端正跪地，將雙臂置於跪座上面，心清意淨，口念經文。在教堂舉行祈禱時，則更講究儀態，信徒們要心專神註，坐有坐相，站有站樣，跪有跪法，必須儀態端莊。

祈禱的儀式，可分為行聖號經、行屈膝禮、跪拜和拜聖體幾個部分。

3. 彌撒

基督教稱此為聖餐，天主教則稱之為彌撒。他們認為舉行此儀式，是以不流血的方式，追憶耶穌在十字架上對聖父的祭獻。

天主教規定，主教和神父在彌撒時即可領取聖體（無酵餅）與聖杯（葡萄酒），而教徒們則只能領取聖體，不能領取聖杯。

4. 聖洗與堅振

聖洗，亦即洗禮。天主教的聖洗大體分為六步，即考問禮、聖道禮、懺悔禮、註水（浸水）禮、敷油禮及最後的禮成式。

堅振禮，意指堅固信仰，振奮信心，勇於為基督做見證的儀式，又稱堅信禮。一般在聖洗後不久進行。堅振禮的儀式，一般可分為兩階段：第一階段是覆手禮，第二階段是敷油禮。

宗教禮儀

5. 婚配、告解與終傅

天主教認為，信徒的婚姻是件聖事，一般須在教堂內，由神父主禮，按教會規定的儀式進行才可結為正式夫妻。這種儀式，一般在彌撒中間舉行，也可在彌撒外單獨進行。婚配儀式的主要過程為：由神父分別詢問男方、女方是否願意結為夫妻，得到雙方肯定的回答後，主禮人即誦念規定的經文，宣告「天主所配合的人，不能分開」，接著為雙方祝福，新郎、新娘互換戒指、接吻並發誓。整個過程氣氛凝重而熱烈，教堂敲鐘，親友撒花，加念經文或歡唱聖歌。基督教雖也有此禮，但不視其為聖事。

告解，是指真心悔罪、堅決改過之意。天主教信徒有違反良心、教規及紀律的行為時，按天主教要求，應該向神父講清告明，深刻反省，進行懺悔，以求得到天主的赦免，使自己得以解脫。神父有責任對告解內容保守秘密。

終傅，是天主教信徒在臨終時，由神父在行為臨終人的額上和手上敷搽聖油的一種聖事。認為借此可賦恩於斯，赦免罪過，以減輕臨終人的神形困苦，賜其內心平定，安心離開這個世界。

(三) 入教堂禮儀

基督教禮拜時，非信教群眾進入教堂，一般不受阻止。但非教徒入內參觀，應保持衣著整潔、談吐文明，不可在教堂內外嬉笑打鬧，更不能對基督教徒的宗教活動評點譏諷；要注意禱告或祈禱時場內的氣氛，不要與基督教徒討論上帝或天主的可信與否，更不能以此為玩笑傷害基督教徒的感情；對講道，聽不聽，由各人自便，但不能在教堂裡喧嘩，更不要以自己的認識（如無神論思想），在教堂內與人辯論；如果覺得實在不合自己的意願，可悄靜、禮貌地退場。

三、主要節日

基督教的主要節日有聖誕節、復活節、受難節、主顯節等。

(一) 聖誕節

聖誕節是基督教紀念耶穌基督誕生的節日，是基督教重要節日之一。因《聖經》沒有明確記載耶穌生日，所以教會規定：從公元354年開始，每年的12月25日為聖誕節（一般從12月24日的下午到1月6日）。這一天正是羅馬帝國太陽神的誕生日，意為耶穌的誕生，就是太陽的再生。依據耶穌是誕生在夜裡的說法，聖誕節的慶祝活動，

從 12 月 24 日午後就開始了。聖誕夜是個狂歡夜、欣喜夜，有唱聖誕頌歌、扮聖誕老人等許多活動。據說，聖誕老人名叫聖尼古拉，他是一位白鬍鬚、穿紅袍、戴大皮帽的胖老人，每逢聖誕夜，他就駕駛著鹿橇自北方來，從菸囪進入各家各戶，把孩子們喜歡的玩具、糖果等禮物悄悄地裝進掛在爐前的長筒襪內，最受兒童的歡迎。

聖誕夜各家要聚餐一次，點亮聖誕樹，聆聽教堂洪亮的鐘聲，餐桌上布滿豐盛食品，其中火雞是聖誕大宴上必不可少的，所以又叫聖誕雞。此外，還有羊羔肉、葡萄干、果餅、布丁等，可謂家家歡喜、戶戶開懷，歡樂之情，絕不亞於中國的春節。聖誕節本是一個宗教節日，但隨著時代的發展，現已成為大多數國家全民歡慶的民間節日。聖誕節期間，世界各地慶祝活動的內容也不盡相同。

（二）復活節

復活節是基督教的又一重要節日，是為紀念耶穌復活而進行的慶祝活動。據傳，耶穌基督被釘在十字架上後，於第三天復活。公元 325 年基督教尼西亞會議規定每年的春分月圓後的第一個星期日為復活節（東正教則因曆法不同，約推遲兩個星期）。

復活節在基督教國家中，是僅次於聖誕節的第二大節日。為了慶祝節日，許多國家都放假若干天，家中親人得以團聚，好友之間互致祝賀，長輩們會買些雞蛋形、小兔形的巧克力糖等禮品，裝在小籃子裡送給孩子們。傳說雞蛋象徵生命，兔子也常被看作是新生命的象徵，以此寓意耶穌的復活。

復活節期間，教會要舉行盛大而隆重的紀念儀式，教徒們相遇時，都互道「主復活了」。復活節晚宴也是豐盛的，傳統主菜為羊肉和熏火腿。基督教徒把羔羊看作是耶穌獻身的象徵，把豬看成是幸運的象徵。現在每逢復活節，有些西方國家都舉行慶祝遊行活動，人們互相贈送象徵生命和繁榮昌盛的復活節彩蛋，氣氛歡快熱烈。另外，教會吸收新教徒的洗禮儀式，也常安排在這一天舉行。

第四節　伊斯蘭教禮儀

一、簡況

伊斯蘭教，在中國俗稱回教、清真教等，大約在公元 7 世紀初產生於阿拉伯半島上的麥加城，創始人為穆罕默德。「伊斯蘭」一詞，

宗教禮儀

是阿拉伯語的音譯，意為「順服」，指順服唯一之神安拉的旨意。對信仰伊斯蘭教的人，一般稱為「穆斯林」或「穆民」，意為「虔誠者」。

伊斯蘭教主要有遜尼派和什葉派兩大派。遜尼派是伊斯蘭教中人數最多的一派，中國穆斯林大多屬於此派。什葉派是伊斯蘭教中人數較少的一派，中國有些地區的少數民族，如新疆的塔吉克族就信仰什葉派。伊斯蘭教主要分佈在西亞、北非、中亞、南亞和東南亞等地區，有20多個國家將其定為國教。在公元7世紀中葉，當時的阿拉伯國家通過與唐朝的商業往來和外交活動等渠道，將伊斯蘭教傳入中國。1953年，中國成立了伊斯蘭教協會。

伊斯蘭教最高和根本的經典是《古蘭經》，又稱《可蘭經》。「古蘭」是阿拉伯語的音譯，意為「誦讀」或「讀物」。《古蘭經》共30卷，114章，內容極其豐富。

伊斯蘭教的標記為新月，供奉對象為安拉（真主）。

二、主要禮儀

（一）稱謂

伊斯蘭寺院又叫清真寺，由教長、海推布、穆安津（宣禮員）等教職人員管理。這些教職人員，在中國又被統稱為阿訇。「阿訇」在波斯語的穆斯林中，原意為「學者」「教師」，一般負責主持清真寺的寺務和教務。維吾爾族穆斯林稱「阿訇」為「毛拉」（阿拉伯語的音譯）。在穆斯林之間，無論職位高低，都以兄弟互稱，或叫「多斯提」（在波斯語中為好友、教友之意）；對非常知己的朋友稱作「哈畢布」（阿拉伯語，意為心愛者、知心人）；教長對教民稱呼「高目」（阿拉伯語），也有稱作「哈宛得」（波斯語，是教長對教民的敬稱）的。對到麥加朝覲過的穆斯林，在其姓名前冠以「哈吉」，這在穆斯林中是十分榮耀的稱謂。對德高望重、有相當學識和地位的穆斯林長者，尊稱為「篩海」「真人」「握力」「巴巴」和「阿林」等；對在清真寺裡求學的學生，則稱為「滿拉」或「海里發」。

（二）問候和拿手

穆斯林之間見面時要互致祝安詞，阿拉伯語為「色蘭」（Salam），意為「平安」。按照伊斯蘭教的習俗，致祝安詞時，年輕者先說於年長者，行進者先說於佇停者，站立者先說於已坐者，進門者先說於門內者，少數人先說於多數人，男子先說於女子。男子向女子致祝詞時，

應注意不要握手，而是保持一定距離，以示莊重。

拿手，是男性穆斯林之間的握手禮。方法是：雙方單腿弓步，雙手相握，右手拇指交叉在裡，左手輔握在外，兩人右肩頭緊靠，同時誦念真主嘉惠彼此及眷屬。

（三）穆斯林的衣食習俗

在飲食方面，伊斯蘭教總的原則是提倡以「清淨的為相宜，污濁的受禁止」。要求教徒食用清潔食物，禁止食用自死之物及血、豬肉及未誦安拉之名宰的牲禽；禁食驢、騾、馬、狗肉和虎、狼、豹、鷹、蛇等凶猛的禽獸；禁酒，提倡飲茶，以茶代酒；沏茶、端飯均用右手，用左手被視為不禮貌。

穆斯林的服飾特徵主要表現在頭部。伊斯蘭教把婦女頭髮列為羞體，要求必須遮蓋起來。所以，穆斯林婦女要戴「蓋頭」，即用一頂大帽子，把頭髮、耳朵、脖子都遮在裡面，只露出臉部；面紗從頭頂垂到肩上，或披到背心處。在伊斯蘭教國家，婦女外出必須戴面紗和蓋頭；男子則多戴無檐小帽，這種小帽又名「禮拜帽」。

（四）入清真寺禮儀

人們進入清真寺，要注意衣著整齊、潔淨，不袒胸露臂，不穿短褲，不穿短裙，不抽菸，不高聲喧嘩，更不能唱歌跳舞，不能講污穢言語。一般非穆斯林不要進入禮拜大殿，更不能在裡面放置有偶像的東西。

三、主要節日

伊斯蘭教的主要節日有開齋節、古爾邦節和聖紀節等。

（一）開齋節

開齋節在中國新疆地區稱「肉孜節」，是穆斯林最熱鬧的節日，時間在伊斯蘭教歷的10月1日。按伊斯蘭教法規定，每年教歷的9月為齋月，凡成年健康的穆斯林都應全月封齋，即每日從拂曉前至日落實行齋戒。封齋第29日傍晚如見新月，次日即為開齋節，如不見，則再封一日，共30日，第二日為開齋節。是日，穆斯林前往清真寺參加會禮，聽伊瑪目宣講教義；會禮後，互祝節日吉慶。有些穆斯林還特意選擇開齋節這天舉行婚禮。

（二）古爾邦節

「古爾邦」一詞，在阿拉伯語中是「獻牲」的意思。因而，此節又稱「宰牲節」「忠孝節」，在伊斯蘭教歷的12月10日舉行。節日這

一天，人們要按照規定儀式宰牛、羊和駱駝（所宰的羊須滿兩歲，牛或駱駝須滿三歲），還要舉行隆重的儀式。相傳古代先知——易卜拉欣，夜夢安拉命令他親手殺死自己的兒子伊斯瑪儀，以考驗其對安拉的忠誠。當第二天清晨，易卜拉欣在麥加附近的米那山谷正準備忠實執行真主的旨意時，安拉受到感動，派天使送來綿羊一只，代替伊斯瑪儀作為獻祭。從此以後，每年都要在這一天宰牲饋贈。

節日期間，除會禮、宰牲外，慶祝形式多種多樣，熱鬧異常，一般要歡度三天。

(三) 聖紀節

伊斯蘭教主要節日之一。在伊斯蘭教歷的3月12日。是日為穆罕默德誕辰。節日期間，穆斯林舉行誦經、贊聖、講述穆罕默德事跡以及聚餐等活動。相傳這一天也是穆罕默德逝世日，故也稱此日為聖忌。中國穆斯林習慣將「聖紀」與「聖忌」合併紀念，俗稱為「聖會」。

第五節　道教禮儀

一、簡況

道教源於中國，主要流傳在漢族地區，但在白、羌、苗等民族地區也有流傳，並已傳布到東南亞、北美、歐洲華人社會中。道教源於古代的巫術和秦漢時的神仙方術，大約創立於東漢順帝年間（公元126—144年），為東漢張道陵所立，最初叫五鬥米道，後稱天師道，到南北朝時其宗教形式逐漸完備。道教崇奉老子為教主，尊其為神明；奉《道德經》為主要經典，並做宗教性闡述。其根本信仰是「道」，認為「道」乃天地萬物之根源，萬物演化之規律；認為人立善功、修道德，長生久視，能修煉成仙。

二、主要禮儀

(一) 稱謂和見面禮節

道教中，對信奉道教教義、修習道術的專職道教徒，統稱為道士。道經說：「身心順理，唯道是從，從道為事，故稱道士。」對女道士則統稱為道姑。對教內精通教義教理、能為人師者或學法精進、能主持

齋儀的道士尊稱為法師，而對非專職的教徒，則稱居士、門徒、信徒、信眾或者弟子。

道士不論是與同道還是與外客相見時，習慣於雙手抱拳在胸前，拱手作揖，向對方問候致敬，這是道教的傳統禮儀。後輩教徒見到前輩時，可行鞠躬禮或跪拜禮。各派的跪拜禮略有不同，一般以師承為訓。

非宗教人士遇見道士，一律稱「道長」或「法師」，並最好行拱手禮，也可行握手禮。如果知道道士的姓氏，也可在稱呼前冠以姓。

（二）淨壇、進表、煉度和三課

淨壇。淨壇是大型齋醮儀式的先行儀式，意為祈請天將，會集諸司，以鎮邪避惡，翊衛靈壇。

進表。進表是重要的齋醮儀式，即信眾要求通過進表上達仙界，眾神蒞臨齋壇。

煉度。煉度也是重要的齋醮儀式，意為祈告真靈，煉化枯骸，拔度冤魂，永脫沉淪。

三課。三課是指道士修持每天須行道三次，誦持功課。早晨曰清旦行道，午間曰中分行道，傍晚曰落景行道，總稱為三課。此為道教例行的宗教儀式。

（三）入道觀禮儀

進入道觀參觀時，應當衣飾整潔，緩步輕聲，不可高聲談笑。如遇道教儀式，不要在宗教儀式的壇場內走動；不要打聽道士的年齡、身分和家庭等情況，更不要亂拍照；要尊重道觀內的各項宗教設施和活動，不破壞宗教場所莊重肅穆的氣氛。非宗教徒參觀道觀時，禮拜、上香可以隨意。如果上香，上香禮為雙手持香，過頂，插入香爐，鞠躬後退。

三、主要節日

道教信奉的神仙眾多，每逢神仙誕辰日都是道教的節日。如老君聖誕、玉皇聖誕、蟠桃會、呂祖誕辰等。道教中有所謂的天官、地官、水官，三官各有生辰，即正月十五、七月十五、十一月十五，稱為三元節。每逢節日，各道觀都要舉行比較隆重的儀式，設壇、誦經、禮懺，祝頌節日。

宗教禮儀

[思考題]

1. 怎樣對待宗教信仰？
2. 佛教有哪些主要禮儀和節日？
3. 基督教有哪些主要禮儀和節日？
4. 伊斯蘭教有哪些主要禮儀和節日？
5. 道教有哪些主要禮儀和節日？

附　錄

1. 國家別稱

日本——日出之國、櫻花之國
韓國——白袍之國
朝鮮——千里馬之國
印度——電影之國、黃金之國
尼泊爾——高山之國、亞洲的瑞士
伊朗——雅利安人之國、東西方空中走廊
敘利亞——油橄欖的故鄉
泰國——千佛之國
新加坡——花園之國、公園國家
印度尼西亞——千島之國、火山之國
緬甸——佛塔之國
越南——竹子之邦
巴基斯坦——清真之國
不丹——神龍之國、森林之國、花卉之國
馬來西亞——橡膠之國
菲律賓——太平洋的果盤、世界椰王
科威特——石油之國
沙特阿拉伯——沙漠之國
蘇丹——絨棉之國、樹膠王國、世界火爐
突尼斯——橄欖之國
肯尼亞——鴕鳥之國、東非十字架

附 錄

埃塞俄比亞——赤道之國
吉布提——濱海之國
幾內亞——鋁土之邦、西非水塔
利比亞——沙漠之國
埃及——金字塔之國、棉花之國
加蓬——森林之國、綠色金子國
贊比亞——銅礦之國
津巴布韋——鱷魚之鄉
馬達加斯加——牛的王國、紅島之國
盧旺達——千丘之國
喀麥隆——蝦之國
塞內加爾——花生之國
塞拉利昂——鑽石之國
丹麥——大風之國、歐洲食櫥
荷蘭——低地之國、風車之國、花卉之國
義大利——歐洲花園、旅遊之國、航海之國
西班牙——無雨之國、野兔國、橄欖王國
葡萄牙——軟木之國、葡萄王國
英國——世界工場
法國——奶酪之國、葡萄之國
德國——啤酒王國、運河之國、酒花之國、香腸之國
奧地利——音樂之邦、綠色王國、森林之國
保加利亞——玫瑰之國、果菜之國
冰島——漁業之國、火山島、霧島、冰與火之島
芬蘭——千湖之國、湖泊與森林之國
瑞士——鐘表之國、世界花園、歐洲屋脊
盧森堡——紅土之國、鋼鐵之國
阿爾巴尼亞——山鷹之國
聖馬力諾——郵票之國
摩納哥——郵票小國
梵蒂岡——國中之國、城國、國際金融帝國
挪威——萬島之國、夜半太陽之國、萬湖之國、航海之國
墨西哥——仙人掌之國、金銀之國
智利——銅礦之國、硝石之國

委內瑞拉──石油之國、蘭花之國
哥倫比亞──黃金之國
厄瓜多爾──赤道之國、香蕉之國
薩爾瓦多──火山之國
牙買加──泉水之國、鋁土之鄉
巴巴多斯──珊瑚之國
蘇里南──森林之國
巴西──足球之國、咖啡王國、寶石之國、可可王國
危地馬拉──森林之國、常春王國
古巴──世界甘蔗國、百港之國
海地──多山之國
哥斯達黎加──四季常青之國
巴拿馬──蝴蝶之國、世界橋樑之國
玻利維亞──高原之國
加拿大──楓葉之國、萬湖之國、冰球之鄉
澳大利亞──牧羊之國、騎在羊背上的國家
巴哈馬──千島之國、永遠是六月的國家
新西蘭──牧羊之國、畜牧之國、白雲之鄉
伯利茲──森林之國
斐濟──長壽之國、南太平洋上的明珠
湯加──胖子之國
巴布亞新幾內亞──鱷魚之國

2. 部分國家國歌

中國──《義勇軍進行曲》
朝鮮──《愛國歌》
韓國──《愛國歌》
日本──《君之代》
越南──《進軍曲》
馬來西亞──《我的祖國》
印度尼西亞──《印度尼西亞共和國國歌》
菲律賓──《菲律賓民族進行曲》
新加坡──《前進吧！新加坡》
泰國──《泰王國國歌》

附　錄

孟加拉——《金色的孟加拉，我愛你》
印度——《人民的意志》
斯里蘭卡——《親愛的母親》
土耳其——《獨立進行曲》
以色列——《希望》
摩洛哥——《摩洛哥頌》
幾內亞——《自由》
貝寧——《新的黎明》
尼日爾——《尼日爾之歌》
喀麥隆——《集合歌》
阿爾及利亞——《誓言》
乍得——《乍得人民》
中非——《復興》
加蓬——《團結歌》
剛果（布）——《光榮的三天》
剛果（金）——《起來，剛果人》
扎伊爾——《扎伊爾人》
布隆迪——《親愛的布隆迪》
盧旺達——《美麗的盧旺達》
毛里求斯——《祖國》
南非——《南非的吶喊》
希臘——《自由頌》
波蘭——《波蘭不會滅亡》
保加利亞——《親愛的父母邦》
法國——《馬賽曲》
德國——《德意志之歌》
荷蘭——《威廉·凡·那叟》
比利時——《布拉班人之歌》
瑞士——《瑞士詩篇》
奧地利——《讓我們雙手相環抱》
盧森堡——《我們的祖國》
英國——《天佑女王》
愛爾蘭——《士兵之歌》
芬蘭——《祖國》
瑞典——《你古老的光榮的北國山鄉》
挪威——《挪威之歌》

丹麥──《基里斯當挺立桅杆》
冰島──《千年頌》
馬耳他──《馬耳他頌》
西班牙──《皇家進行曲》
義大利──《馬梅利之歌》
梵蒂岡──《教皇進行曲》
加拿大──《啊！加拿大》
美國──《星條旗永不落》
古巴──《巴雅莫頌》
海地──《德薩利納之歌》
澳大利亞──《澳大利亞，前進！》
新西蘭──《上帝保護新西蘭》
俄羅斯──《俄羅斯聯邦國歌》

3. 國家象徵物（見附表 1）

附表 1　　　　　　　　國家象徵物

國家	國花	國樹	國鳥	國獸	國石
日本	櫻花		綠雉	獼猴	水晶
韓國	木槿花	鬆樹	喜鵲	老虎	
緬甸	東亞蘭	柚木	孔雀	白象	紅寶石
菲律賓	茉莉花	納拉樹			珍珠
泰國	睡蓮	桂樹		白象	
馬來西亞	扶桑花				
新加坡	卓錦・萬代蘭		鵓鴣鳥		
印度	荷花 （罌粟花）	菩提樹	藍孔雀		珍珠
孟加拉國	荷花 （睡蓮）	榕樹		孟加拉虎	
巴基斯坦	素馨花				
尼泊爾	杜鵑花 （櫻花）		虹雉	牛	
斯里蘭卡	蘭花 （星蘭花）	大棕櫚	黑尾原雞	大象	貓眼石
伊朗	玫瑰花				

附　錄

附表1（續）

國家	國花	國樹	國鳥	國獸	國石
土耳其	鬱金香（康乃馨）				
伊拉克	玫瑰花		雄鷹		
朝鮮	金達萊（木槿）				
中國	牡丹				
印度尼西亞	茉莉花				
黎巴嫩		雪鬆			
敘利亞	玫瑰花				
義大利	雛菊（紫羅蘭）				珊瑚
希臘	油橄欖	油橄欖			藍寶石
愛爾蘭	白花酢漿草（白金菜）		蠣鷸		
奧地利	火絨草（椿花）		家燕		貴蛋白石
比利時	虞美人		紅隼		
荷蘭	鬱金香		琵鷺		鑽石
丹麥	冬青		雲雀		
德國	矢車菊	愛支櫟	白鸛		琥珀
挪威	石楠花	雲杉	河烏		
冰島			白隼		
葡萄牙	薰衣草（雁來紅）				
西班牙	石榴				綠寶石
俄羅斯	葵花				
波蘭	三色堇		雄鷹		
羅馬尼亞	白玫瑰				琥珀
保加利亞	玫瑰花				
英國	薔薇花（玫瑰花）		知更鳥（又名紅胸鴝）		鑽石
法國	金百合花（鳶尾花）		公雞		珍珠
瑞士	火絨草		烏鴉		水晶

附表1（續）

國家	國花	國樹	國鳥	國獸	國石
蘇格蘭	薊				
芬蘭	綉球花（鈴蘭）				
瑞典	白菊（睡蓮）		烏鴉		
盧森堡	玫瑰花				
摩納哥	石竹				
聖馬力諾	仙客來				
匈牙利	鬱金香				
加拿大	楓葉	楓樹			
美國	玫瑰花		白頭鷹		藍寶石
墨西哥	仙人掌（大麗菊）		雄鷹		黑曜石
危地馬拉	白蘭花		克沙爾鳥		
巴拿馬	巴拿馬草				
古巴	姜黃色百合花				
尼加拉瓜	姜黃色百合花				
牙買加	生命之木花				
埃及	蓮花				橄欖石
摩洛哥	康乃馨	栓皮櫟			珊瑚石
肯尼亞			雄雞		
利比里亞	龍葵	油椰			
坦桑尼亞	丁香				
贊比亞			雄鷹		
津巴布韋			津巴布韋鳥		
塞舌爾	鳳尾蘭				
突尼斯	油橄欖	油橄欖樹			

188

附　錄

附表 1（續）

國　家	國　花	國　樹	國　鳥	國　獸	國　石
委內瑞拉	五月蘭		椋鳥		
秘魯	向日葵	金雞納樹		駱馬	綠寶石
阿根廷	賽波花		棕竈鳥		
智利	野百合花（紅鈴蘭）		山鷹		青金石
巴西	卡特蘭（蘭花）				
烏拉圭	女神之花				水晶
玻利維亞	印加魔花				
厄瓜多爾	白蘭花				
蘇里南	法賈魯花				
哥倫比亞	五月蘭（卡特萊蘭花）	金迪奧樹			綠寶石
澳大利亞	金合歡花	桉樹	琴鳥	袋鼠	蛋白石
新西蘭	銀蕨	四翅槐	幾維鳥		玉石
斐濟	扶桑				

4. 國外一些城市別稱、標誌物及含義（見附表 2）

附表 2　　　　國外一些城市別稱、標誌物及含義

城市名	含義	別稱	標誌物
東京	與西京（京都）相對而言		東京塔
曼谷	天使之城	水上市場	大皇宮
雅加達		椰城	
河內	因其位於紅河大堤之內		
科倫坡		東方十字路口	

附表2(續)

城市名	含義	別稱	標誌物
伊斯蘭堡		清真之城	
清邁		玫瑰城	
耶路撒冷		聖城	
新加坡城	獅子城	花之都	
莫斯科	斯拉夫語「石匠的城寨」		克里姆林宮
華沙	兩個小孩「華爾」和「沙娃」名字的合稱		「美人魚」青銅像
貝爾格萊德	白色之城	巴爾干門戶	勝利者紀念碑
柏林	小狗熊		勃蘭登堡門
漢堡	根據「漢馬堡」古名而來	橋城、港城	市政廳
慕尼黑	僧侶之地	酒城	奧林匹克塔
日內瓦	因日內瓦湖而得名	世界花園	萬國宮
維也納	位於維也納盆地之中，西靠維也納山，因地理位置得名	音樂城	國家歌劇院
羅馬	為紀念羅馬魯斯兄弟而得名	露天歷史博物館	科洛塞奧姆鬥獸場
威尼斯	最寧靜的處所	水都	聖馬可廣場
雅典	以智慧女神雅典娜命名	不夜城、茉莉花城	雅典娜神像
巴黎	以希臘神話中的特洛伊王子帕里斯命名	花都	埃菲爾鐵塔 凱旋門
阿姆斯特丹		北方威尼斯	
鹿特丹	因鹿特河而得名，意為「鹿特河岸堤壩」	歐洲門戶	空中飯店
布魯塞爾	沼澤上的住所	歐洲首都 歐洲十字路口	原子球展覽館

附　錄

附表 2(續)

城市名	含義	別稱	標誌物
倫敦	得名於部落名稱 Londins	霧都	大本鐘
牛津		大學城	
基輔		花園城市	
索菲亞		歐洲花園城市、巴爾干礦泉城	
伯爾尼		表城	
哥本哈根	含有「商人的港口」或「貿易港」之意		「美人魚」銅雕
阿伯丁		歐洲石油之都	
赫爾辛基		浴城	
夏納		電影城	
渥太華	因渥太華河而得名「渥太華」,意為「交易市場」	鬱金香之城、寒都	
華盛頓	以第一任總統華盛頓命名	雪城	國會大廈
紐約	以英國約克公爵命名,意為「新約克城」	美國門戶	自由女神像
芝加哥	強大	五大湖畔的明珠	西爾斯塔樓
洛杉磯	天使之城	菸霧城	迪士尼樂園古城堡
底特律		汽車城	
蒙特卡洛		賭城	
哈瓦那	據說是為紀念一位印第安美少女哈瓦那而得名		
墨西哥城	因國名而命名	壁畫之都	太陽神和月亮神金字塔
巴西利亞	由西班牙語 Brasil 加後綴「ia」組成,巴西意為「紅木」	安靜的天堂	三權廣場
堪培拉	有三種含義:會場、女人的乳房、莫倫格魯河加河灣	花園城市	黑山電視塔

附表 2(續)

城市名	含義	別稱	標誌物
悉尼	因悉尼灣而得名		海濱歌劇院
惠靈頓	以惠靈頓公爵名字命名	山城、風城	國會大廈
利馬		無雨城	
蒲甘		萬塔城	
延徹平		火柴城	
哥酉洛		蛇城	
切拉彭吉		雨城	
雅庫茨克		冰城	
茂物		雷城	
喀土穆		熱城、火爐城	
伊基克市		旱城	
築波		科學城	
內羅畢		冷水城	
加布羅沃		玫瑰城	
特納普拉		寶石城	
蘇克雷		和平之城	
利伯維爾		自由城	
開羅	徵服者、勝利	千塔之城	金字塔
盧薩卡		銅都	
哥特瓦爾德夫		鞋城	

5. 中國一些城市的市花

北京——月季、菊花　　　　上海——白玉蘭
天津——月季　　　　　　　重慶——山茶花
南京——梅花　　　　　　　連雲港——石榴花

附　錄

鎮江——蠟梅　　　　　　常州——月季
徐州——紫薇　　　　　　無錫——梅花
蘇州——梅花　　　　　　揚州——瓊花
鄭州——月季　　　　　　洛陽——牡丹
開封——菊花　　　　　　西安——月季、杜鵑
武漢——梅花　　　　　　宜昌——月季
蘭州——玫瑰　　　　　　長沙——杜鵑
杭州——桂花　　　　　　紹興——蘭花
寧波——山茶花　　　　　溫州——山茶花
廣州——木棉　　　　　　佛山——玫瑰
珠海——杜鵑　　　　　　湛江——紫荊
南昌——金邊瑞香　　　　井岡山——杜鵑
景德鎮——山茶花　　　　南寧——朱槿花
桂林——桂花　　　　　　合肥——石榴、桂花
成都——芙蓉　　　　　　福州——茉莉
泉州——刺桐花　　　　　廈門——三角梅
貴陽——蘭花、紫薇　　　昆明——山茶花
西寧——丁香花　　　　　呼和浩特——丁香花
格爾木——紅柳　　　　　銀川——玫瑰
烏魯木齊——玫瑰　　　　拉薩——玫瑰
濟南——荷花　　　　　　青島——月季
威海——月季　　　　　　瀋陽——玫瑰
大連——月季　　　　　　哈爾濱——丁香花
長春——君子蘭　　　　　丹東——杜鵑
香港——紫荊花　　　　　澳門——荷花

6. 中國一些城市的雅號

重慶——山城、霧都　　　四川成都——蓉城、錦城
四川自貢——鹽城　　　　四川雅安——雨城
四川瀘州——酒城　　　　福建福州——榕城
福建泉州——刺桐城　　　河南洛陽——牡丹城

河南許昌——菸城　　　　　山西太原——龍城
山西臨汾——花果市　　　甘肅蘭州——瓜果城
甘肅玉門——油城　　　　甘肅金昌——鎳都
雲南昆明——春城　　　　雲南個舊——錫都
江西南昌——英雄城　　　江西大餘——鎢都
江西景德鎮——瓷都　　　江蘇南京——石頭城
江蘇宜興——陶都　　　　江蘇蘇州——水城
浙江杭州——花園城　　　廣東廣州——羊城、花城
陝西咸陽——紡織城　　　寧夏石嘴山——塞上煤城
內蒙古呼和浩特——青城　內蒙古包頭——草原鋼城
西藏拉薩——日光城　　　湖北武漢——江城
山東濟南——泉城　　　　遼寧鞍山——鋼都
遼寧撫順——煤都　　　　吉林長春——汽車城
吉林省吉林——化學城　　黑龍江哈爾濱——冰城

7. 花木語言

苔——慈母之愛　　　　　冬青——喜悅
杉枝——分別　　　　　　紅丁香——勤勉
白百合花——純潔　　　　藍紫羅蘭——誠實
紫藤——歡迎　　　　　　杜鵑花——節制
黃鬱金香——愛的絕望　　四葉丁香——屬於我
紅康乃馨——傷心　　　　條紋康乃馨——拒絕
欅——繁榮　　　　　　　桂——光榮
櫻草——青春　　　　　　常春藤——結婚
胭脂花——勿忘　　　　　紅罌粟——安慰
黑桑——生死與共　　　　黑葡萄——慈善
薄荷——有德　　　　　　大麗花——不堅實
萬壽菊——妒忌、悲哀　　垂柳——悲哀、依戀

附　錄

檸檬——摯愛
僧鞋菊——保護
菟絲子——戰勝困難
紅菊——我愛
雞冠花——愛情
野丁香——謙遜
黃毛茛——忘恩
野百合——幸福又將回來
刺玫瑰——優美
白菊——真實
紅鬱金香——宣布愛戀
豆蔻——別離
杏花——疑惑
枳——希望
桃李——門生
荷花——清白
蘭花——高尚
薊——嚴肅
梅——剛強
桑梓——故鄉

白桑——智慧
五爪龍——羈絆
紅茶花——天生麗質
黃菊——微愛
紫丁香——初戀
水仙——尊敬
白櫟樹——獨立
金錢花——天真爛漫
白茶花——真美
翠菊——追念
白丁香——念我
黃康乃馨——輕蔑
橄欖——和平
鬆——堅貞
梧桐——愛情
牡丹——富貴
榛——和解
竹——氣節
紅豆——相思

8. 禮儀的寶石象徵

瑪瑙——健康、財富、長壽
變石——永遠的歸依
紫水晶——純潔至深的愛
鑽石——純潔、保持和平、預防暴風雨
祖母綠——長生、貞潔、罪的克服、愛的勝利
石榴石——力量
月長石——幸運
蛋白石——希望、天真、純潔

珍珠——純潔、天真
紅玉——慈悲、威嚴、神力
藍寶石——節操、真實、道德
紅紋瑪瑙——夫婦的幸福
黃玉——友愛、幸福、真實
土耳其石——繁榮、勵志

9. 禮儀的誕生石象徵

　　一月——石榴石　　　　七月——紅寶石
　　二月——紫水晶　　　　八月——紅紋瑪瑙
　　三月——血石　　　　　九月——藍寶石
　　四月——鑽石　　　　　十月——蛋白石
　　五月——祖母綠　　　　十一月——黃玉
　　六月——珍珠　　　　　十二月——土耳其石

10. 禮儀的顏色象徵

紅色：象徵熱情、喜慶、光榮、正義和力量

綠色：象徵和平、生命和青春

紫色：象徵高貴、威嚴和神祕

藍紫色：象徵懺悔

黃色：象徵和諧、宗教和信仰

黑色：象徵莊嚴、沉穩、樸實、悲痛、死亡

藍色：象徵平靜、純潔

青色：象徵深遠、沉著、虔敬和誠實

白色：象徵純潔、樸素、無邪氣、信實

灰色：象徵平凡、樸實、困苦

金銀色：象徵富貴和華麗

銀色：象徵純潔

咖啡色：象徵堅實、含蓄

玫瑰紅：殉教

11. 色彩的喜愛與禁忌（見附表3）

附表3　　　　　　　　　　色彩的喜愛與禁忌

國家或地區 \ 喜忌	喜愛的顏色	禁忌的顏色
比利時	男孩喜粉紅色，女孩愛藍色，一般人喜高雅的灰色	
德國	黑色、灰色	茶色、深藍色、紅色
愛爾蘭	綠色及鮮明色彩	紅、藍、白色
法國	東部男孩愛穿藍色服裝，少女愛穿粉紅色服裝	墨綠色會使人聯想到納粹軍服而令人生厭
西班牙	黑色	
義大利	紅磚色、綠色、黃	
瑞典		黃色（為國家色）、藍色
奧地利	綠色	
保加利亞	較沉著的綠色、茶色	鮮明色彩、明綠
荷蘭	茶色、藍色、橙色	
挪威	紅、黃、綠等鮮明的色彩	
瑞士	赤、橙、黃、綠、藍、紫，濃淡相間的色彩組合	黑色
葡萄牙	青色與白色相配象徵君主	
土耳其	鮮亮的色彩，緋紅、白色較為流行，也喜愛帶有宗教意味的色彩	
希臘	白、藍兩色，紫色是國王用色	

附表3（續）

國家或地區 \ 喜忌	喜愛的顏色	禁忌的顏色
巴基斯坦	翠綠色等鮮明色彩	黃色
突尼斯	猶太人喜愛白色，伊斯蘭教徒喜愛紅、綠、白色	
摩洛哥	稍暗的明快色彩	
古巴	豔麗、鮮亮的色彩	
墨西哥	白、綠、紅色組合	
敘利亞	綠、紅、青藍	黃色
埃及	綠色	藍色（魔鬼）
厄瓜多爾	涼爽的高原地區喜暗色，炎熱地帶喜白色等淡色	
秘魯		紫色為平時禁用，只在十月的宗教儀式上可使用
巴拉圭	明朗的色彩	紅、深藍、綠色代表三大黨，不宜用在包裝上
委內瑞拉	藍色	紅、綠、茶、黑、白代表五大黨
緬甸	鮮明的色彩	
馬來西亞	綠色象徵宗教，也可用於商業活動	黃色為王室使用色彩
港澳地區	紅、綠	藍、群青、白
其他各國及地區的色彩喜愛與禁忌略		

198

附　錄

12. 圖案的喜愛與禁忌（見附表4）

附表4　　　　　　　　圖案的喜愛與禁忌

國家或地區 \ 喜忌	喜愛的圖案	禁忌的圖案
信奉伊斯蘭教地區		豬或類似豬的動物圖案
法國		核桃
英國		象
義大利		菊花
日本	鴨子	荷花
東南亞地區	象	
瑞士		貓頭鷹（死亡的象徵）
新加坡	雙喜	
北非國家		狗（不潔之物）、狐狸
伊朗	獅子	
土耳其		綠三角（免費樣品）

13. 結婚週年紀念日

歐美人士對結婚週年紀念十分重視，每年各有其名稱。如果你要祝賀客人、朋友的結婚紀念日，或為此舉行慶祝活動，可參照附表5撰寫祝詞，選贈賀禮。

附表5　　　　　　　　結婚週年紀念日

結婚週年	命名	傳統禮物	新式禮物
第1年	紙婚	紙張	鐘
第2年	棉婚	棉製品	瓷器
第3年	皮革婚	皮革製品	水晶製品或瓷器
第4年	花果婚（毅婚）	水果和花卉	各類日用品
第5年	木婚	木器	木器
第6年	糖果婚（鐵婚）	糖果和鐵器	銀器
第7年	銅婚	青銅製品或銅器	亞麻織物或花
第8年	陶器婚	陶器	皮革製品

附表 5（續）

結婚週年	命名	傳統禮物	新式禮物
第 9 年	柳婚	柳製品	革製品
第 10 年	錫婚	錫器或鋁器	鑽石首飾
第 11 年	鋼婚	鋼製器皿	時興珠寶首飾
第 12 年	繞仁婚（絲婚）	絲織品或亞麻製品	珍珠首飾
第 13 年	花邊婚	各式花邊	紡織品或毛皮製品
第 14 年	象牙婚	象牙製品	黃金首飾
第 15 年	水晶婚	水晶製品	表
第 20 年	搪瓷婚	瓷器	白金首飾
第 25 年	銀婚	銀器	銀器
第 30 年	珠婚	珍珠首飾	鑽石首飾
第 35 年	珊瑚婚	珊瑚	翡翠
第 40 年	紅寶石婚	紅寶石首飾	紅寶石首飾
第 45 年	藍寶石婚	藍寶石首飾	藍寶石首飾
第 50 年	金婚	金器	金器
第 55 年	翡翠婚	綠寶石首飾	綠寶石首飾
第 60 年	鑽石婚	鑽石首飾	鑽石首飾

註：第 15 年以後，每 5 年一個名稱。

14. 郵票傳情

根據國外的習俗，郵票的不同貼法，有不同的意義：

將郵票倒貼意味著：我已經愛上了你，但不敢向你開口求婚。

兩張郵票並在一起表示：你是多麼漂亮，我作為你的朋友，感到無比驕傲和自豪。

一張郵票向右斜貼表示：我向你發誓，以後不再生你的氣了。

一張郵票向左斜貼表示：很抱歉，能否給我一個改錯的機會。

兩張郵票對著貼表示：看到你和別人情意綿綿，我火冒三丈，你要想著我。

兩張郵票斜對貼表示：我只想和你在一起，不要帶上別人。

兩張郵票斜著貼在信封的最上端表示：為什麼我們的關係僅僅只是握手而已呢？

三張郵票貼在一起表示：你真的愛我嗎？我等著你的答覆。

15. 交友名稱種種

　　金蘭之契：以同胞兄弟相待的好朋友。舊時朋友相契，結為兄弟，互挽謙帖以為憑記，稱之為金蘭謙，省稱蘭謙。這種友誼被人們認為是深厚、真摯、美好、珍貴的友誼，因而比喻成芳香的蘭花。

　　莫逆之友：情意十分投合的好朋友。《莊子・大宗師》中說，有三個人「相視而笑，莫逆於心，遂相與為友」。「莫逆」的意思就是指彼此心意相通，情投意合，沒有障礙，無所違逆。

　　刎頸之交：顧名思義，就是指朋友之間相親相好到把頭割下來也毫無怨言的地步。這當然是一種形容誇張之詞，意在說明對友誼的忠貞。正如古人言：「要齊生死而刎頸無悔也。」

　　忘年之交：打破年齡、輩分的差異而結為好友。

　　忘形之交：不拘形跡的缺欠或醜陋而結為不分彼此的好朋友。

　　竹馬之交、總角之交：從小結識的好朋友。中國古代，小孩子束髮為髻，叫作總角。

　　八拜之交：八拜是古代世交子弟見長輩的禮節。後世稱結為異姓兄弟的人為八拜之交。

　　金石之交：形容友誼堅固不摧，如同金石一般，也可以說是十分深厚的友誼。

　　管鮑之交：指友情篤厚、不計得失的交誼。

　　泛泛之交：是指情誼不深的一般朋友。

　　一面之交：僅僅相識，不甚瞭解。

　　萍水之交：疏淺的交誼。

　　市道交：古代指做生意時結交的朋友，這種朋友常常會重利而忘義，後世又稱其為小人之交。

　　患難之交：指經歷磨難而結成的朋友。

　　貧賤之交：指窮困潦倒時結交的朋友。

　　布衣之交：一指貧賤之交；二指顯貴者與沒有官職的人相交往。

　　神交：指心意投合、相知很深的朋友。

　　知交：指朋友之間達到了知己的程度。

　　至交：指友誼最深的朋友。

　　世交：指兩家世代有交情。

　　故交：過去曾經有過交往。故舊、舊交、故人，泛指往日有交往。

　　杵臼交：指交友不嫌貧賤。

石友：情誼堅貞的朋友。
　　死友：交情深篤，至死不相負的朋友。
　　摯友：志同道合的朋友。
　　素友：真誠淳樸的朋友。
　　諍友：開誠相見、直言規勸的朋友。
　　畏友：「道義相砥，過失相規，畏友也。」（以道義互相砥礪，有了過失互相幫助，這就是畏友。）
　　密友：「緩急可共，生死可托，密友也。」（不論在平時，還是在危急的時候，都可以相處得好，遇到生死關頭可以依靠，這就叫密友。）
　　昵友：「甘言如飴，游戲徵逐，昵友也。」（甜言蜜語像糖似的，以吃喝玩樂相往來，這就叫昵友。）
　　賊友：「利則相攘，患則相傾，賊友也。」（見利益就互相爭奪，遇到禍患就互相傾軋，這就叫賊友。）
　　舊雨：比喻老朋友。
　　新雨：比喻新朋友。

16. 不同年歲的別稱

　　在中國，表示年歲的方式有許多種。瞭解這些表達方式所代表的具體年齡，有利於在交際中判斷對方的年齡，確定相應的稱謂。
　　初度：指初生之時。《離騷》：「皇覽揆餘初度兮，肇錫餘以嘉名。」後來亦泛指生日為「初度」。
　　赤子：初生的嬰兒。孔穎達疏：「子生赤色，故言赤子。」
　　襁褓：本意是指包裹嬰兒的被子和帶子。後借指未滿週歲的嬰兒。
　　湯餅之期：孩子出生三日，稱之為湯餅之期。舊俗小兒出生三日，設宴招待親友謂之「湯餅宴」，也作「湯餅會」。
　　孩提：指二三歲的幼兒。亦作「孩抱」或「提孩」。
　　齠齔：兒童換齒，指七八歲的兒童。《韓詩外傳》：「男八月生齒，八歲而齠齒；女七月生齒，七歲而齠齒。」
　　垂髫：指童年。古時童子未冠，頭髮下垂，因此以「垂髫」指童年或兒童。
　　總角：指童年。古代兒童將頭髮分作左右兩半，在頭頂各扎成一個結，形狀如角，故稱「總角」。
　　黃口：本指雛鳥的嘴，借指兒童。古代戶役制度稱小孩為黃，隋

代以不滿 3 歲的幼兒為黃，唐代以剛生的嬰兒為黃。後來，10 歲以下兒童皆泛稱為「黃口」。亦作「黃頷小兒」「黃口小兒」「黃口小雀」「黃童」。

　　教數之年：指 9 歲兒童。亦即開始讀書識字的年齡。

　　指數之年：指 9 歲兒童。

　　幼學：10 歲。《禮記・曲禮上》：「人生十年曰幼，學。」鄭玄註：「名曰幼，時始可學也。」後因稱 10 歲為「幼學之年」。

　　外傅之年：指 10 歲兒童。古代「外傅」是教導學業的師傅，是相對於在大戶人家的「內傅」而言的。

　　金釵之年：女孩 12 歲。

　　豆蔻：本是植物名，喻少女。杜牧《贈別》詩：「娉娉嫋嫋十三餘，豆蔻梢頭二月初。」後因謂女子十三四歲為「豆蔻年華」。

　　舞勺之年：「舞勺」是古代兒童所學的一種樂舞。《禮記・內則》：「十有三年，學樂，誦詩，舞勺。」勺，一種管樂器。後用作童年的代稱。

　　舞象之年：「舞象」是古代成童所學的一種樂舞。《禮記・內則》：「成童舞象。」成童，15 歲以上。舞象是武舞，與舞勺之為文舞不同；用竿，以象干戈。後以指成童之年。錢謙益《澤州王氏節孝阡表》：「府君父歿時才舞象耳。」

　　束髮：古代男孩成童時束髮為髻，因以為成童的代稱。《大戴禮記・保傅》：「束髮而就大學，學大藝焉，履大節焉。」

　　成童：年齡較大的兒童。古代對於成童的具體年齡有較大的爭議，這一階段是學習各種技藝的年齡。《禮記・內則》：「成童，舞象，學射御。」鄭玄註：「成童，十五歲以上。」《後漢書・李固傳》：「固弟子汝南郭亮，年始成童，遊學洛陽。」李賢註：「成童，年十五也。」《穀梁傳・昭公十九年》：「羈貫成童，不就師傅，父之罪也。」範寧註：「成童，八歲以上。」

　　及笄：笄，本來是指古代束髮用的簪子。古代女子一般到 15 歲以後，就把頭髮盤起來，並用簪子綰住，表示已經成年。「及笄」即年滿 15 歲的女子。

　　志學之年：15 歲。語出自《論語・為政》：「吾十有五而志於學，三十而立，四十而不惑，五十而知天命，六十而耳順，七十而從心所欲，不逾矩。」所以後代稱 15 歲為「志學之年」。

　　二八：16 歲。謂正當青春年少，多言女子。

破瓜之年：舊時文人拆「瓜」字為兩個「八」字以紀年，謂16歲。詩文中用來特指女子。
　　待年：指女子成年待嫁。古代女子成年後才能許嫁命字，故「待年」又稱「待字」。
　　加冠：指男子20歲。古時男子20歲行加冠禮，表示已成年，但體猶未壯，故又稱「弱冠」。
　　結髮：束髮，扎結頭髮，古人男20歲束髮而冠，女子15歲束髮而笄，表示成年。
　　有室之年：指男女的結婚之年。
　　花信年華：指女子24歲。
　　而立：指30歲。也稱「壯」。
　　不惑：指40歲。也稱「強」。
　　知命：指50歲。
　　艾：指50歲。《禮記·曲禮上》：「五十曰艾，服官政；六十曰耆，指使。」孔穎達疏：「髮蒼白色如艾也。」
　　杖家之年：指50歲。《禮記·王制》：「五十杖於家，六十杖於鄉，七十杖於國，八十杖於朝；九十者，天子欲問焉，則就其室。」
　　耳順：指60歲。
　　花甲：指60歲。中國古代用干支記時間。天干有十，地支十二，十天干和十二地支按照順序搭配成六十個單位，因干支名號錯綜參互，60年為一循環，故稱「六十花甲子」，也稱「花甲」。把這種記時間的詞語移用到記人的年齡上，就以「年屆花甲」或「花甲之年」來指人到60歲了。
　　杖鄉之年：指60歲。
　　耆老：指60歲。亦泛指老年。
　　古稀之年：指70歲。杜甫《曲江》：「酒債尋常行處有，人生七十古來稀。」後人就多依此詩，稱70歲為「古稀之年」。
　　從心之年：指70歲。
　　懸車之年：指70歲。懸車：古人一般至70歲辭官家居，廢車不用。唐代許渾《賀少師相公致政》詩序：「少師相公未及懸車之年，二表乞罷將相。」亦作「懸車之歲」。
　　杖國之年：指70歲。
　　杖朝之年：指80歲。
　　大耋：指80歲。

耄耋之年：指八九十歲的老人。

皓首：指老年，又稱白首。

黃髮：指長壽老人。

鮐髮：指長壽老人。

鮐背：亦作「臺背」「鮐背」。謂老人的背皮上生斑如鮐魚背，因用以稱長壽老人。

媼、嫗：指年老的女人。

期頤：指 100 歲。人生以百年為極，故曰期；百歲之人生活起居須人養護，故曰頤。《禮記·曲禮上》：「百年曰期頤。」

花甲重開：指 120 歲。

雙稀、雙慶：指 140 歲。

此外，在祝壽中還有這樣的年歲表達法：

下壽：指 60 歲。古代有幾種說法，《左傳·僖公三十二年》：「爾何知？中壽，爾墓之木拱矣！」孔穎達疏：「上壽百二十歲，中壽百，下壽八十。」又《昭公三年》「三老」孔穎達疏：「上壽百年以上，中壽九十以上，下壽八十以上。」《莊子·盜跖》：「人上壽百歲，中壽八十，下壽六十。」

中壽：指 80 歲。

上壽：指 100 歲。

還曆壽：指 61 歲壽辰。由於按干支紀年法，60 年為一輪，61 歲正是新一輪重新算起的時候，故稱「還曆」。

喜壽：指 77 歲壽辰。因「喜」字草書像豎寫的「七十七」，故稱。

米壽：指 88 歲壽辰。因「米」字拆開，為「八」「十」「八」三字，故名。

白壽：指 99 歲壽辰。「百」字少一筆為「白」，故稱。

茶壽：指 108 歲壽辰。「茶」字上的「艹」字頭，形同「二十」；下面的「人木」兩字，形似「八十八」。20 + 88 = 108，故稱。

17. 古人稱謂種種

（1）尊稱

令尊	稱別人的父親
令堂	稱別人的母親

令郎（令子、令郎君、令嗣）	稱別人的兒子
令婿（令坦、令倩）	稱別人的女婿
令愛	稱別人的女兒
令正（令室、令閫等）	稱別人的妻子
伉儷（佳偶）	稱別人夫婦
喬梓	稱別人父子
昆玉（昆仲）	稱別人兄弟
跨竈	稱賢能的兒子
賢契	稱學生
高足	稱別人的學生

（2）謙稱

家父（家嚴、家君）	稱自己的父親
家母（家慈）	稱自己的母親
舍侄	稱自己的侄兒
拙荊（拙內、荊室、內人等）	稱妻子
外子	稱丈夫
豚子（犬兒）	稱兒子
小女	稱女兒

（3）別稱

椿萱（嚴慈、高堂、膝下）	父母
嚴父（嚴君、嚴親）	父親
考妣	已故的父母
翁姑（舅姑、姑舅）	公婆
泰山（外父、外舅）	岳父
泰水（外姑）	岳母
同窗（同門、同硯）	同學
東床（坦床、嬌客、東坦）	女婿
細君	妻子
良人（郎君）	丈夫

附　錄

家子	長子
眾子	非長子
嫡子	妻生子
庶子	妾生子
手足（棠棣）	兄弟
門生（受業）	學生
季父	叔父

註：在漢語稱呼語系統中，有「家大舍小令外人」的七字訣，即稱呼自己的親屬用謙稱，比自己輩分高或年長的用「家」（已故的，可將「家」字換成「先」字），比自己輩分低或年幼的用「舍」（已故的，可將「舍」字換成「亡」字），稱呼對方的親屬一般用「令」。

18. 國際日（見附表6）

附表6　　　　　　　　國際日

日期	名稱
1月的最後一個星期日	世界防治麻風病日
1月27日	國際大屠殺紀念日
2月2日	世界濕地日
2月21日	國際母語日
3月1日	國際海豹日
3月15日	國際消費者權益日
3月22日	世界水日
3月23日	世界氣象日
4月7日	世界衛生日
4月15日	非洲自由日
4月22日	世界地球日
4月26日	世界知識產權日
5月8日	世界紅十字日

附表 6（續）

日期	名稱
5月17日	世界電信日
5月24日	非洲解放日
5月31日	世界無菸日
6月5日	世界環境日
6月26日	國際禁毒日
7月11日	世界人口日
8月12日	國際青年日
9月8日	國際掃盲日
9月21日	國際和平日
9月第四個星期日	國際聾人日
9月27日	世界旅遊日
10月1日	國際音樂日
10月第一個星期一	世界住房日
10月9日	世界郵政日
10月第二個星期三	國際減災日
10月14日	世界標準日
10月16日	世界糧食日
10月17日	國際消除貧困日
10月24日	聯合國日
11月16日	國際寬容日
11月21日	世界問候日
11月25日	國際消除家庭暴力日
12月1日	世界愛滋病日
12月3日	國際殘疾人日
12月5日	國際志願人員日
12月10日	世界人權日

19. 世界各地時差（小時）（見附表 7）

附表 7　　　　　世界各地時差（小時）

時區	地區	與世界時差	與北京時差
中時區 0730W～0730E	阿爾及爾、阿克拉、巴馬科、達喀爾、弗里敦、里斯本、倫敦	±0	－8
東一區 0730E～2230E	布達柴維爾、班吉、布達佩斯、布拉格、柏林、波恩、貝爾格萊德、地拉那、金沙薩、日內瓦、巴黎、斯德哥爾摩、雅溫得、突尼斯、華沙、維也納、羅馬	＋1	－7
東二區 2230E～3730E	安卡拉、布加勒斯特、貝魯特、大馬士革、開羅、喀土穆、開普敦、盧薩卡、莫桑比克、赫爾辛基、索非亞	＋2	－6
東三區 3730E～5230E	巴格達、達累斯薩拉姆、內羅畢、莫斯科	＋3	－5
	德黑蘭	＋3.5	－4.5
東四區 5230E～6730E	毛里求斯、伏爾加格勒	＋4	－4
東五區 6730E～8230E	卡拉奇、伊斯蘭堡	＋5	－3
	新德里、孟買、科倫坡	＋5.5	－2.5
東六區 8230E～9730E	達卡	＋6	－2
	仰光	＋6.5	－1.5
東七區 9730E～11230E	河內、金邊、曼谷、萬象、烏蘭巴托	＋7	－1
	雅加達、新加坡	＋7.5	－0.5

附表7（續）

時區	地區	與世界時差	與北京時差
東八區 11230E～12730E	北京、馬尼拉、伊爾庫茨克	+8	±0
東九區 12730E～14230E	大阪、東京、平壤	+9	+1
東十區 14230E～15730E	堪培拉、關島、墨爾本、悉尼、海參崴	+10	+2
東十一區 15730E～17230E	所羅門群島	+11	+3
東十二區 17230E～18000E	惠靈頓	+12	+4
西一區 0730W～2230W	雷克雅未克	-1	-9
西二區 2230W～3730W	普拉亞	-2	-10
西三區 3730W～5230W	布宜諾斯艾利斯、蒙得維的亞、里約熱內盧	-3	-11
西四區 5230W～6730W	聖地亞哥（智利）	-4	-12
	加拉加斯	-4.5	-12.5
西五區 6730W～8230W	巴拿馬城、波哥大、哈瓦那、渥太華、紐約、華盛頓	-5	-13
西六區 8230W～9730W	芝加哥、墨西哥城、危地馬拉城	-6	-14

附 錄

附表 7（續）

時區	地區	與世界時差	與北京時差
西七區 9730W～11230W	洛杉磯	－7	－15
西八區 11230W～12730W	舊金山、溫哥華	－8	－16
西九區 12730W～14230W	道森	－9	－17
西十區 14230W～15730W	檀香山	－10	－18
西十一區 15730W～17230W		－11	－19
西十二區 17230W～18000W		－12	－20

說明：＋表示比世界時間、北京時間早。
　　　－表示比世界時間、北京時間晚。

20. 旅遊文明行為指南

中國公民，出境旅遊，注重禮儀，保持尊嚴。
講究衛生，愛護環境；衣著得體，請勿喧嘩。
尊老愛幼，助人為樂；女士優先，禮貌謙讓。
出行辦事，遵守時間；排隊有序，不越黃線。
文明住宿，不損用品；安靜用餐，請勿浪費。
健康娛樂，有益身心；賭博色情，堅決拒絕。
參觀遊覽，遵守規定；習俗禁忌，切勿冒犯。
遇有疑難，諮詢領館；文明出行，一路平安。

21. 旅遊文明行為公約

營造文明、和諧的旅遊環境，關係到每位遊客的切身利益。做文

明遊客是我們大家的義務，請遵守以下公約：

　　1. 維護環境衛生。不隨地吐痰和口香糖，不亂扔廢棄物，不在禁菸場所吸菸。

　　2. 遵守公共秩序。不喧嘩吵鬧，排隊遵守秩序，不並行擋道，不在公眾場所高聲交談。

　　3. 保護生態環境。不踩踏綠地，不摘折花木和果實，不追捉、投打、亂喂動物。

　　4. 保護文物古跡。不在文物古跡上塗刻；不攀爬觸摸文物，拍照攝像遵守規定。

　　5. 愛惜公共設施。不污損客房用品，不損壞公用設施，不貪占小便宜，節約用水用電，用餐不浪費。

　　6. 尊重別人權利。不強行和外賓合影，不對著別人打噴嚏，不長期占用公共設施，尊重服務人員的勞動，尊重各民族宗教習俗。

　　7. 講究以禮待人。衣著整潔得體，不在公共場所袒胸赤膊；禮讓老幼病殘，禮讓女士，不講粗話。

　　8. 提倡健康娛樂。抵制封建迷信活動，拒絕黃、賭、毒。

22. 十八種不文明行為

　　1. 隨處拋丟垃圾、廢棄物、隨地吐痰、擤鼻涕、吐口香糖，污染公共環境。

　　2. 在非吸菸區吸菸，打噴嚏不掩口鼻，危害他人健康。

　　3. 坐公交車、乘電梯、購物、買票、參觀、就餐時爭搶擁擠、插隊加塞，不謙讓老幼病殘孕。

　　4. 在公共交通工具、賓館飯店、劇場影院等公共場所高聲接打電話、猜拳行令、喧嘩吵鬧。

　　5. 在景觀文物、服務設施上亂刻亂劃，踩踏禁行綠地，攀爬摘折花木。

　　6. 不聽勸阻喂食、投打動物，危害動物安全。

　　7. 在他人面前打赤膊、袒胸敞懷，在房間外穿睡衣活動，穿著不合時宜。

　　8. 講黃色段子、宣揚封建迷信、傳播胡編亂造的政治笑話，熱衷低級趣味。

　　9. 強拉外賓合影，違反規定拍照、錄像。

　　10. 吃自助餐時多拿多占，離開賓館飯店時取走非贈品，貪占小

便宜。

　　11. 上廁所不衝水，不講衛生留髒跡。

　　12. 排隊等候時跨越黃線。

　　13. 在教堂、寺廟等宗教場所嬉戲、玩笑，不尊重當地居民風俗。

　　14. 在大庭廣眾之下脫去鞋襪，把褲腿卷到膝蓋以上、蹺「二郎腿」，酒足飯飽後毫不掩飾地剔牙，卧室以外穿睡衣或衣冠不整，有礙觀瞻。

　　15. 說話髒字連篇，舉止粗魯專橫，遇到糾紛或不順心的事大發脾氣，惡語相向，缺乏基本社交修養。

　　16. 在不打折扣的店鋪討價還價。

　　17. 涉足色情場所、參加賭博活動。

　　18. 不消費卻長時間占據消費區域，享受服務後不付小費。

國家圖書館出版品預行編目（CIP）資料

現代禮儀：含世界各國文化及習俗介紹 / 李道魁 編著. -- 第一版.
-- 臺北市：財經錢線文化, 2019.05
　　面；　公分
POD版

ISBN 978-957-680-341-3(平裝)

1.國際禮儀

530　　　　　　　　　　　　　　　　108007224

書　　名：現代禮儀：含世界各國文化及習俗介紹
作　　者：李道魁 編著
發 行 人：黃振庭
出 版 者：財經錢線文化事業有限公司
發 行 者：財經錢線文化事業有限公司
E - m a i l：sonbookservice@gmail.com
粉 絲 頁：　　　　　網　址：
地　　址：台北市中正區重慶南路一段六十一號八樓815室
8F.-815, No.61, Sec. 1, Chongqing S. Rd., Zhongzheng Dist., Taipei City 100, Taiwan (R.O.C.)
電　　話：(02)2370-3310　傳　真：(02) 2370-3210
總 經 銷：紅螞蟻圖書有限公司
地　　址: 台北市內湖區舊宗路二段 121 巷 19 號
電　　話:02-2795-3656 傳真:02-2795-4100　　網址：
印　　刷：京峯彩色印刷有限公司（京峰數位）

　　本書版權為西南財經大學出版社所有授權崧博出版事業股份有限公司獨家發行電子書及繁體書繁體字版。若有其他相關權利及授權需求請與本公司聯繫。

定　　價：350元
發行日期：2019 年 05 月第一版

◎ 本書以 POD 印製發行